U0492946

本课题研究获中南财经政法大学法学院“‘一带一路’法治丛书”项目资助

国际投资仲裁中的前沿法律问题研究

兼论“一带一路”倡议下我国国际投资仲裁规则的完善

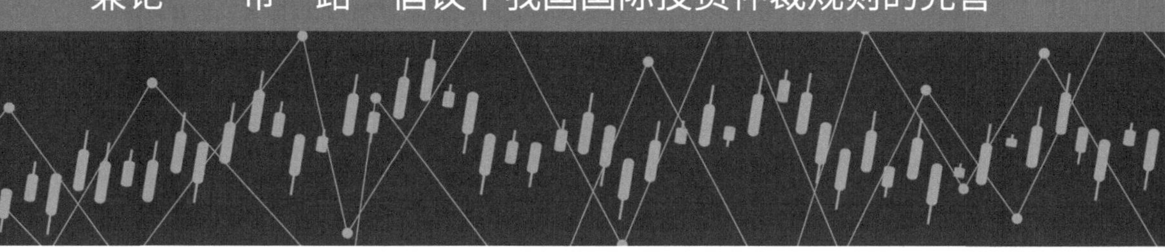

王小琼◎著

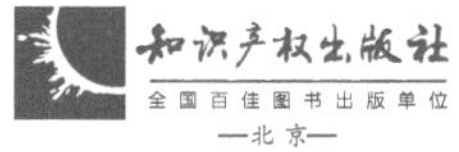

图书在版编目（CIP）数据

国际投资仲裁中的前沿法律问题研究：兼论“一带一路”倡议下我国国际投资仲裁规则的完善/王小琼著. —北京：知识产权出版社，2024.5

ISBN 978-7-5130-9380-4

Ⅰ.①国… Ⅱ.①王… Ⅲ.①国际投资法学—国际仲裁—研究 Ⅳ.①D996.4

中国国家版本馆 CIP 数据核字（2024）第 106407 号

内容提要

本书针对国际投资争端解决中心等国际投资仲裁机构近年来在实践中遇到的国有企业身份认定、第三方资助、透明度、紧急仲裁员制度适用、投资仲裁裁决上诉等国际投资仲裁重大前沿法律问题展开研究。在此基础上，一方面，结合我国国际投资仲裁规则的发展现状和仲裁发展的历史，对我国国际投资仲裁规则的完善提出建议，以期为进一步完善和适用我国国际投资仲裁规则，有效解决“一带一路”建设和其他境外投资中的国际投资争端，提供可操作性建议和理论支撑；另一方面，也针对我国关于投资者与国家间投资争端解决常设上诉机制构建方案的具体制度设计和适用，提出了前瞻性建议，以助力中国方案更趋完善。

本书适合国际投资仲裁、司法及理论研究领域的工作者及相关研究者阅读。

责任编辑：张水华　　**责任校对：**王　岩
封面设计：臧　磊　　**责任印制：**孙婷婷

国际投资仲裁中的前沿法律问题研究

——兼论“一带一路”倡议下我国国际投资仲裁规则的完善

王小琼　著

出版发行：知识产权出版社有限责任公司　　**网　　址：**http://www.ipph.cn
社　　址：北京市海淀区气象路 50 号院　　**邮　　编：**100081
责编电话：010-82000860 转 8389　　**责编邮箱：**46816202@qq.com
发行电话：010-82000860 转 8101/8102　　**发行传真：**010-82000893/82005070/82000270
印　　刷：北京建宏印刷有限公司　　**经　　销：**新华书店、各大网上书店及相关专业书店
开　　本：720mm×1000mm　1/16　　**印　　张：**17.5
版　　次：2024 年 5 月第 1 版　　**印　　次：**2024 年 5 月第 1 次印刷
字　　数：300 千字　　**定　　价：**89.00 元

ISBN 978-7-5130-9380-4

摘 要

2018 年 1 月 23 日，中央全面深化改革领导小组会议通过《关于建立“一带一路”争端解决机制和机构的意见》。会议强调，建立“一带一路”争端解决机制和机构，要坚持共商共建共享原则，依托我国现有司法、仲裁和调解机构，吸收、整合国内外法律服务资源，建立诉讼、调解、仲裁有效衔接的多元化纠纷解决机制，依法妥善化解“一带一路”商贸和投资争端，平等保护中外当事人合法权益，营造稳定、公平、透明的法治化营商环境。2017 年 10 月 1 日开始实施的《中国国际经济贸易仲裁委员会国际投资争端仲裁规则（试行）》（以下简称《贸仲委国际投资仲裁规则》），旨在为响应“一带一路”倡议走出去的中国企业提供支持，力图为企业解决与东道国之间的国际投资争端提供一个独立、公正的解决机制。同时，该规则为那些担心外国争端解决机构因不了解中国法律实践而可能产生偏见的中国投资者提供了一个备选的争端解决方案。因此，本书研究具有重大现实意义和理论价值。本书针对国际投资争端解决中心等国际投资仲裁机构近年来在实践中遇到的国有企业身份认定、第三方资助、透明度、紧急仲裁员制度适用、投资仲裁裁决上诉等国际投资仲裁重大前沿法律问题展开研究。在此基础上，一方面，结合我国国际投资仲裁规则的发展现状和仲裁发展的历史，对我国国际投资仲裁规则的完善提出建议，以期为进一步完善和适用我国国际投资仲裁规则，有效解决“一带一路”建设和其他境外投资中的国际投资争端，提供可操作性建议和理论支撑；另一方面，针对我国关于投资者与国家间投资争端解决常设上诉机制构建方案的具体制度设计和适用，提出了前瞻性建议，以助力中国方案更趋完善。具体来讲，本书围绕以下五个重大法律问题展开研究。

第一章研究ICSID仲裁管辖中国有企业的身份认定问题。国有企业作为对外投资的主要经济实体之一，对一国的政治和经济都有显著的影响，伴随着国有企业在数量、规模以及影响力上的增长，对国有企业投资保护的重要性也日益凸显。国有企业天然的政治和经济混合特性，使得国有企业在国际投资仲裁中出现了两种截然不同的参与者身份。本章主要从解决私人投资者与国家间争端的“国际投资争端解决中心”（ICSID）入手，探讨在ICSID仲裁中对国有企业的身份认定问题，即作为国际投资仲裁的申请人，国有企业能否被认定为私人投资者，从而对国家提起仲裁；若被对方视为国际投资仲裁的被申请人，国有企业行为能否归因于国家，从而使该国家成为适格的被申请人。具体来讲，申请人视角下，ICSID仲裁庭需要认定国有企业是否为私人投资者，也即《ICSID公约》中的“另一缔约国国民”。CSOB案确立的Broches标准提出，国有企业除非“是政府代理人或行使其基本职能”，否则就是《ICSID公约》下合格的申请人。在北京城建诉也门案中，ICSID仲裁庭运用Broches标准判定方法的两个方面，全面认定北京城建私人投资者的身份，并指出在该标准下进行判定时，ICSID仲裁庭侧重考虑的是国有企业的活动性质而非其目的。在被申请人视角下，ICSID仲裁庭需要认定国有企业的行为是否可归因于国家，适用的主要是“国家责任条款草案”中的“国家行为归因原则”，分析国有企业行为是否可归因于国家从而成为被申请人，即《ICSID公约》中的“缔约国”。在Maffezini vs. Spain案中，ICSID仲裁庭从国有企业的结构、职能和控制因素等多种要素进行了综合考察。相比对国有企业作为申请人私人投资者身份的认定，显然ICSID仲裁庭在此问题上较为谨慎。同样地，我国国有企业在国际投资仲裁中也可能存在上述身份认定困境，考虑到我国国有企业境内外投资和涉案现状，应加强对国有企业市场主体的规范和修订对外投资协定，从根本上“塑造”从事国际投资的国有企业的市场主体地位。

第二章研究国际投资仲裁中的第三方资助问题。国际投资仲裁是外国投资者与东道国之间解决投资争端的主要方式，多年的实践经验已经证明，国际投资仲裁避免了投资争端解决的政治化，促进了国际投资的健康发展。但是，其高昂的仲裁费用让很多经济实力不足的投资者失去了将争端诉诸国际投资仲裁程序的机会，在此背景下，第三方资助在国际投资仲裁中应运而生。第三方资助者通过对被资助的仲裁当事人负担所需仲裁费用的方式，使投资争端得以解决，并且若被资助者败诉，资助者无权要求返还已经支付的仲裁费用。因此，越来越多的国际投资仲裁当事人去寻求第三方资助的帮助，当事人的经济压力不仅大大减少，而且可以用节省下来的费用去进行其他投资活动，从而间接地促进了世界资本市场的流动性。从第三方资助者的角度来说，第三方资助是一种投资方式，所以资助者在进行资助之前会对被资助者进行尽职调查，从所收集到的证据来判断仲裁胜诉的可能性，胜诉之后再按照所约定的比例收取报酬。第三方资助凭借其自身的优势，得以迅速发展。第三方资助在国际投资仲裁中的发展已经呈现出专业化和产业化的特点。但其快速发展也带来不少问题。比如，第三方资助者与仲裁员之间的密切联系可能会产生利益冲突，从而影响仲裁员的公正性与独立性；第三方资助可能导致被资助者的滥诉行为；第三方资助可能影响仲裁费用分担的范围和提供费用担保的原因等，这些问题都亟待解决。国际投资仲裁规则目前还未对这些问题的解决做出统一的规定，本章从建立第三方资助的审查机制、完善信息披露义务以及仲裁费用的分担和担保机制等几个方面着手，对国际投资仲裁中第三方资助规制的完善提出建议。在此基础上，结合我国对第三方资助规制的现状，分析了国际投资仲裁中第三方资助规制对我国的启示。

第三章研究国际投资仲裁中的透明度规则。国际投资仲裁长期秉持着国际商事仲裁的秘密性原则，但是该原则在晚近时期遭到了大多数学者的诟病。其原因在于国际投资仲裁中，尤其是投资者与国家间投资争端的仲裁中，秘密性原则极易损害东道国的公共利益，从而引发国际投资仲裁的“正当性危机”。为了化解“正当性危机”，晚近国际投资法领域积极倡导公开与透明。自北美自由贸易协定首开先河纳入透明度规则后，国际投资争端解决中心与联合国国际贸易法委员会也纷纷开始国际投资仲裁透明度规则的改革，透明度规则的产生与发展对于国际投资仲裁机制来说是一个新的突破，实践也证明了该规则在平衡投资者利益和东道国公共利益之间起到积极作用。当前透明度规则的改革主要集中在庭审公开、第三方参与、仲裁裁决公开三个方面。当然，不能说秘密性原则有其弊端就应该实行完全的透明度规则。秘密性原则仍然是国际投资仲裁的特点之一，我们应在秘密性原则和透明度规则之间寻求一个恰当的平衡。从短期来看，实施透明度规则对东道国吸引外资会造成一定冲击，但是从长远来看，实施透明度规则是改善投资环境、吸引外资的一种“治本”方针。目前，中国兼具资本输入国和资本输出国的双重身份。近年来，中国企业海外投资持续保持高速增长，中国投资者与东道国政府之间的投资争端也日渐增加。如何利用投资规则维护自身合法权益已成为中国投资者最关心的问题之一。透明度改革在很大程度上代表了国际投资仲裁发展的主流，其凸显的价值也反映了国际法治文明的发展趋势。因此，对当今国际投资仲裁的透明度规则进行系统性研究，对维护我国自身经济利益具有重要价值。本章通过研究 NAFTA、ICSID、UNCITRAL 的仲裁机制和仲裁实践在它们各自领域的最新进展，总结了当今国际投资仲裁机制在透明度规则问题上取得的进步以及存在的问题，并提出了相应的解决办法。最后探讨了我国目前在国际投资仲裁透明度规则方面存在的不足与改善路径，希望能对我国相关机制的完善有所裨益，从而营造一个良好的国际投资法治环境，进一步助力中国经济的高质量发展。

第四章研究国际投资仲裁中紧急仲裁员制度的适用问题。紧急仲裁员制度产生于商事仲裁实践，自国际争议解决中心（International Centre for Dispute Resolution，ICDR）2006 年引入该制度以来，各大仲裁机构纷纷效仿引入。经过十几年的发展，该制度在国际商事仲裁领域已经逐渐成熟，改变了在仲裁庭组成前只能向法院寻求救济的单一性局面，完善了仲裁当事人在仲裁庭组成前获得临时救济的权利。但紧急仲裁员制度在国际投资仲裁中的适用才刚刚起步，目前仅有斯德哥尔摩商会仲裁院（The Stockholm Chamber of Commerce，SCC）、新加坡国际仲裁中心（Singapore International Arbitration Centre，SIAC）、中国国际经济贸易仲裁委员会（China International Economic And Trade Arbitration Commission，CIETAC）（以下简称贸仲委）等少数仲裁机构明确紧急仲裁员制度在国际投资仲裁中的适用性，而 SCC 国际投资仲裁中申请紧急仲裁员程序的一些案例也逐渐显露出该制度适用于国际投资仲裁可能遇到的障碍，比如“冷却期”问题、适用版本问题、“最惠国待遇条款”适用问题、紧急仲裁员制度执行等问题。本章旨在针对这些问题进行分析讨论，指出紧急仲裁员制度在适用于国际投资仲裁中应注意的问题，并提出调整建议。在此基础上，提出我国国际投资仲裁适用紧急仲裁员制度的完善建议。

第五章研究 ISDS 常设上诉机制构建的中国方案及适用。晚近以来，投资者与国家之间的争端解决机制（ISDS）一直都饱受争议，在运行过程中，裁决不一致的情况、缺乏有效的纠错机制和利益保护不均衡等问题也越发地凸显出来，制度上的漏洞也正在被逐步放大。国际社会已对此达成共识，一致认为应当推动 ISDS 机制进行改革以促进国际投资法治的完善和发展。中国的改革方案试图通过引入一种准司法性质的上诉机制来进行系统变革，以促进 ISDS 机制裁决的一致性、准确性和公正性。然而中国建立常设上诉仲裁庭的方案与欧盟相对成熟的投资法庭模式相比到底孰优孰劣，应当怎样进行制度建设，这些都是亟待解决的问题。另外，该方案在《中欧全面投资协定》（EU-China Comprehensive Agreement on Investment，CAI）和《区域全面经济伙伴关系协定》（Regional Comprehensive Economic Partnership，RCEP）中的具体运用也需要进行研究。本章旨在针对这些问题进行分析讨论，指出当前 ISDS 机制面临的“正当性危机”，究其根源是设计上公法性缺失导致的，其制度架构上也存在缺陷，应当将契约性和司法性有机地结合起来，在一审仲裁的基础上建立上诉机制。同时，临时仲裁庭的组织形式决定了其只能聚焦于个案纠纷的解决，对于投资法治的长远发展关注不足，而常设上诉仲裁庭的建立能够促进二者的协调统一。虽然中欧都赞同建立上诉机制，对当前机制进行系统化的改革，但双方有分歧，在是否彻底抛弃原有机制和围绕怎样的思路建立新机制这两点上提出了不同观点。不过，投资法庭模式并未获得国际社会的普遍认可，反观我国关于上诉仲裁机制的方案，不仅能将仲裁的契约性和上诉的司法性相结合，这种半系统式半渐进式的改革还能弥合各方观点的分歧，并最终有利于裁决的执行。从整体上看，我国的方案更具可行性。在上诉仲裁机制的设计上，应当坚持先例原则、效率原则和透明度原则，上诉机构的组成也可以参照新西兰模式来构建具体规则。此外，鉴于 CAI 和 RCEP 欠缺 ISDS 机制的现实情况，需要对中国方案的适用问题进行讨论。常设上诉仲裁机制在 CAI 的一审中应当保持灵活性，不再预先设置固定的争端解决方式，由案件当事人在 ISDS 仲裁机制或常设投资法庭中任意选择一种模式，充分尊重其意思自治。在二审中应当采用统一的上诉仲裁庭，建立常设的准司法机构，在实现中国主张的前提下兼顾欧方立场，并有利于协定谈判的顺利进行。在 RCEP 中，可考虑借鉴《美墨加协定》的某些有益做法，在采用投资仲裁解决争端的基本框架下，允许部分成员承诺放弃投资仲裁条款作为例外，并以期建立常设上诉仲裁庭，最终将灵活性与统一性、契约性与司法性相交融，汇聚于常设上诉仲裁机制之中，使我国的改革主张与具体的经贸协定相结合，真正发挥作用。

目录

CONTENTS

第一章

ICSID 仲裁管辖中国有企业的身份认定问题

第一节　国有企业在 ICSID 仲裁管辖中的身份认定困境

一、国有企业的含义及其国际投资现状

(一) 国有企业的含义

目前，在国际法层面，有关国有企业的定义并没有统一明确的界定，世界各国基于本国具体经济情况的不同，对国有企业的定义也存在较大的差异。

经济合作与发展组织（Organization for Economic Co-operation and Development，OECD），在其 2015 年版的《OECD 国有企业公司治理指引》中规定，任何被其国内法承认，而且由该国政府掌握所有权的企业，都应被认定为是国有企业。公司的具体组织形式不影响国有企业的认定，国有企业可以是股份有限公司、有限责任公司，也可以是合伙企业。通过特定立法而成立的法人，即法令公司，如果其目的和全部或部分活动，大部分是出于纯粹的经济活动性质，也可以被认定是国有企业。①

---

① OECD. OECD Guidelines on Corporate Governance of State-Owned Enterprises [R]. Paris: OECD, 2015: 14.

正如2015年版的《OECD国有企业公司治理指引》所指出的，国有企业所属母国的国内法对国有企业的规定，是判定某一企业是否为国有企业的重要依据之一。实践中，各国基于自己本国的具体实际情况，对国有企业的规定也有所不同。

1. 国外关于国有企业的含义

1980年6月25日，欧共体委员会在《关于成员国与公营企业间财务关系的透明度指令》（*Commission Directive on the Transparency of Financial Relations between Member States and Public Undertaking*）中规定公营企业（Public Undertaking），即"公共部门直接或间接地通过所有者权益、财务参与和管理条例等对企业实施支配性影响"的一类企业。其中"支配性影响"的具体表现形式为：持有该企业认购资本的50%以上，拥有与该企业发行股票关联的大多数表决权，能对企业半数以上的管理层或监督层成员有指定权。此外，2000年7月26日欧共体将上述指令修正为《关于成员国与公营企业间财务关系的透明度及某些企业内部财务关系透明度指令》（*Commission Directive on the Transparency of Financial Relations between Member States and Public Undertakings as well as on Financial Transparency with Certain Undertakings*），还规定了"在制造部门运营的公营企业"（Public Undertaking in the Manufacturing Sector），即"主营业务中至少有50%的年营业额在制造业中"的公营企业。

美国的国有企业较为特殊，有一种是在发生经济危机时政府注资的私人企业以救市，一旦危机过去，政府就会撤资。还有一种则是"政府公司"（Government Corporation），即主要是由立法者通过法律设立的，由政府完全或部分所有，且是为了实现政府的某些政策措施而设立的由总统或其他行政机关指派董事会成员的公司。也就是上文《OECD国有企业公司治理指引》中提到的"根据特定法令而成立的法人"。

英国是由国有化特别委员对国有企业进行规制，凡是企业董事会的成员由内阁各相应大臣任命，其报告和账目由国有化工业特别委员会审查，年度收入不能全部或主要依靠国会提供或财政部门预付的企业。①

新加坡的国有企业是根据商业原则建立，其所有权或控制权全部或部分属于政府部门、公共机构或其派生机构的组织。淡马锡控股有限公司

① 黄志瑾. 中国国有投资者境外投资法律问题研究［D］. 上海：华东政法大学，2013：24.

（Temasek Holding Limited Company）及其关联公司和新加坡政府投资公司（Government of Singapore Investment Corporation）是新加坡的两个国有投资实体。

新西兰的《1986 年国有企业法案》虽然没有对国有企业的定义做出明确的规定，但在其附件 1 和附件 2 中详细列举了 17 家国家公司（State Enterprises）和新国家公司（New State Enterprises），同时规定只有议会有权增加新的国有企业名单，且该国有企业的形式可以是公司，抑或是组织。财政部长可以代表皇室担任国有企业的股东，皇室可以和国有企业签订协议并支付报酬使其从事某一领域的非商业贸易活动。

上述国家关于国有企业的公营企业、国家公司和政府公司等的表述，既表明了国有企业的经济性质，也说明其与政府有着密切地联系，尤其是发达国家的国有企业，主要是当政府有执行其职能的需要，又不便增设政府机构或通过政府机构来实施时而设立的实体。显然，这与我国经过公司制改革后国有企业的情况有所不同。

2. 我国的国有企业含义

随着国企改革的不断深入，我国对国有企业的立法也在不断地演进。总的来说，我国对国有企业的界定大致经历了以下四个阶段。

第一阶段实现国家对企业经营权向企业所有权的转变。1982 年《中华人民共和国宪法》规定“国营经济是社会主义全民所有制经济”;① 1986 年《中华人民共和国民法通则》规定了企业法人制度，国有企业属于企业法人;② 1988 年《中华人民共和国全民所有制工业企业法》规定企业对国家授予其管理的财产享有占有、使用和依法处理的经营权,③ 打破了国有企业“国有国营”的经营管理模式。

第二阶段探索国有企业的公司制改革。1993 年《中华人民共和国宪法修正案》将“国营企业”改为“国有企业”,“企业经营权”改为“企业所有权”;④ 1993 年《中华人民共和国公司法》规定了国家作为出资人的地位，

① 《中华人民共和国宪法》（1982 年）第 7 条。

② 《中华人民共和国民法通则》（1986 年）第 41 条。

③ 《中华人民共和国全民所有制工业企业法》（1988 年）第 2 条。

④ 《中国人民共和国宪法修正案》（1993 年）第 2 条。

法人的财产权和国有独资公司的形式,[①] 为所有权和经营权的分离提供了实体法律基础，并引导大多数全民所有制企业向公司制转变，以适应市场经济的要求。

第三阶段划分国有企业的种类并确立分类管理体制。2008 年《中华人民共和国企业国有资产法》（以下简称《企业国有资产法》）提出了"国家出资企业"的概念，还规定了国家出资企业的四种类型，即国有独资企业、国有资本独资公司、国有资本控股公司和国有资本参股公司,[②] 以及对这四种类型的国有企业具体的管理办法。

第四阶段深化国企改革中的混合所有制改革。2015 年中共中央、国务院出台《关于深化国有企业改革的指导意见》（以下简称《指导意见》）。该《指导意见》基于不同国有企业在经济社会发展中的作用、现状和发展需要，将国有企业分为商业类和公益类，其中商业类国有企业必须按照市场化要求实行商业化运作，积极推进国有企业混合所有制改革。[③] 2017 年中共十九大报告中更是明确提出"深化国有企业改革，发展混合所有制经济，培养具有全球竞争力的世界一流企业"。

由此可见，我国国有企业在经历了经营权到所有权的转变，公司制改革和国家由所有人到出资人的转变后，正在朝着混合所有制的方向进行深化改革。这表明我国已经有很大一部分国有出资企业不再是传统意义上的国有企业，而是现代参与经济竞争活动的市场主体之一。

综上所述，国有企业一般是由国家或政府所有、控制或出资并参与经济活动的实体，具有政治和经济的混合特性。因而，在实践活动中不能简单地依据表征而对其性质和活动进行"一刀切"的判断。

（二）国有企业在国际投资中的现状

实践中，虽然各国在国有企业的形式、形态和数量上都存在差异，但不可否认的是，几乎各国都拥有一定比重的国有企业，并且积极参与国际对外

---

① 《中华人民共和国公司法》（1993 年）第 5 条。

② 《中华人民共和国企业国有资产法》（2008 年）第 5 条。

③ 中共中央，国务院．中共中央、国务院关于深化国有企业改革的指导意见［EB/OL］．中华人民共和国中央人民政府门户网站，（2015－09－13）［2018－01－01］．http：//www. gov. cn/zhengce/2015－09/13/content_2930440. htm.

投资活动，在国际经济社会活动中占据一席之地。

根据 2014 年联合国贸易和发展会议（United Nations Conference on Trade and Development，UNCTAD）的报告统计显示，全球至少有 550 家跨国国有公司，它们拥有 2 万亿美元的外国资产，在国外的附属公司达 15000 家；尽管这些国有的跨国公司（State-Owned Transnational Corporations）的数量还不足全球总数的 1%，但它们占有全球对外直接投资量的 11% 以上。[①] 依据 2017 年 UNCTAD 公布的数据，确认这些国有跨国公司的数量已接近 1500 家，在全球的附属公司达 86000 家，占全球外国附属公司的 10%。[②] 由此可见，国有企业在国际投资领域日益发挥着重要的作用。

另外，根据 2017 年 UNCTAD 的报告显示，这些国有的跨国公司有超过 50% 是来自发展中的经济体，在全球排名前 100 名的非金融跨国公司中的 15 家和全球排名前 100 名的跨国公司中的 41 家都是来自发展中经济转型体的国有企业，以欧盟作为母国的国有跨国公司接近 1/3，其中中国、马来西亚、南非、俄罗斯联邦都有相当多数量的国有跨国公司。截至 2018 年，中国是最大的国有跨国公司的母国，另外国有跨国公司的 86000 家外国附属公司在全球的分布，以欧盟作为东道国的数量接近 33000 个；其次是美国，接近 9000 家；中国内地有 3630 家，中国香港有 3521 家。[③] 可见，发展中经济体中的国有跨国公司，相比发达国家，在国家的对外投资活动占据着更加重要的作用，同时超过一半的国有跨国公司的外国附属公司都以发达国家作为其投资的东道国。换句话说，在发达国家中私人投资者在对外投资中占据主要地位，而经济转型体的发展中国家则主要是国有企业。

综上所述，鉴于各国和国际组织对国有企业法律规制的不同，以及国有企业自身特殊的混合性质，同时考虑其在对外投资活动中发挥的重要积极作用，它将不可避免地在对外投资活动中涉及东道国和国际组织的法律规制，除了诸如外资准入问题、东道国的国家安全以及反垄断等问题，在国有企业

① United Nations Conference on Trade and Development. World Investment Report 2014 [R]. Geneva: UNCTAD, 2015: ix.

② United Nations Conference on Trade and Development. World Investment Report 2017 [R]. Geneva: UNCTAD, 2018: 30.

③ United Nations Conference on Trade and Development. World Investment Report 2017 [R]. Geneva: UNCTAD, 2018: 35.

涉诉国际投资争端时，国有企业在国际投资领域将如何寻求有效救济，也是摆在各国面前需要解决的现实问题。

二、国有企业身份认定问题的缘起

如前文所述，国有企业在全球对外投资领域有着重要的分量，但是由于其自身政治和经济的混合“二元性”，如何在发生国际投资争端时，寻求有效救济以保护海外国有企业的投资利益，就显得十分重要。

西方发达国家作为传统主要资本输出国，在国际投资法领域曾提出了一系列规则，如国民待遇标准、最惠国待遇标准、征收规则以及投资者与国家间争端解决机制（Investor-State Dispute Settlement，ISDS）等。显然，西方发达国家制定这些规则是出于保护私人投资者的利益和对东道国进行规制，确保资本输出国的私人投资者在不发达的东道国国内寻求投资利益时，有一个稳定且友好的环境。

在这些传统规则中，ISDS 就是在发生投资争端时，确保投资者寻求有效地救济权益需要而设立的。当一个争端发生在外国投资者和东道国之间，若在东道国国内法院解决争端，从传统资本主义国家的角度出发，这种方法并不受欢迎，因为它们认为许多国家的司法体系，尤其是发展中国家，会缺少独立性和公正性。[①] 虽然母国可以给予投资者外交保护，但是这种方法缺少一致性和预测性，难免会将经济争端上升到政治争端。因此，通过授予投资者对东道国提起国际仲裁的权利，ISDS 机制确保了国际条约的强制执行力和投资者的权益。

在 ISDS 机制中，有且只有两种特定的当事方能参与争端解决机制，一方是纯粹的私人当事方即外国投资者（它是提出申诉的适格主体），另一方是公共当事方即东道国（也是被诉的对象）。两当事方在 ISDS 中的地位是恒定的，即私人投资者只能处于申请人的地位，国家只能处于被申请人的地位。

在国有经济体发挥着重要影响力的国际投资领域，尤其是当国有企业涉及 ISDS 时，问题就出现了。国有企业由国家所有或控制却以市场主体运行的

---

① RUDOLF D, CHRISTOPH S. Principles of International Investment Law [M]. 2nd edn. Oxford: Oxford University Press, 2012: 235.

二元性特征，导致仲裁庭会面临这样一个问题，即国有企业在国际投资争端中应被认定为私人投资者还是国家。本研究要解决的主要问题是在投资者与国家的争端解决机制中如何区分国有企业两种截然不同的参与者身份，即国有企业究竟是私人投资者还是东道国。

三、国有企业在 ICSID 仲裁中两种不同身份的认定困境

尽管目前有不少投资争端解决机构和机制可供解决投资者与国家间的争端，但“国际投资争端解决中心”（International Center for Settlement of Investment Disputes，ICSID）因其运作的成熟，有执行力的保障，无疑是利用率最高的常设仲裁机构之一。ICSID 是由联合国所属专门机构“国家复兴开发银行”（即“世界银行”）推动创立的，是《解决国家与他国国民间投资争端公约》（以下简称《ICSID 公约》）的执行机构，专门负责处理投资者与国家间争端的常设仲裁机构，截至 2023 年 10 月底，该公约已有 158 个缔约成员国。

据 ICSID 的案例统计，每年大部分的仲裁案件都会因管辖权问题或案件事实而被驳回，其中有关国有企业的投资仲裁资格的问题就在此列。尽管目前相关的实践案例并不多，但不排除在未来很有可能出现大量的国有企业“私人投资者”身份认定的纠纷和投资仲裁救济的可获得性之争。因此，本研究以国有企业在 ICSID 仲裁中，适格的申请人地位和其国家身份适格的被申请人地位的成立为视角，分析 ICSID 仲裁庭对国有企业在个案中的身份认定标准问题。

（一）国有企业能否作为私人投资者提起仲裁

第一种情形是：当 A 国的国有企业在 B 国进行投资，并就投资争端对 B 国即东道国提起仲裁请求。此时 B 国提出异议，主张 A 国的国有企业不符合《ICSID 公约》中对“国民”的要求，不是适格的仲裁申请人。此时仲裁庭需要裁决的问题是：A 国的国有企业投资者是否为“国民”有资格在 ICSID 中提出申诉，即国有企业投资者能否被认定为私人投资者的身份。

（二）国有企业的行为能否归因于国家

第二种情形表现为，B 国的投资者在 A 国进行投资，与 A 国的国有企业之间发生争端，B 国的投资者认为 A 国的国有企业的不法行为应归因于 A 国，于是 B 国的投资者就争端对 A 国提起仲裁请求。此时，A 国提出异议，主张该国有企业的不法行为不应归因于 A 国政府。此时仲裁庭需要考虑的是，该国有企业的不法行为能否归因于该国家，使得东道国成为 ICSID 仲裁中的被申请人。

综上所述，本书研究的主要问题是在 ICSID 国际投资仲裁中，何种情形下国有企业可以成为适格的申请人，以及在何种情形下国有企业的行为可以归因于国家使其成为适格的被申请人。

第二节　ICSID 仲裁庭对国有企业私人投资者身份的认定

本节主要从实践活动出发，即以 ICSID 仲裁实践为基础，分析在个案中仲裁庭是如何认定国有企业作为申请人的私人投资者身份，涉及的案例主要有 Ceskoslovenska Obchodni Banka，A. S. vs. The Slovak Republic①，即捷克斯洛伐克银行诉斯洛伐克案（以下简称 CSOB 案），以及 Beijing Urban Construction Group Co. Ltd. vs. Republic of Yemen②，即北京城建集团诉也门案。

一、ICSID 仲裁庭界定私人投资者的法律适用

该部分讨论的是 ICSID 仲裁庭如何认定其对国有企业具有管辖权的法律依据，主要包括《ICSID 公约》第 25 条对管辖权规定中“国民”的要求，以及投资者母国和东道国之间的国际投资协定对“投资者”的要求。

---

① Award，Ceskoslovenska Obchodni Banka，A. S. vs. The Slovak Republic，ICSID Case No. ARB/97/4，29 Dec.，2004.

② Decision on Jurisdiction，Beijing Urban Construction Group Co. Ltd. vs. Republic of Yemen，ICSID Case No. ARB/14/30，31 May.，2017.

（一）《ICSID 公约》对申请人“国民”的要求

《ICSID 公约》第 25 条第 1 款规定，“中心”的管辖权适用于缔约国（或缔约国指派到“中心”的该国的任何下属单位或机构）和另一缔约国国民之间直接因投资而产生的任何法律争端，而该项争端经双方书面同意提交给“中心”。当双方表示同意后，不得单方面撤销其同意。条文表明 ICSID 的管辖范围是投资者与国家间的争端，即排除了投资者与投资者、国家与国家之间的争议。同时表明“中心”的管辖条件是：①当事人是“另一缔约国国民”和“缔约国”；②争议是“直接因投资而产生的法律争端”；③双方当事人书面同意。关于“国民”，《ICSID 公约》第 25 条第 2 款也只是提出该“国民”可以是自然人也可以是法人。关于“法人”（投资者）应该具有何种要求，《ICSID 公约》并没有进行明确规定，但是我们可以从《ICSID 公约》缔结的背景和目的以及相关约文的谈判史中找到佐证，以证明《ICSID 公约》项下的投资者是指私人投资者。

《ICSID 公约》在序言中明确提到，即“考虑到经济发展需要的国际合作和私人国际投资在这方面的作用；注意到该投资引发的争端有可能发生在缔约国和另一缔约国国民间……”，这表明投资者应当是私人性质的个人和组织，且国家作为投资者时不能申请 ICSID 仲裁。[①] 在 ICSID 成立前的 1965 年，《世界银行执行董事会报告》第 12 条也指出，“执行董事确信私人资本会继续流入那些为投资提供有利环境的国家……”，该公约最主要的目的就是刺激更多的私人国际投资流入其领土。根据《维也纳条约法公约》第 31 条解释通则第一款来看，条约应依其用语按其上下文并参照条约之目的及其宗旨所具有之通常含义，善意解释之。因此在对《ICSID 公约》下的“国民”含义进行解释时，需要考虑该公约缔结的目的是促进私人投资，“国民”应是指“私人投资者”。因此，国有企业要想以申请人的身份提起仲裁，其实质必须具有私人投资者的特性和要求。

实际上，《ICSID 公约》在投资者问题上的模糊性，很大程度上为后来不同类型的投资者利用 ICSID 仲裁机制寻求救济留下空间。可否依出资来源对

---

① CHRISTOPH H S，LORETTA M，AUGUST R，ANTHONY S. The ICSID Convention：A Commentary［M］. Cambridge：Cambridge University Press，2012：160.

国有企业的法律性质做出判断，向来是国际法和国内法都极为棘手的问题，尽管《ICSID 公约》没有明确规定是否应依出资来源对私人投资者进行判断，但在公约相关的谈判过程中的资料提供了重要的线索。《ICSID 公约》草案评论的资料表明，缔约国当时已注意到“另一缔约国国民”并不限于私有企业，是“允许政府所有或政府部分所有的企业以申请方与被申请方的身份参与另一缔约国的投资仲裁”。[①] 这表明政府所有的公司并不必然排除在“另一缔约国国民”和“缔约国”范围之外，但需要对国有企业的身份进行认定。

（二）国际投资协定中的“投资者”规定

与一般的商事仲裁一样，国际投资仲裁案件的受理也需要满足仲裁机构管辖权的范围和双方当事人“同意仲裁”要件，因此国有企业要想诉诸 ICSID 仲裁，还需要符合国际投资保护协定中“投资者”的规定，即争议双方间投资保护协定中的“投资者”是否包含“国有企业”。北京城建集团诉也门案中，中国与也门的双边投资条约（Bilateral Investment Treaty，BIT）规定，“投资者”在中国方面是指：①具有中华人民共和国国籍并在也门共和国领土内进行投资的自然人；②依照中华人民共和国的法律建立、在中华人民共和国领土内有住所并也在也门共和国领土内进行投资的法人。在也门方面是指：①具有也门共和国国籍并在中华人民共和国领土内进行投资的自然人；②依照也门共和国的法律建立、也在也门共和国领土内有住所并在中华人民共和国领土内进行投资的法人。[②] 由此可见，国有企业要是具备了法人资格，并不必然排除在“投资者”之外。

因此，国有企业是否能获得投资保护和救济，首先一定程度上也取决于国际投资条约中关于“投资者”范围的含义。实践中，有关国有企业的投资者地位问题，世界各国投资协定规定的情况并不一致。根据 OECD 在 2015 年的一份调查显示，考察近 1813 个投资条约，发现近 84% 的国际投资协定中没有明确地提及国有企业、国有投资基金（如国家主权财富基金）和政府投资者；仅有 16% 的投资协定明确提及其投资者的范围包括了国有企业，主要

---

① CHRISTOPH H S，LORETTA M，AUGUST R，ANTHONY S. The ICSID Convention：A Commentary［M］. Cambridge：Cambridge University Press，2012：161.

② 《中华人民共和国政府和也门共和国政府关于鼓励和相互保护投资协定》（1998 年）第 1 条第 1 款。

有美国、澳大利亚和加拿大的投资协定，同时存在明确地将国有企业排除在“投资者”范围外的情形，有且只有 3 个投资条约，① 即巴拿马与英国、德国和瑞士间的投资保护协定，如巴拿马和英国的 BIT 规定，公司包括所有依据巴拿马法律设立的……住所地在巴拿马领土内的所有法人，但国有企业除外。

除少数明确提及国有企业的投资条约，例如根据《北美自由贸易协定》第 201 条第 1 款的规定，“企业”可以定义为“任何按照相关法律组成的实体，无论是私人或者政府所有，包括公司、信托、合伙、合资企业以及其他组织。”奥地利和格鲁吉亚的 BIT 对“投资者”的规定则是“法人或任何实体……无论是私有或政府所有或控制”。但事实上，许多投资条约并没有诸如“无论是私有或政府所有或控制”之类的表述，而是简单地规定“投资者”应符合缔约国的国内法。如荷兰和巴林之间的 BIT 规定，投资者包括依照缔约一方法律构成的法人。这类条约并未明确包含“国有企业”，但考虑到其保护和促进国际投资的目的，这些条约中的“投资者”仍应解释为包括“国有企业”。有些条约对国有企业的地位就规定得很清楚，比如阿拉伯国家缔结的投资协定就倾向于将国有企业囊括在内。埃及和印度尼西亚的 BIT 规定，法人指的是任何按照缔约方法律成立，并为其法律所承认的组织，比如国有企业、公共机构、发展基金、私营企业或公司实体等。沙特阿拉伯与韩国的 BIT 直接指出，官方组织如沙特阿拉伯货币管理局以及其他类似的公共机构同样可以作为投资者。甚至有部分条约将投资者的范围扩大到国家或政府，如美国与乌拉圭的 BIT 规定，另一缔约方投资者为在另一方境内试图投资或已完成投资的缔约国一方，或其国有企业，或该国国民。

总的来说，除去极少数将国有企业排除在投资者范围之外的情形，以及少数明确地将国有企业包含在投资者范围的条约，大多数条约对国有企业投资者地位的认定都是不明确的，需要考虑相关法律尤其是缔约国国内法对国有企业相关的规定。另外大部分的投资条约对法人“投资者”是国有企业还是私营企业也并没有明确地区分，而是笼统地规定“投资者”是依据缔约国的相关法律成立、组织和经营的，即对投资者的规定不是基于对其所有权或出资来源的区分，而是按照一般的法律规定。但考虑到国有企业在国际投资

---

① SHIMA Y. The Policy Landscape for International Investment by Government - controlled Investors [R]. OECD Working Papers on International Investment 2015/01, Paris: OECD, 2015: 5.

活动中的深度和广度，一般投资条约都是认可国有企业投资者地位的。

（三）ICSID 仲裁庭界定投资者的路径

鉴于上述分析，可以得出 ICSID 仲裁庭在判定争端所涉投资者是否属于其管辖范围时，不仅需要考虑《ICSID 公约》第 25 条对“国民”的相关规定，即该投资者是否是私人投资者；也需要考虑投资者是否属于投资协定中的“投资者”，即属于缔约国同意其管辖的争端当事方。因此，在 ICSID 仲裁庭界定投资者时，《ICSID 公约》第 25 条和国际投资协定中对于投资者的要求，都是仲裁庭在个案判定中需要考量的因素。

具体到国有企业，仲裁庭首先需要考察的是国有企业是否是国际投资协定中的“投资者”，但即使相关投资协定将国有企业纳入“投资者”范围，也没有从根本上解决国有企业是否是《ICSID 公约》项下“私人投资者”的身份问题。因此，对国有企业身份的具体认定，还需要回归到有关的仲裁实践中来。

二、ICSID 仲裁庭对国有企业私人投资者的身份认定标准

《ICSID 公约》第 25 条第 2 款只是指出“国民”包括“自然人”和“法人”，但是有关该“国民”是否涵盖国有实体或仅仅是指私人投资者，对此并没有任何解释。为了帮助国际投资仲裁庭判定国有企业能否作为申请人时，对其与国家间的投资争端是否具有管辖权，Aron Broches 学者提出了一个指导原则以供 ICSID 仲裁庭遵循，也就是下文将要探讨的 Broches 标准。

（一）Broches 标准的初步提出和确立

1. Broches 标准的初步提出

Broches 标准，最早是由 ICSID 的“设计者”即《ICSID 公约》的主要起草者 Aron Broches 提出来的。他认为，作为另一缔约国国民的实体并非只能是私有企业，实践中许多集合了私人资本和国有资本的企业，或政府全部持

股的公司在经营活动和法律特征上与普通私有企业难以区分①。为明确“中心”对国有企业的管辖权，他提出“除非国有企业投资者作为政府代理人或行使基本政府职能，国有企业应当拥有缔约国国民的资格”②。

即仲裁申请人如果是政府代理人或者行使了基本的政府职能，就会被认定是以政府身份而非商业身份行事，那么其所提起的投资仲裁就会被拒绝。在 CSOB 案中，这一标准得到了 ICSID 仲裁庭的认可，并且被双方当事人所接受，由此 Broches 标准在 ICSID 仲裁中得以确立。

2. Broches 标准的确立

（1）CSOB 案中被申请人提出管辖权异议

CSOB 是一家根据捷克共和国法律设立的商业银行，是 CSOB 案中的申请人，被申请人是斯洛伐克共和国，1997 年 4 月 8 日申请人向 ICSID 提交仲裁申请，要求裁决被申请人违反了斯洛伐克共和国、捷克共和国以及申请人三方于 1993 年 12 月 9 日签订的《关于融资整合捷克斯洛伐克银行的基本原则的协议》（以下简称《整合协议》）。对于申请人提交的仲裁申请，被申请人于 1999 年 5 月 24 日以 ICSID 对本案无管辖权为由，要求驳回申请人的请求。

本案中被申请人认为，本案不属于《ICSID 公约》第 25 条第 1 款规定的“缔约国与另一缔约国国民”之间的争端。被申请人的主张基于以下理由：①CSOB 即申请人是捷克共和国的代理人而非一个独立的商业实体；②该争端真正的利害当事人应该是捷克共和国。基于此，这里主要讨论仲裁庭针对被申请人所主张的“申请人 CSOB 不是另一缔约国国民”来进行分析。

（2）仲裁庭明确提出应适用 Broches 标准进行分析

首先，仲裁庭指出，虽然公约第 25 条第 1 款使用的是“国民”概念，但是在第 25 条第 2 款中指明了其包括自然人和法人。另外公约的立法背景表明“法人”含义不限于私人所有的公司，也应包括全部或部分政府所有的公司，这一解释得到双方的一致认可。接着，仲裁庭提出一个公司是否是第 25 条第 1 款中适格的“另一缔约国的国民”，并非取决于该公司是否部分或全部由政府所有，能作出此判定的标准应该是考虑公约的目的，一个混合经济

---

① VICTOR E，ARON B. Selected Essays，World Bank，ICSID，and Other Subjects of Public and Private International Law［M］. Leiden：Martinus Nijhoff Publishers，1995：202.

② VICTOR E，ARON B. Selected Essays，World Bank，ICSID，and Other Subjects of Public and Private International Law［M］. Leiden：Martinus Nijhoff Publishers，1995：202.

公司或政府所有的企业应视为“另一缔约国的国民”，除非它充当政府代理人或行使基本政府职能。本案中的争端当事方都接受了这一判定标准，即Broches 标准。因为在该标准的两个部分中间是用“或”字连接，表明“充当政府代理人”和“行使基本政府职能”这两个方面只要国有投资者满足其中一个，就失去作为“缔约国”国民向 ICSID 仲裁庭提起仲裁的资格。

（3）仲裁庭对 CSOB 银行是否行使基本政府职能的分析

接下来，仲裁庭运用 Broches 标准对 CSOB 银行进行了分析。针对被申请人主张的，CSOB 有超过 65% 的股份以多种形式为捷克共和国所有，和有约 24% 的股份为斯洛伐克所有，因而认为 CSOB 是一个公共部门而非一个私人部门实体，仲裁庭认为，单独考虑所有权和控制权不足以否决该公司在公约中的“国民”地位。鉴于被申请人随后主张的是 CSOB 是一个通过其存在一直行使基本政府职能的政府代理机构，被申请人着眼点在于 CSOB 一直行使政府职能，所以其是一个政府代理机构，因此仲裁庭在分析 CSOB 是否有“充当政府代理机构”时，并没有展开，而是将讨论转向了判断 CSOB 是否行使基本政府职能。仲裁庭指出，不可否认，在很大程度上，CSOB 代表政府在从事国际银行交易……但是在判定 CSOB 在这些活动中是否行使政府基本职能时，应该关注的是这些活动的性质而非其目的。虽然在上述提到的活动中 CSOB 无疑是捷克在计划经济向市场经济转型期间逐渐向私有化转变的一个实体，因此被申请人主张它是在行使政府职能，不能作为申请人提出仲裁。仲裁庭认为，虽然 CSOB 在私有化过程中的活动受到国家政策的驱动，但其是国家计划经济中真正意义上的经济活动，为实现这些政策而做出的银行交易并不因此而丧失其商业性质。同时，仲裁庭进一步指出，国家决定从计划经济向市场经济转变中无疑会涉及行使政府职能，同样国家为了促使国有企业的私有化也会采取立法和行政措施，但是国有企业利用这些国家政策进而改变自身结构……是为了在自由市场上竞争……该标准关注的是活动是政府性质还是私人性质。仲裁庭确信 CSOB 的行为是否是由政府提出的私有进程驱动或者促进，并不是该问题的决定性因素，起决定性因素的是活动的性质。因此，仲裁庭支持了国有企业 CSOB 的仲裁申请。

这表明，仲裁庭在对 CSOB 这一国有投资者的身份进行认定时，其出资来源和控制权不是仲裁庭进行判断的决定性因素，CSOB 所从事的活动才是仲裁庭进行判断的对象，并且在对该活动进行判断时，仲裁庭认定的关键是活动的性质而非其目的。即 CSOB 的活动是商业性质还是政府性质，它的活动是出于何种目的不是仲裁庭应重点关注的方面。仲裁庭的这一观点在数个仲裁案中得到了运用，但也有所发展。

（二）Broches 标准在 ICSID 仲裁中较全面地适用

ICSID 仲裁庭最近对 Broches 标准的适用是在北京城建诉也门案中，与 CSOB 案不同的是，在北京城建诉也门案中，ICSID 仲裁庭对北京城建是否是中国政府的代理人和是否行使政府职能分别作了论述，可谓是对 Broches 标准较为全面的一次适用。

1. 北京城建集团诉也门案的事实背景

北京城建集团（Beijing Urban Construction Group CO. Ltd.，BUCG）是依照中国国内法注册成立的公司。[①] 2006 年 2 月 28 日，北京城建集团承包了合同金额约 1.14 亿美元的也门机场航站楼建设项目，并与也门民航气象局（Yemen Civil Aviation and Meteorology Authority）签订建设合同。2009 年 7 月，北京城建集团主张，也门当局通过一系列非法手段剥夺了北京城建集团的投资，也门当局军事和安全机构袭击和扣留了北京城建集团的雇员，并暴力阻止北京城建集团进入施工现场。因此导致北京城建集团无法按时完成工程建设，被申诉方也门政府主张北京城建集团违约。北京城建集团认为，如果不是也门政府的阻挠，其完全有能力按时完成合同，并获得预期利润。因此，2014 年 11 月 4 日北京城建集团向 ICSID 提起仲裁。也门政府对 ICSID 仲裁庭提出了管辖权异议，其中之一就是申请人北京城建集团不是《ICSID 公约》项下另一缔约方的国民。

2. 当事方关于申请人“北京城建集团”是否为“另一缔约方国民”的主张

被申请人也门政府主张，北京城建集团并不符合《ICSID 公约》第 25 条第 1 款项下“另一缔约方国民”的资格要求。根据 Broches 标准，申请人作为国有实体，既是中国政府的代理人，也在商事交易活动中行使政府职能。据此也门与北京城建集团的争端纠纷转化为也门政府和中国政府的国家间争端，而非《ICSID 公约》第 25 条第 1 款项下的投资者与国家间争端。由此，

---

① Decision on Jurisdiction, Beijing Urban Construction Group Co. Ltd. vs. Republic of Yemen, ICSID Case No. ARB/14/30, 31 May., 2017.

也门政府认为ICSID仲裁庭缺乏属人管辖权。

申请人北京城建集团主张，其构成《ICSID公约》第25条第1款项下的“另一缔约方的国民”，有权依照中国－也门BIT起诉也门政府。北京城建集团认为，国有实体依照通常商业实体进行运营时是可以有权提起ICSID仲裁的。即便是适用Broches标准，北京城建集团在进行相关机场工程时，并未以中国政府的代理人身份行事，也没有行使任何政府职能。相反，在机场合同相关事项中，北京城建集团正是以商事能力行事，没有接受中国政府的指挥或控制。

3. 仲裁庭的初步分析

ICSID仲裁庭处理属人管辖权异议的思路是：第一，明确《ICSID公约》第25条关于管辖权的规定是不处理国家间争议的；第二，明确投资者公私身份的认定应参照Broches标准，其核心是要求仲裁庭分析投资在特定情境中的商事功能；第三，逐项分析北京城建集团在工程建设中是否是中国政府的代理人和是否行使政府职能。

首先，仲裁庭指出，众所周知，《ICSID公约》第25条第1款是不受理国家间争议的，也不受理以政府代理人身份行事或行使政府职能的国有企业申诉的。也门政府认为，这是国际法委员会拟定的《国家对国际不法行为的责任条款（草案）》第5条的要求。该条规定，虽非第4条所指的国家机关但经该国法律授权而行使政府权力要素的个人或实体，其行为应视为国际法所指的国家行为，但以该个人或实体在特定情况下以此种资格行事者为限。

然而北京城建集团则强调，第5条的重点应当是“在特定情况下”（in the particular instance）。ICSID仲裁庭指出，北京城建集团是中国政府建立的全资国有实体。关于这一点，北京城建集团在投标书中并不讳言。但国有企业是否因此就完全不能依照《ICSID公约》第25条提起仲裁吗？因为当事双方都接受Aron Broches在1972年提出的Broches标准可以适用，ICSID仲裁庭也遵循Broches标准来认定国有企业投资者的资格问题。仲裁庭认为，在当今世界，公私投资的传统分界，虽未过时但也已无意义。在各国之中，私人与政府共同出资已不鲜见。政府全资持股之公司，在法律性质和活动中，与完全私人所有企业并无实际差异。由此观之，就《ICSID公约》而言，混合经济体公司或政府所有企业并非不适格，除非其正以政府代理人身份行事或行使政府职能。

另外 ICSID 仲裁庭强调，结论句中的连词“或”，表明只需满足其一方面即可，并且认为 Broches 标准反映了《国家对国际不法行为的责任条款（草案）》第 5 条和第 8 条的行为归因原则（Attribution Rules），同时也确定了行为不归因于国家的标准。据此，仲裁庭也认同 CSOB 仲裁庭的认定，应当重点考察投资者行为的性质，而不是目的，尤其是对投资的商业功能进行情境性分析。

4. 仲裁庭对 Broches 标准的具体适用和分析

（1）北京城建集团在工程建设中是否是中国政府的代理人

被申请人也门政府进行了一系列举证：第一，北京城建集团的董事会成员是由“国家利益代表组成”，其企业内部决策机构有义务实现“国有资产的保值增值”；第二，北京城建集团需要接受北京市人民政府国有资产监督管理委员会的监管和调查；[①] 第三，北京城建集团中的党委会不仅监督人事任命、资金管理，也负责“监督科学发展观和国家政策的落实，促进企业在履行政治和社会责任方面承担主导地位”。也门政府主要是依据 Maffezini vs. Span 案中仲裁庭的相关认定标准来举证的。仲裁庭认为，确定特定实体是否是国家机构的标准，要求考察多种因素，包括所有权、控制关系，相关实体的性质、目的和目标，相关行为的性质等。

本案中 ICSID 仲裁庭很通情达理地认为，上述所有的企业控制和管理机制在中国的国有企业语境下并不鲜见，因而问题的关键不是国有企业的公司结构和治理模式，而是该国有企业是否在特定事实情境中以政府代理人身份行事。据此仲裁庭认为也门政府的举证并不足以证明，北京城建集团在也门的航站楼建设中以任何意义上的中国政府代理人的身份行事。相反，ICSID 仲裁庭认定，既有书面记录显示北京城建集团以一般商业承包人[②]的身份参与竞标，另外也门政府也承认，合同终止的原因是北京城建集团未能以商业可接受的标准提供机场相关的商业服务。

（2）北京城建集团在工程建设中是否行使政府职能

被申请人也门政府在这个问题上并没有提出新的有力证据，主要讨论还

① Decision on Jurisdiction, Beijing Urban Construction Group Co. Ltd. vs. Republic of Yemen, ICSID Case No. ARB/14/30, 31 May., 2017.

② Decision on Jurisdiction, Beijing Urban Construction Group Co. Ltd. vs. Republic of Yemen, ICSID Case No. ARB/14/30, 31 May., 2017.

是围绕北京城建集团的“代理人身份”。本案中ICSID仲裁庭又一次通情达理地指出，在中国国有控制经济的语境下，被申请人的上述论点是可信的，但是却与本案不相关。焦点仍是考察在“特定情况”下即也门Sana国际机场航站楼建设中北京城建集团的职能。然而，ICSID仲裁庭认为，被申请人也门政府并无证据证明北京城建集团以非商事功能的能力行事，行使了中国政府职能。比如，ICSID仲裁庭认为，北京城建集团“应接受中国对外经济贸易部的管理、协调和监督”并不足以证明中国政府是也门航站楼工程的“最终决策者”。

根据以上分析，可以看出，ICSID仲裁庭认为北京城建集团在也门投资建立机场航站楼的行为，是以市场主体身份进行的商业活动，认可北京城建集团在此次投资活动中即“特定情形下”的私人投资者身份，并由此认定北京城建集团是公约项下合格的“另一缔约国的国民”，有权提起投资仲裁。但是，这并非表明仲裁庭认为北京城建集团就是一个合格的“另一缔约国国民”，而是需要在“特定情形”下运用Broches标准对其特定的投资活动的性质进行判定。

因此，在关于国有企业申请人投资者身份的问题上，ICSID仲裁庭认可的只是国有企业的私人投资者身份，并且ICSID仲裁庭对国有企业私人投资者身份的判定主要依据的是国有企业在该争端中的投资活动，同时运用Broches标准分别分析国有企业是否是政府代理人，或行使基本政府职能，重点考察的是国有企业投资者的行为性质，而非目的。但对于ICSID仲裁庭这一判定方法，学者们对此众说纷纭。

三、对ICSID仲裁庭判定方法的分析

（一）学者们对ICSID仲裁庭判定方法的评价

有关ICSID仲裁庭对国有企业是否是私人投资者身份的认定问题上，学者们主张适用的标准不尽相同，另外在这些标准中，应该具体适用哪种方法加以判定，学者们的倾向和偏重也有所不同。

1. 国外学者的观点

外国学者Mark Feldman提出，他认为在CSOB案中，ICSID仲裁庭的水

平存在尤其有争议的两个点，一个是尽管仲裁庭发现 CSOB 是政府代理人即满足 Broches 标准之一，但依然得出 CSOB 是公约项下合格的私人投资者；另一个是在判定 CSOB 是否行使政府职能时，仲裁庭没有考虑 CSOB 活动的真正目的，而仅仅是关注其活动的性质。① 因此，他认为 ICSID 仲裁庭在判定主权行为的界限时，不应该只考虑国有企业活动的性质，也应该考虑其活动的目的。同时，他主张应该用一般国际法《国家对国际不法行为的责任条款（草案）》中的“国家行为归因原则”来对 ICSID 仲裁中申请人国有企业进行认定。② 学者 Ji Li 的观点有所不同，他认为 ICSID 仲裁庭应该欢迎申请人国有企业投资者，并且继续运用 CSOB 案中提出的客观标准判定国有企业在投资者与国家仲裁中的地位。其主要基于以下三点考虑：一是大型国有企业对外投资的动机是复杂的；二是在自主选择的国际的投资者与国家间仲裁中，国有企业是缺乏政治影响力的；三是如果 ICSID 采取相反的做法，ICSID 机制可能会沦为一个对有国家资本属性的“国民”有偏见的结构性机制。③ 且进一步指出，ICSID 仲裁庭应该狭义地适用 Broches 标准的两个方面，即混合所有制公司和政府所有的公司应该被视为“另一缔约国的国民”，除非其行为是政府的代理人或行使基本政府职能”④，因为这两个方面是用“或”连接，因此满足其中任一个方面都不是《ICSID 公约》项下的投资者。Paul Blyschak 认为，ICSID 仲裁庭在运用 Broches 标准（这一可明确适用的标准）进行实体活动考察时只关注其活动的性质，不考虑其活动的目的，其优势是会使 ICSID 仲裁庭的裁决更具确定性和预期性，因为实体投资的性质通常相比其投资的目的更加容易判断。⑤ 仲裁案例中仅仅是对投资分为私人的或公共的投

① FELDMAN M. State – Owned Enterprises as Claimants in International Investment Arbitration [J]. ICSID Review – Foreign Investment Law Journal, 2016, 31 (1): 24 – 35.

② FELDMAN M. State – Owned Enterprises as Claimants in International Investment Arbitration [J]. ICSID Review – Foreign Investment Law Journal, 2016, 31 (1): 24 – 35.

③ LI J. State – owned enterprises in the current regime of investor – state arbitration [M]. The Role of the State in Investor – State Arbitration. Boston: Nijhoff Published, 2015: 400.

④ SKOVGAARD P L N. Investment treaties and the globalisation of state capitalism: opportunities and constraints for host states [M]. Forthcoming in: R. Echandi and P. Sauvé (eds.), Prospects in International Investment Law and Policy. Cambridge: Cambridge University Press, 2012: 78. SKOVGAARD POULSEN

⑤ PAUL B. State – Owned Enterprises and International Investment Treaties: When Are State – Owned Entities and Their Investments Protected? [J]. Journal of International Law and International Relations, 2011, 6 (2): 30.

资，并未有私人伴随公共职能和公共权力的形式，隐藏在其背后的投资目的和动机更加难以辨认，更加难以解开公司的“面纱”。另外，Paul Blyschak 还认为 Broches 标准不如由国内法院发展而来的“商业活动检测法”接受程度深，因为许多国家的国内法院在判决对外国国家政府和其附属机构是否具有管辖权的问题上，一直接受该标准。“商业活动检测法”即除非外国实体所从事的活动具有“非主权性”或“商业性”，国内法院才享有管辖权。在前期，国内法院在考虑国有实体的活动时也单单考虑性质。“商业活动检测法”在适用时同时考虑实体活动的性质和目的。[①] 因此他主张，在该问题上，ICSID 仲裁庭应既考虑投资活动的性质，也应考虑投资活动的目的。

由国内法院发展而来的“商业活动检测法”实际上是各国在国家豁免问题上采取的方式，虽然是由各国国内法进行规制，但在国家豁免问题上，多数主张限制豁免的国家，其主要法律渊源都是《联合国国家及其财产管辖豁免公约》，因此并未有较大出入，既需要考虑实体活动的性质，也需要考虑活动的目的。依据该公约第 2 条第 2 款，在判定国家的合同或交易是否为“一项商业交易”享有主权豁免的问题上，首先需要考虑的是该合同或交易的目的，如果合同当事方同意，或法院地国认为确有需要考虑目的以判断合同或交易的非商业性。虽然该公约尚未生效，但表明了国际社会对此问题的一致态度。[②] 显然，“商业活动检测法”标准主要是依据各国国内法关于国家管辖豁免的问题规定，在各自国内法院里的适用，且不说国有企业在 ICSID 中身份的认定问题是在国际投资仲裁领域的问题，另外国有企业申请人私人投资者身份的认定问题和国家豁免问题，也显然是两个问题，偏重和焦点也不一样。实践中，国际投资仲裁法领域有关国有企业的认定一般不涉及《联合国国家及其财产管辖豁免公约》，该公约主要是适用于国家豁免领域。

2. 国内学者的观点

国内学者梁一新对通过 Broches 标准“行为性质 + 目的”判定“国民”的方法持有异议，其理由有二：一是考察行为的目的需要更广泛、更有难度的投资母国政策追溯，在管辖权确立阶段对仲裁庭提出了过高要求；二是国

---

① PAUL B. State – Owned Enterprises and International Investment Treaties：When Are State – Owned Entities and Their Investments Protected? ［J］. Journal of International Law and International Relations，2011，6（2）：31.

② FOX H，WEBB P. The law of state immunity ［M］. Oxford：Oxford University Press，2013：167.

有企业不可避免地会受到国家宏观政策的影响，过分强调国有企业投资目的容易背离Broches标准不因所有权属性排除国有企业主体资格的初衷。[①] 刘雪红学者则认为，只注重行为性质而忽略目的的做法，从发展趋势上看很难为国际社会所接受，认为尽管国际投资法领域不同于国内法领域，但在确定国有企业仲裁管辖权的问题上，与国内法院的“商业活动检测法”，在处理国家管辖权问题上高度相似。[②] 邱家俊认为，ICSID仲裁庭不合适在决定是否对案件具有管辖权阶段时判定国有企业行为的目的，一方面复杂且耗时，另一方面认为对国有企业目的的判断应受东道国国内法规制。[③]

不难看出，在对国有企业私人投资者身份的认定上，国际投资仲裁领域存在三种认定标准：国家行为归因原则，Broches标准和“商业活动检测法”。但大多数学者以及ICSID仲裁实践基本上都是采取Broches标准。只是在对Broches标准的具体适用问题上，究竟对其投资活动是采取性质说还是目的说的或者是“以性质为主目的为辅”问题上，学术界的观点就不是很一致。

（二）本书的观点

实践中，ICSID仲裁庭在适用Broches标准时，对国有企业活动的解释通常更为注重行为的性质，而不问其目的和动机，不可否认，ICSID仲裁庭的这种方法认定投资者的门槛较低，易于扩大其管辖权。

例如在CDC Group plc vs. Republic of Seychelles[④] 一案中，申请人CDC是英国政府国际发展部门全资控股的一家公司，其职责是向贫困的发展中国家的私人企业提供小额的长期的资金支持，以执行英国消除非洲和南亚地区贫穷的政策，因被申请人塞舌尔政府撤销了管辖权异议，ICSID仲裁庭没有分析CDC国有企业的投资者地位，直接断定CDC的活动在本质和性质上都是商业性的，这些投资都是在商业基础上运作的，因而符合公约关于“另一缔

---

① 梁一新．论国有企业在ICSID的仲裁申请资格［J］．法学杂志，2017，38（10）：103－110.

② 刘雪红．论国有企业私人投资者身份认定及启示——以ICSID仲裁申请人资格为视角［J］．上海对外经贸大学学报，2017，（3）：5－16.

③ 邱家骏．论中国国有企业在国际投资争议解决中心仲裁中的投资者地位［D］．北京：北京外国语大学硕士论文，2015：23.

④ Award，CDC Group plc vs. Republic of Seychelles，ICSID Case No. ARB/02/14，17 Dec.，2003.

约国国民”的要求，ICSID 仲裁庭可以行使管辖权。又如在 Hrvatska Elektroprivreda d. d vs. Republic of Slovenia[①] 一案中，克罗地亚政府与斯洛文尼亚政府共同出资设立了一家核能发电站，HEP 作为克罗地亚政府全资控股的国有公司，受让了克罗地亚对该核电站所拥有的 50% 股份。该核电站是根据两国政府的协议设立，不享盈利也不负亏损，虽自 1983 年起，该核电站在商业基础上运作，作为股东的 HEP 显然更接近国家投资者，但是 ICSID 仲裁庭并未提及申请人的国有属性，而是直接得出，根据两国间的协议，股东有权对缔约国的违法行为提起仲裁，显然 ICSID 仲裁庭对该争议享有管辖权的结论。另外在 Rumeli Telekom A. S and Telsim Mobil Telekomikasyon Hizmetleri A. S vs. Kazakhstan[②] 案中，土耳其的储蓄保险基金（TSDIF）对申请人 Rumeli 和 Telsim 进行控制，并有权决定它们的管理者和负责人，哈萨克斯坦提出管辖权异议，认为该案的真正当事方应该是土耳其政府，ICSID 仲裁庭认为，该案中 TSDIF 的控制并不会使申请人丧失申诉的资格，TSDIF 的角色类似于破产清算中的管理者，其存在并不能排除仲裁庭对该案的管辖权，该案如果胜诉，根据土耳其的法律，钱也是分配给申请人的债权人。

可以看出，在这些仲裁实践中，ICSID 仲裁庭完全不热衷于对国有企业“缔约国国民”身份的讨论，如果该案中的被申请人没有针对国有企业的申请人资格提出管辖权异议，仲裁庭一般不会主动提及申请人的国有属性，而是直接认定其是“缔约国国民”，如若被申请人提出管辖权异议，仲裁庭则会对此加以分析，但是其关注的重点是国有企业活动的性质。一方面，ICSID 仲裁庭有可能出于仲裁的时间成本考虑，因为投资活动的性质往往容易判断，但隐藏在其背后的目的是一个牵扯投资者母国的政治、外交策略的复杂问题，难以揭示，这种方法能使仲裁结果更具稳定性和可预期性。另一方面，东道国在接受外国投资者的投资时，往往会设置国家安全等审查机制以此来判断外国国有企业的投资行为是否出于纯粹的商业目的，是否会对东道国的本国利益造成损害，这些审查都是在外国投资进入东道国之时或之前，被排除在国际投资协定约定的“投资范围”。

---

① Award of Tribunal, Hrvatska Elektroprivreda d. d. vs. Republic of Slovenia, ICSID Case No. ARB/05/24, 17 Dec., 2015.

② Award, Rumeli Telekom A. S. and Telsim Mobil Telekomunikasyon Hizmetleri A. S. vs. Republic of Kazakhstan, ICSID Case No. ARB/05/16, 29 Jul., 2008.

第三节　ICSID 仲裁庭对国有企业行为归因于国家的认定

本节是对国有企业在投资者与国家的仲裁机制中作为被申请人时，国有企业的行为可否归因于国家即东道国的判定，也即本章第一节提及的国有企业在国际投资仲裁中身份认定困境的第二种情形。内容主要包括但不限于国际法委员会二读通过的《国家对国际不法行为的责任条款（草案)》中的第二章“行为归因于一国”中的第 5 条“行使政府权力要素的个人或实体的行为”和第 8 条“受到国家指挥或控制的行为”。

一、国有企业行为归因于国家的法律依据

这部分内容是分析 ICSID 仲裁庭在判定国有企业的行为归因于国家时的法律依据，主要包括《ICSID 公约》第 25 条第 1 款和第 3 款对“缔约国”的规定，和国际法委员会二读通过的《国家对国际不法行为的责任条款（草案)》中的第 5 条和第 8 条。

(一)《ICSID 公约》对被申请人“缔约国”的规定

显然，国有企业本身是不能直接作为 ICSID 争端中的被申请人的，因为《ICSID 公约》仅接受国家作为被申请人。但是不排除，国有企业的特定行为可能会引起国家责任，使得 ICSID 对此具有管辖权。换句话说，东道国有可能因其国有企业的特定行为而参与 ICSID 的争端。但是需要满足两个先决条件，即：该国有企业的行为可归于该国家和该行为违反了国际投资协定。国家是否应该为国有企业的行为承担责任，在存有大量国有企业的国家，例如中国，是一个相当重要的问题。因为国有企业与外国投资者合作经常是以合资企业或合作企业的形式出现，如果国有企业的行为可归因于国家，那么就会增加国家因合同或者条约的违反而引起的责任承担的风险。《ICSID 公约》第 25 条第 1 款对“缔约国”的规定是，“中心”的管辖权适用于缔约国（或缔约国指派到“中心”的该国的任何下属单位或机构）。第 25 条第 3 款的规定是，某一缔约国的组成部分或机构表示的同意，须经该缔约国的批准，除

非该缔约国通知中心不需要批准。[①] 因此，如果一国的组成部分或机构被指定参与仲裁，且该组成部分或机构同意接受管辖得到所属国家的认可，那么它们也有可能成为仲裁程序的当事人。由此看来，国有企业并不必然排除在"缔约国"的范围。

国有企业的行为归因于国家的问题直到当代国家主导经济体的出现，才频繁地被提及，中国在全球经济中就是不可忽视的国家主导经济体力量。在传统资本主义国家时代，因为商业组织都是独立的法人并且独立于国家进行运营，它们对合同的违反一般不会导致国家责任。但是在国家主导经济体的国家，国有企业受到国家管理或控制，它们的行为可能并不十分清楚是否应归因于国家。因此，现代国有企业在国际投资领域的活跃，就出现了国有企业的行为是否归因于国家的问题。

（二）《国家对国际不法行为的责任条款（草案）》中的"行为归因于一国"的条款

就国有企业的行为可归因于国家的法律渊源而言，可以追溯到国际法委员会于2001年通过了二读《国家对国际不法行为的责任条款（草案）》，虽然该草案没有法律上的直接约束力，但是其被承认为国际习惯法，提供了许多被普遍广泛接受的原则。有学者认为国际法委员会是将国际社会对于国家责任的承担等习惯法成文化，因此，该草案属于国际经济惯例。[②] 国际责任事宜，包括归责问题，一般由习惯国际法加以规定，条约文件偶尔也包含有关国家对其实体行为负责的条款。[③] 这里的条约文件是指《能源宪章条约》（*Energy Charter Treaty*，ECT）第22条规定的成员国在管理国有企业行为方面的法律义务。所以，《国家对国际不法行为的责任条款（草案）》是习惯国际法的争议不大，依据《ICSID公约》第42条第1款，ICSID仲裁庭可以适用国际法规范来处断争端，因此可以适用草案对国有企业的行为是否可以归因于国家进行认定。

《国家对国际不法行为的责任条款（草案）》的第二章即第4条到第12

---

① 《关于解决国家与其他国家国民之间投资争端公约》第25条第1款、第3款。

② 陈安. 国际经济法学专论（上编）［M］. 北京：高等教育出版社，2007：121.

③ 多尔查，朔尹尔. 国际投资法原则［M］. 祁欢，施进，译. 北京：中国政法大学出版社，2014：231.

条是“行为归因于一国”，以列举的方式阐明了各种主体行为应归因于国家的情形，草案的第 5 条和第 8 条是关于国家实体的行为归因于国家的规定。关于第 5 条“行使政府权力要素的人或实体的行为”的具体内容，在第二节北京城建集团诉也门案中已经作了阐述。第 8 条是“受到国家控制或指挥的行为”。如果一个人或一群人实际上是在按照国家的指示或在其指挥或控制下行事，其行为应视为国际法所指的一国的行为。[①] 草案第 4 条是“一国的国家机关的行为”。一般认为，第 4 条是以结构为归责原则，第 5 条则是按照职能进行的划分，也即“结构标准”（与第 4 条相呼应）和“职能标准”（与第 5 条同时提及）。但第 4 条主要是对国家机关行为的规定。因此，在 ICSID 仲裁实践中对于国有企业的行为是否可以归因于国家的认定，主要是运用草案的第 5 条“行使政府权力要素的人或实体的行为”和第 8 条“受到国家指挥或控制的行为”。接着，下文将分析 ICSID 仲裁庭对国家行为归因原则适用于国有企业的仲裁实践活动。

二、ICSID 仲裁庭对国有企业行为归因于“缔约国”的认定

该部分内容主要是从 ICSID 仲裁的实践出发，分析 ICSID 仲裁庭如何运用国家行为归因原则，对国有企业行为是否归因于其国家的认定，即在被申请人视角下，国有企业的行为能否归因于该缔约国，使其有资格作为被申请人应诉。

（一）国家行为归因原则的提出

有关国有企业的行为能否归因于国家，ICSID 仲裁庭的实践形成了多种不同的解释方法，在 Emilio Agustin Maffezini vs. The Kingdom of Spain[②] 案中，ICSID 仲裁庭首次对国有企业的行为是否可归因于国家进行了详细的分析。

1. Maffezini vs. Spain 案的事实背景

阿根廷国民艾米利奥（下称“申请人”），与一家西班牙王国（下称

---

① 贺其治. 国家责任法及其案例浅析［M］. 北京：法律出版社，2003：338.

② Award, Emilio Agustín Maffezini vs. The Kingdom of Spain, ICSID Case No. ARB/97/7, 13 Nov., 2000.

“被申请人”）为促进当地外国投资而设立的国有企业——加里西亚工业发展公司（以下简称“工业发展公司”），共同出资成立艾米利奥公司，从事化学产品制造。其中，申请人出资比例达 70%，工业发展公司的出资比例达 30%，艾米利奥公司是依据西班牙法律于 1989 年 11 月 15 日注册成立。但自 1992 年起，艾米利奥公司开始遭遇财政危机，虽然采取了措施但未成功，最后申请人不得不停止工程建设。1994 年申请人向工业发展公司发出要约，要求以艾米利奥公司现有财产来抵销自己与艾米利奥公司所欠工业发展公司的债务，工业发展公司以申请人多付 2 亿西班牙塞塔为条件，提出反要约。1996 年 6 月 13 日，工业发展公司表示其愿意接受申请人最初发出的要约，然而申请人对此并无回应。1997 年 7 月 18 日，申请人向中心提交仲裁申请。①

在管辖权阶段，被申请人提出：所涉争端并非如申请人所诉是发生在申请人与西班牙王国之间，而是与申请人签订了许多合同的私人公司“工业发展公司”之间。申请人主张，影响其投资的作为和不作为，都应归因于西班牙王国所有和操作的实体，工业发展公司不仅为国有实体所有，而且处于国家的控制之下，是国家为了促进加里西亚地区经济发展而设立的。据此，该国有实体的作为或不作为应归因于国家。被申请人主张，工业发展公司是依据西班牙商业法建立的私人商业公司，因此它的活动是私人实体的活动。国家实体在工业发展公司占据股份拥有所有权，既不会改变该公司的私人商业性质，也不会使该公司转变成国家代理机构。因此，它的作为或不作为不能归因于国家。

2. ICSID 仲裁庭对工业发展公司的行为是否归因于西班牙政府的分析

首先，ICSID 仲裁庭指出，中心的管辖权仅限于“缔约国和另一缔约国国民”之间，对两个国家和两个私人实体间的争端缺乏管辖权，但是公约中没有对“缔约国”和“另一缔约国国民”的定义，虽然公约第 25 条第 1 款和第 3 款有涉及“缔约国”，但并未对国家实体的行为归于国家提供判定标准，同时阿根廷和西班牙的双边投资条约（BIT）也没有对此判定提供帮助。据此仲裁庭提出了两个问题：①为了判定中心仲裁庭的管辖权，需判定工业发展公司是否是一个国家实体；②申请人起诉的作为和不作为行为能否归责于西班牙。并且认为第一个问题是管辖权阶段的程序性问题，第二个问题是争端的实体审理的问题。因此仲裁庭在该阶段只就工业发展中心是否是国家

① 万猛. 国际投资争端解决中心（ICSID）案例导读［M］. 北京：法律出版社，2015：178.

实体的问题进行分析，以明确管辖权问题。但实质上，仲裁庭在管辖权阶段解决的问题就是工业发展公司的行为是否归因于西班牙政府。接着，在法律适用方面，仲裁庭指出如前所述，公约和阿根廷与西班牙的 BIT 都没有对这一问题建立指导原则，仲裁庭应适用国际法规则对特殊实体行为是否归因于国家做出判定，应适用“国家责任法”，也即《国家对国际不法行为的责任条款（草案)》。

具体到本案中工业发展公司，仲裁庭认为，在判定工业发展公司是否是国家实体时，首先应从形式或结构的角度进行分析。若证实该实体直接或间接为国家所有，则可初步推断其属于国家实体，但该推断是可推翻的。另一个能得出此结论的情形是，该实体的目的是履行某种本质上是政府或通常由国家保留的职能，或因其属性一般不由私人企业或个人所行使。基于此，仲裁庭就分别从结构标准（structural test）和职能标准（functional test）及控制等因素进行了分析。

鉴于上述考虑，仲裁庭首先对工业发展公司的结构进行了分析。工业发展公司是由工业部门制定的法令授权工业政府组织，是一个国家机构建立的。虽然工业发展公司的形式是私人商业公司，但是该国家机构拥有不少于51%的所有权。事实上，到 1990 年 12 月 31 日，政府在该公司的所有权已超过88%，其中包括在加里西亚自治区行使政府职能的国家机构。随后仲裁庭指出，即使国家创建一个公司并使其运作在私人部门，该公司即使是国有的，也不足以提出不可推翻的推测，即该实体是国家机构。因此，仲裁庭接着运用职能标准对该企业进行了分析，主要涉及草案第 5 条“行使政府权力要素的个人或实体的行为”。

仲裁庭指出，在该情形下，西班牙政府设立公司的目的就是为了建立一个行使政府职能的实体。事实上，工业部门提出建立该公司的设想，财政部予以资金支持，它的成立是在部长理事会（西班牙最高政策机构之一）上讨论并通过的，这些政府机构参与该公司的成立表明这样一个事实，即其成立是为了在该地区行使政府职能。工业发展公司的目的在创设其法规的序言写到，“加里西亚公司设立的目标之一就是促进加里西亚自治地区当地工业的发展”，换言之，可以将该公司视为西班牙政府实现其国家政策的一个工具。其行使的职能包括：研究引进加里西亚地区的新产业，寻求并吸引这些新产业，寻找、招揽与投资新企业，处理具有官方资金来源的贷款申请，并为该贷款提供担保，同时提供技术支持。另外，无论是通过国家工业研究所或者是直接的方式，工业发展公司因提供补贴和其他刺激产业发展的方式被提起诉讼。上述这些目标和职能通常都不是由私人实体行使的，它们都是典型的政府工作内容。因此不能将其视为普通的商业性质，就是为了施行政府职能，以促进加里西亚地区经济的发展，才会得到贷款和财政的补贴支持。显然满足第 5 条规定的行使政府权力要素的实体和第 8 条规定的受到国家指挥或控制的行为。

鉴于对工业发展公司的事实分析，最终，仲裁庭指出该公司满足于由国家设立的结构标准以及国家享有出资的所有权，并且其活动具有公共性质的职能标准，因此工业发展公司的行为可归因于西班牙政府。可以看出，在认定国有企业的行为是否可以归因于国家的情形时，相比 Broches 标准，ICSID 仲裁庭需要考虑多种因素。例如，所有权、控制、性质、审查该实体行为的目的和宗旨、所采取行为的性质等。

（二）ICSID 仲裁实践对国家行为归因原则的适用过程

鉴于实践中，国家行为归因原则多用于判断在私人投资者与东道国国有企业之间的争端中，能否将国有企业的行为归因于东道国，从而对东道国提起投资仲裁，该部分就从 ICSID 的仲裁实践出发，探讨 ICSID 仲裁庭如何将国家行为归因原则适用到国有企业行为归因于国家的实践中去的。

1. 避免在管辖权阶段提及“国家行为归因原则”

早期仲裁庭在处理此类问题上的态度是踟蹰的，具有代表性的是 Salini Costruttori S. p. A and Iralstrade S. p. A vs. Kingdom of Morocoo[①] 案。该案中与申请人意大利投资者发生争议的是一家摩洛哥公司（ADM），ADM 是一家摩洛哥国有企业，该企业受国家委托，主要负责高速公路和和交通道路的建设、养护及运营。随后，摩洛哥政府提出管辖权异议，主张 ICSID 仲裁庭缺乏属人管辖权，因为该争端发生在投资者和一个区别于国家的实体（ADM）之间。虽然该案与 Maffezini vs. Spain 案的管辖权裁决只相隔 1 年，但仲裁庭遵循的逻辑完全不同，仲裁庭决定对实体 ADM 进行分析仅仅是为了“满足当

① Decision on Jurisdiction, Salini Costruttori S. p. A. and Italstrade S. p. A. vs. Kingdom of Morocco, ICSID Case No. ARB/00/4, 31 Jul., 2001.

事方的合法期待”，并且指出该调查无必要，因为该仲裁申请直接是对国家提起且是基于双边条约的违反。显然，仲裁庭不认为探究国家和国有企业间的关系是其管辖权的范围，和该案仲裁庭持有相同看法的有 Consortium RFCC vs. Kingdom of Morocco[①] 案，以及 Helnan International Hotels A/S vs. The Arab Republic of Egypt 案。在第二个案件中仲裁庭认为该案中不需要决定 EGOTH（争端涉及的国有企业）的地位就可以获得管辖权，因为申请人提起仲裁的争端存在形式是直接因投资引起并且涉及埃及政府。但是因为当事方围绕该问题进行讨论，所以仲裁庭认为其有责任在该决定中解决此问题。[②] 因此，可以看出仲裁庭并不认为针对国有企业所作出的行为对其所属国家提起仲裁，需要或有必要对国有企业的身份进行认定，而是认为其对该争端具有管辖权，换句话说，仲裁庭避免适用国家行为归因原则。

2. 管辖权阶段隐讳适用“国家行为归因原则”

在 Maffezini vs. Spain 案后，表明仲裁庭的态度转向在管辖权阶段克制适用国家行为归因原则，而在实体审理阶段适用该原则。但是在实体审理阶段，仲裁员需要裁决西班牙政府对工业发展公司行为的责任问题时，仲裁庭不得不承认它已经解决了这个问题的一个重要部分。仲裁庭指出，为了确定责任问题，法庭必须“再次”适用结构和职能标准，这表明虽然仲裁庭公开否认，但它已经在管辖权阶段采用了归因原则。因此实质上，仲裁庭在管辖权阶段就已经适用归因原则处理国有企业的行为是否归于国家的问题。如在 Noble Ventures, Inc. vs. Romania 案[③]中，仲裁庭同样需要判定两个罗马尼亚实体 SOF 和 APAPS 的行为是否能归因于罗马尼亚国家。仲裁庭指出，该两个实体是独立的法人，因此不是草案第 4 条的国家机关，但仲裁庭认为这两个实体是在罗马尼亚政府控制下实施私有化政策。因为它们负责执行政府主导的私有化下项目，行使罗马尼亚政府在股东大会上的权利，为实现私有化采取准备措施，并出售政府所有的股票。此外，董事会由罗马尼亚总理决定，成员中有政府官员。显然它们的活动受到“罗马尼亚政府的控制”，并且是为了

---

① Decision on Jurisdiction, Consortium RFCC vs. Royaume du Maroc, ICSID Case No. ARB/00/6, 16 Jul., 2001.

② Decision of the Tribunal on Objection to Jurisdiction, Helnan International Hotels A/S vs. Arab Republic of Egypt, ICSID Case No. ARB/05/19, 17 Oct., 2006.

③ Award, Noble Ventures, Inc. vs. Romania, ICSID Case No. ARB/01/11, 12 Oct., 2005.

“实行私有化这一特定目标”，《国家对国际不法行为的责任条款（草案）》的评注对第 8 条进一步的解释是，若一国对某公司行使的所有权益或施以控制的目的是达成特定的结果，那么该公司的有关行为由该国负责。① 因此仲裁庭认为 SOF 和 APAPS 代表被申请人罗马尼亚国家，其作为或不作为行为可归因于罗马尼亚政府。又如在 EDF（Services）Limited vs. Romania 案②中，申请人 EDF 公司指控通过罗马尼亚政府设立的航空公司间接损害了它的投资利益，认为罗马尼亚需要为其设立的航空公司的行为负责，于是对被申请人罗马尼亚提起仲裁。仲裁庭根据草案第 8 条的规定分析后认为，罗马尼亚政府通过一系列的指示和命令，利用其在航空公司的所有权和控制权，实现了其政治利益。因此，该航空公司的行为可归因于罗马尼亚政府，视为国家行为。另外，在 Consortium Groupement L. E. S. I. – DIPENTA vs. People's Democratic Republic of Algeria③ 案后，出现了一些微妙但深刻的变化，仲裁庭依然坚持主张只要是直接针对国家的仲裁，一般说来都有管辖权，但是增加了例外情况，即国家对国有企业的影响不显著是清楚的情形，那么就需要在管辖权阶段适用归因原则。④ 随后的 Jan de Nul N. V. Dredging International N. V. vs. Arab Republic of Egypt⑤ 和 Saipem S. p. A. vs. The People's Republic of Bangladesh 的仲裁庭都指出，除非该企业清楚地表明“与国家没有丝毫联系”，⑥ 否则仲裁庭依然保留在管辖权阶段适用这些规则。

3. 管辖权阶段明确适用“国家行为归因原则”

在 Toto Costruzioni Generali S. p. A. vs. The Republic of Lebanon 和 Gustav F W Hamester GmbH & Co KG vs. Republic of Ghana 案后，仲裁庭在管辖权阶段，就明确适用国家行为归因原则来处理国有企业和国家之间的关系。在

---

① CRAWFORD J. The International Law Commission's articles on state responsibility：introduction, text and commentaries［M］. Cambridge：Cambridge University Press，2002：112.

② Award，EDF（Services）Limited vs. Romania，ICSID Case No. ARB/05/13，8 Oct.，2009.

③ Award，Consortium Groupement L. E. S. I. – DIPENTA vs. République algérienne démocratique et populaire，ICSID Case No. ARB/03/08，10 Jan.，2005.

④ Award，Consortium Groupement L. E. S. I. – DIPENTA vs. République algérienne démocratique et populaire，ICSID Case No. ARB/03/08，10 Jan.，2005.

⑤ Decision on Jurisdiction，Jan de Nul N. V. and Dredging International N. V. vs. Arab Republic of E-gypt，ICSID Case No. ARB/04/13，16 Jun.，2006.

⑥ Decision on Jurisdiction and Recommendation on Provisional Measures，Saipem S. p. A. vs. The People's Republic of Bangladesh，ICSID Case No. ARB/05/07，21 Mar.，2007.

Toto Costruzioni 案中，引起仲裁的争端是发生在一个意大利投资者和一个国有实体（CEGP - Conseil Executif des Grands Projets - then CDR Council for Development and Reconstruction）间，被申请人黎巴嫩政府提出管辖权异议，认为该国家实体是独立法人，仲裁庭在管辖权阶段立即做出决定，并且指出依据《国家对国际不法行为的责任条款（草案）》第 5 条，该国家实体的行为应归因于黎巴嫩政府。[①] 同样在 Gustav Hamester vs. Ghana 案中，在被申请人就加纳国有企业 Cocobod 提出管辖权异议时，仲裁庭指出，Cocobod 的行为是否可归因于加纳政府，该归因问题看起来更像是管辖权阶段的问题。[②] 另外，前述草案的第 5 条规制的主体是虽非第 4 条所指的国家机关，但经该国法律授权而行使政府权力要素的个人或实体，在特定情形下以此资格行事，其行为也应视为国际法所指的国家责任。《国家对国际不法行为的责任条款（草案）评注》对此进行补充解释，要将某实体的行为归为国家责任意义上的国家行为，那么该行为必须与政府性活动相关联，而不是该实体可能参与的其他私人或商业活动。例如，铁路公司被授予一定的警方权力，如果其行为行使了该权力，那么就属于国际法中的国家行为，如果其行为涉及的是其他活动（如出售车票或购买运输工具），则不是国家行为[③]，具体适用在 BoshInternational and Foreign Investment Enterprises vs. Ukraine 案[④]中。在该案中仲裁庭需要认定乌克兰的国立基辅大学行为是否归因于被申请人乌克兰政府。仲裁庭指出，尽管国立基辅大学，依据乌克兰第 1496/99 号总统令和乌克兰教育法，提供教育服务，管理其旗下的国有资产的行为构成行使政府权力，但是其自主订立和解除的涉案合同是纯商业性质的合同，并无政府授权，并不满足第 5 条中要求的政府授权的要素，因而该国立基辅大学的涉案行为并不能归于乌克兰政府。另外在 Tulip Real Estate vs. Turkey 案[⑤]中，申请人 Tulip

---

① Decision on Jurisdiction, Toto Costruzioni Generali S. p. A. vs. The Republic of Lebanon, ICSID Case No. ARB/07/12, 11 Sep., 2009.

② Award, Gustav F W Hamester GmbH & Co KG vs. Republic of Ghana, ICSID Case No. ARB/07/24, 18 Jun., 2010.

③ CRAWFORD J. The International Law Commission's articles on state responsibility: introduction, text and commentaries [M]. Cambridge: Cambridge University Press, 2002: 101.

④ Award, Bosh International, Inc and B&P Ltd Foreign Investments Enterprise vs. Ukraine, ICSID Case No. ARB/08/11, 25 Oct., 2012.

⑤ Award, Tulip Real Estate and Development Netherlands B. V. vs. Republic of Turkey, ICSID Case No. ARB/11/28, 10 Mar., 2014.

是对土耳其一家国有公司 Emlak 的行为提起仲裁，针对被申请人提出的 Emlak 是一个独立的商业实体，因而仲裁庭缺乏管辖权的异议，仲裁庭对 Emlak 的行为作出分析，得出该公司的行为不应归因于土耳其。由此可以看出要想运用第 5 条使得国有企业的行为归因于国家，既需要满足行使政府职能，还需要授权。

综上所述，在判断国有企业的行为是否可归于国家的问题上，ICSID 仲裁庭经历了一个不断发展的过程，正朝向借鉴《国家对国际不法行为的责任条款（草案)》中的国家行为归因原则来认定国有企业的行为是否可归因于国家的方向发展。借助一般国际法草案中的国家行为归因原则用以分析国有企业自身的结构、国家或政府对其的控制和影响，以及其行为的性质和是否行使政府职能等各个方面，并且综合考虑多种因素。相比 ICSID 仲裁庭认定国有企业私人投资者的性质，在认定国有企业的行为是否归因于国家，从而需要国家承担国际法上的国家责任的问题上，ICSID 仲裁庭似乎要谨慎得多。因此，接下来将对 ICSID 仲裁庭对国有企业两种身份的认定进行比较分析。

三、比较分析 Broches 标准和国家行为归因原则

为何关于国有企业的身份有两种不同的认定标准？这两种认定标准又有什么关系？下面就这两个问题进行阐释。

（一）两种标准之间的联系和区别

从前文分析中可以得出，两种标准都是对国有企业在国际投资仲裁中的身份问题进行界定。首先，无论是 Broches 标准抑或是国家行为归因原则，或多或少都有从国有企业行为的性质、目的和结构等方面对涉案国有企业的行为进行分析和考察，并且都认同国有企业的出资形式不应作为判定国有企业性质的主要依据。学者 MARK F. 认为，政府所有或者国家所有的企业，并非就存在国家控制，[①] 因此，出资来源并不必然是对公司存在控制的可信指标，因为不排除存在其他影响决策权的各种投票杠杆机制。学者 Paul Bly-

---

① FELDMAN M. State - Owned Enterprises as Claimants in International Investment Arbitration [J]. ICSID Review - Foreign Investment Law Journal, 2016, 31 (1): 24 - 35.

schak 同样认为，国有占股比重虽然重要，但绝不是决定性因素，占比虽少的国家股也有可能产生重要的国家控制。[①] 其次，这两种标准都认可对国有企业涉案行为性质的分析，是判定国有企业身份的重要依据，即国有企业在活动中是否行使行政权，例如 Broches 的标准之一就是“行使政府职能”，国家行为归因原则中第 5 条就规定的是授权行使政府权力的个人或实体。另外，ICSID 仲裁庭在具体仲裁案例中适用 Broches 标准分析国有企业的行为，通常会借鉴《国家对国际不法行为的责任条款（草案）》的第 5 条和第 8 条。

但显然这两种标准又有所不同。Broches 标准侧重的分析思路或者逻辑是排除法式的，即“除非充当政府代理人或行使基本政府职能”，否则就是适格的私人投资者，在分析时更为侧重国有企业的商业性质和特征。而国家行为归因原则在认定国有企业的行为是否归因于国家时，是直接的正向思维，需要运用《国家对国际不法行为的责任条款（草案）》中“行为归因于一国”的条款结合案件事实去论证，该涉案国有企业的行为归因于国家。又如在标准的具体适用上，Broches 标准偏重在特定情形中从国有企业的行为性质进行考察，很少从行为的目的或是国家对国有企业的控制进行考察，即使有所提及，也是带过简述，甚至在有些案件中，如果被申请人未就国有企业的身份提出管辖权异议，仲裁庭就默认该国有企业是“另一缔约国的国民”，即合格的申请人。反观国家行为归因原则，在对国有企业的行为是否归因于“缔约国”即合格的被申请人的问题上，要求就略显严格些。例如在 Maffezini vs. Spain 案中，不仅从国有企业的结构上进行分析，还要求其满足职能标准和控制因素，虽说在具体案例中对这三方面有所偏重，但一般都会对有关要素进行考察。目前，本研究尚未发现国有企业是申请人而 ICSID 仲裁庭拒绝管辖的案例，但是在国有企业的行为是否可归于国家使得国家成为被申请人的案例中，有几起仲裁庭裁决无管辖权的案例，例如 BoshInternational and ForeinInvestment Enterprises vs. Ukraine，Tulip Real Estate vs. Turkey 以及 Hamester vs. Ghana 案。显然，在运用国家行为归因原则对国有企业的行为是否归因于国家的问题上，ICSID 仲裁庭明显谨慎些许。

实际上，两者最大的区别在于适用的情形不同。简言之，Broches 标准主

---

① BLYSCHAK P. State – owned enterprises and international investment treaties：When are state – owned entities and their investments protection［J］. J. Int'l L & Int'l Rel.，2010，6：1.

要是在国有企业作为申请人时适用，而国家行为归因原则则主要是用以分析国有企业行为引起的争端是否归因于其国家。

（二）对 ICSID 仲裁庭适用这两种标准的分析

实践中，ICSID 仲裁庭多用 Broches 标准分析国有企业的私人投资者身份，并且主要是从 Broches 标准的两个方面即“是否是政府的代理人”或者“行使基本政府职能”。按照逻辑思维的推断，仲裁庭应针对国有企业的行为对照这两个方面逐一进行排除，但是具体到个案中，如 CSOB 案中，虽然仲裁庭提及了“政府代理人”这个方面，却未进行分析，转向只针对 CSOB“行使基本政府职能”这个方面进行分析；又如 CDC Group vs. Seychelles 案中，仲裁庭直接对该国有企业的性质进行分析得出其是合格的申请人，甚至在 HEP vs. Slovenia 案中，因被申请人没有提出管辖权异议，因此仲裁庭没有对该国有实体进行分析而是默认其为私人投资者。不难看出，在认定国有企业是否为私人投资者的问题上，仲裁庭的态度是宽容的，甚至是认可国有企业私人投资者的身份，这与仲裁庭有扩大管辖权的倾向不无关系，但同时也是因为其目的是避免处理国家间的争端，故而只要该国有企业的商业属性多于政治属性，仲裁庭一般将其认定为“另一缔约国国民”。

反观在国有企业的行为是否归因于国家的问题上，ICSID 仲裁庭则是多用国家行为归因原则对国有企业的行为进行分析。依据主要是《国家对国际不法行为的责任条款（草案）》中第二章“行为归因于一国”条款的适用，主要包括该条款草案的第 5 条和第 8 条。仲裁庭在分析国有企业的行为归因于国家时，在 Maffezini vs. Spain 案中提出“结构标准”“职能标准”和“控制”等要求，并且指出满足“结构标准”并不意味着归因于国家，还需要满足“职能标准”和“控制”条件，由此不难看出在国家行为归因原则中，仲裁庭偏重“职能标准”和“控制”条件。随后的案例中，仲裁庭在分析涉案国有企业的行为是否归因于国家时，着重考察的是国有企业的“职能”和“控制”条件，如 Salia vs. Moroco 案、Noble Ventures vs. Romania 案等，因此在国家行为归因原则中，仲裁庭是考察多种因素，即国有企业的所有权、控制权、其行为性质、目的和目标等。一方面是涉及后续国家责任由谁承担的问题，另一方面也是避免处理私人之间的争端。

从上述讨论中不难看出，即使是适用同一标准对国有企业的特定身份进行认定，仲裁庭的判定方法也会存在差异，比如在判定国有企业私人投资者的身份时，仲裁庭适用 Broches 标准时有时会两方面都适用，但有时只会讨论其中一个，甚至有时不适用该标准。一方面，这与具体案件的事实情况有关，例如在有些案例中当事人没有提出异议等；另一方面，也与仲裁的不一致性即组成人员和 ICSID 中心管辖权的扩大趋势有关。在国家行为归因原则的适用中，仲裁庭则是综合考虑涉案国有企业的多种因素，从而做出判断，给追责留下了空间。

（三）本书的观点

对比前述案例，不难发现，在国有企业行为归因于国家的问题上，与前述仲裁庭将国有企业看作独立于国家的私人投资者不同的是，ICSID 仲裁庭更多地是将国有企业的行为归因于国家，认为这两者之间存在关联，从而确立国有企业所属东道国的被申请人地位。基于 Broches 标准和国家行为归因原则的相似性，学者 Ben Hamidi 认为，《国家对国际不法行为的责任条款（草案）》确立的归因原则可以延伸至适用国家实体和私人实体的区分。[①] 同时学者 Paul Blyschak 认为，Broches 标准也可以参考归因原则中的条款。[②] 在北京城建集团诉也门案中，被申请人也门政府就提出参考草案的第 5 条，并得到申请人北京城建集团和仲裁庭的认可。在 Maffezini vs. Spain 一案中，仲裁庭也指出这两个问题有一定的相似性，因而可以借鉴 CSOB 案的分析来确立国有企业能否被纳入“缔约国”的范畴，但主要是从“职能标准”进行探讨。但是，也有反对的意见，比如 Claudia Annack 认为，归因原则的作用是确定国家责任，与《ICSID 公约》和国际投资协定对“投资者”的要求不能一概而论。[③]

本书认为，Broches 标准和国家行为归因原则不应该混为一谈。因为 Broches 标准应适用于确定国有企业能否作为申请人提起仲裁，其目的是为了

---

① HAMIDA W B. Sovereign FDI and International Investment Agreements: Questions Relating to the Qualification of Sovereign Entities and the Admission of their Investments under Investment Agreements [J]. The Law and Practice of International Courts and Tribunals, 2010 (9): 17-36.

② BLYSCHAK P. State-owned enterprises and international investment treaties: When are state-owned entities and their investments protection [J]. J. Int'l L & Int'l Rel., 2010 (6): 1.

③ ANNACKER C. Protection and admission of sovereign investment under investment treaties [J]. Chinese Journal of International Law, 2011, 10 (3): 531-564.

避免处理国家之间的争端，故而更注重国有企业的活动性质，只要其活动的商业性质大于其政治性质，一般应认可其“缔约国国民”的资格。而归因原则通常用于分析国有企业行为的国家责任，揭开国有企业的“面纱”，从而使东道国成为被申请人，以此确立仲裁庭的管辖权。在适用国家行为归因原则时，同时关注国家所有权和控制权、国有企业经营活动的性质和目的，才会有更大的空间判定是否追究东道国的国家责任。另外，作为申请人的国有企业在东道国进行投资时，在投资准入时或之前，东道国一般都会对投资行为进行安全审查，而一直在被申请人东道国国内的国有企业一般都是由东道国的有关国内法进行规制，因此 ICSID 仲裁庭对处于仲裁中两种不同地位的当事人进行身份判定时，也会对此加以考虑。

第四节 对中国国有企业寻求国际投资仲裁的启示

本节将视线回归到我国的国有企业，通过对我国对外投资和利用外资情况的阐述，分析我国国有企业在国际投资仲裁中可能存在的身份问题，并结合上文 ICSID 仲裁的实践，为我国国有企业参与国际投资仲裁提供一些参考，以便有效地维护我国国有企业的海外投资利益，更好地塑造我国国有企业“私人投资者”的身份，避免国家面临被滥诉的风险。

一、中国国有企业对外投资和利用外资的现状

（一）中国国有企业对外投资现状

根据《中国对外投资合作发展报告》显示，2015 年中国对外直接投资流出量为 1456.7 亿美元，成为全球第二大对外直接投资国。[①] 在中国对外非金融类投资存量中，国有企业占 50.4%，依然处于主导地位，投资涉及批发和

① 中华人民共和国商务部．中国对外投资合作发展报告［EB/OL］．中华人民共和国商务部网站，2016：3－4（2017－03－30）［2018－01－01］．http：//fec. mofcom. gov. cn/article/tzhzcj/tzhz/upload/zgdwtzhzfzbg 2016. pdf.

零售业、采矿业、制造业、建筑业等多个领域。从中国 100 强跨国经营企业的主体看，国有企业也占据大多数，对外直接投资存量前三位依次为中国移动通信集团公司、中国石油天然气集团公司、中国海洋石油总公司。① 可见国有企业在中国的对外投资中担当了重要角色。

另外，根据 UNCTAD《2017 年世界投资报告》显示，虽然 2016 年美国仍然是世界上最大的对外投资国，但其对外投资流量小幅下降至 2990 亿美元。发展中经济体的整体对外投资流量与之基本持平，为 3080 亿美元，但中国的对外投资流量飙升，已成为世界第二大投资国。② 在对外投资的“大军”中，从全球资产排名前 10 的金融性国有跨国经营实体中，其中有 8 个是来自中国的国有企业，排名第一的就是中国工商银行。③ 全球资产排名前 25 的非金融性国有跨国企业中有 4 个是中国的国有企业。④ 由此可以看出，在全球对外直接投资中，中国的国有企业也占据着重要地位。不难发现，在中国海外投资的大军中，国有企业无疑是主力军。

（二）中国国有企业利用外资现状

“引进来”和“走出去”是中国改革开放制度的两项重要内容，外国投资者在中国进行直接投资，主要有中外合资企业、中外合作企业和外资企业。据统计，2017 年 1—11 月，全国新设立外商投资企业 30815 家，同比增长 26.5%；实际使用外资金额 8036.2 亿元人民币，同比增长 9.8%。⑤ 另外 UNCTAD《2017 年世界投资报告》也显示，2016 年美国仍然是外国直接投资的最大接收国，吸引了 3910 亿美元资金流入，其次是大不列颠及北爱尔兰联合王国，获得 2054 亿美元升至第二位，中国处于第三位，流入量为 1340 亿

---

① 中华人民共和国商务部．中国对外投资合作发展报告［EB/OL］．中华人民共和国商务部网站，2016：17（2017-03-30）［2018-01-01］．http：//fec.mofcom.gov.cn/article/tzhzcj/tzhz/upload/zgdwtzhzfzbg 2016.pdf.

② United Nations Conference on Trade and Development. World Investment Report 2017［R］. Geneva：UNCTAD，2018：14.

③ United Nations Conference on Trade and Development. World Investment Report 2017［R］. Geneva：UNCTAD，2018：46.

④ United Nations Conference on Trade and Development. World Investment Report 2017［R］. Geneva：UNCTAD，2018：47.

⑤ 中华人民共和国商务部外资司．2017 年 1—11 月全国吸收外商直接投资快讯［EB/OL］．中华人民共和国商务部网站，（2017-12-20）［2018-01-01］．http：//www.fdi.gov.cn/CorpSvc/Temp/T3/Product.aspx？idInfo=10000499&idCorp=1800000121.

美元。① 因此，不排除外国投资者将其与中国国有企业的投资争议，看作是与中国政府间的争议，从而将中国政府诉诸国际投资仲裁。

我国目前正在对国有企业进行系列改革，国有企业改革之深广，难免会与在我国进行投资的外国投资者发生争端。另外，在我国对外投资的地区中，亚洲和非洲占比不低，加之国家对“一带一路”建设的推进，我国对外投资的国家中有很大一部分是亚非拉等经济不发达地区，当地的投资环境如政治稳定、法制完备等条件并不乐观，这就对我国大量的海外资产的保驾护航提出了严峻的考验。②

二、中国涉案投资仲裁的现状

由上文可以看出，我国不仅是对外投资的大国，同时也是吸收外国直接投资的大国。随着国内经济的转型升级和在全球价值链中地位的提升，外国投资者诉中国政府的案例也可能会发生。另外，随着中国企业“走出去”步伐的不断迈进，中国投资者与东道国政府发生争端的情形也难以回避。截至2017年12月底，在国际投资争端解决机制中，中国投资者起诉的有8起，中国政府被诉的有3起。具体来讲，中国投资者作为申请人的案例统计如表1－1所示，中国政府作为被申请人的案例统计如表1－2所示。

表1－1　中国投资人作为申请人的案例

序号	案件名称	法律依据	状态	程　序	仲裁机构
1	谢业深诉秘鲁政府③	1994年中国－秘鲁BIT	结案	2011年7月7日仲裁庭裁决支持了申请人的主张。2011年11月9日，秘鲁政府提起撤销程序。2015年2月12日，临时仲裁庭作出裁决，驳回秘鲁的撤销申请，维持原判决	ICSID

① United Nations Conference on Trade and Development，World Investment Report 2017［R］. Geneva：UNCTAD，2018：12.

② 中华人民共和国商务部. 2016年度中国对外直接投资统计公报［EB/OL］.（2017－09－30）［2018－01－01］. http：//images. mofcom. gov. cn/fec/201711/20171114083528539. pdf.

③ Decision on Annulment，Señor Tza Yap Shum v. The Republic of Peru，ICSID Case No. ARB/07/6，12 Feb.，2015.

续表

序号	案件名称	法律依据	状态	程　序	仲裁机构
2	香港渣打银行诉坦桑尼亚电力供应有限公司①	投资合同	结案	2011 年 4 月 19 日组成仲裁庭。2016 年 9 月 12 日仲裁庭做出裁决。2017 年 2 月 13 日被申请人提起撤销程序。2018 年 8 月 22 日，作出撤销决定	ICSID
3	中国平安人寿保险公司和平安保险（集团）公司诉比利时政府案②	1984 年和 2005 年中国 - 比利时卢森堡经济联盟 BIT	结案	2015 年 4 月 30 日仲裁庭做出决定认为无管辖权	ICSID
4	北京城建集团诉也门政府案	1998 年中国 - 也门 BIT	结案	2015 年 7 月 10 日组成仲裁庭。2018 年 6 月 7 日，因北京城建集团与也门达成和解，仲裁庭作出终止仲裁程序的命令	ICSID
5	香港渣打银行诉坦桑尼亚政府案③	投资合同	结案	2016 年 5 月 19 日组成仲裁庭，2019 年 10 月 11 日仲裁庭作出裁决，认定坦桑尼亚政府违反了 1995 年 6 月的执行协议，并裁决其赔偿香港渣打银行 1.85 亿美元损失	ICSID
6	世能投资有限公司诉老挝政府案④	1993 年中国 - 老挝 BIT	进行中	2017 年 4 月 27 日组成仲裁庭	ICSID

① Decision on Annulment, Standard Chartered Bank (Hong Kong) Limited vs. Tanzania Electric Supply Company Limited, ICSID Case No. ARB/10/20, 22 Aug., 2018.

② Award, Ping An Life Insurance Company, Limited and Ping An Insurance (Group) Company, Limited vs. The Government of Belgium, ICSID Case No. ARB/12/29, 20 Apr., 2015.

③ Award of Tribunal, Standard Chartered Bank (Hong Kong) Limited vs. United Republic of Tanzania, ICSID Case No. ARB/15/41, 11 Oct., 2019.

④ Procedural Order No. 1, Sanum Investments Limited vs. Lao People's Democratic Republic, ICSID Case No. ADHOC/17/1, 16 May., 2017.

续表

序号	案件名称	法律依据	状态	程　序	仲裁机构
7	世能投资有限公司诉老挝政府案①	1993 年中国 - 老挝 BIT	结案	2013 年 12 月 13 日仲裁庭裁决对此案有管辖权。2015 年新加坡高等法院推翻仲裁裁决。2016 年 9 月 29 日新加坡上诉法院裁定高等法院裁定	PCA (UNCITRAL)
8	中国黑龙江国际经济技术合作公司、秦皇岛市秦龙国际实业有限公司和北京首钢矿业投资有限公司诉蒙古政府案②	1991 年中国 - 蒙古 BIT	结案	2017 年 6 月 30 日仲裁庭做出管辖权裁定，裁定对此案无管辖权	PAC (UNCITRAL)

表 1 -2　中国政府作为被申请人的案例

序号	案件名称	法律依据	状态	程序	仲裁机构
1	尹桂兰公司诉中国政府案③	2007 年中国 - 韩国 BIT	结案	2011 年 7 月 22 日程序终结。此案已和解	ICSID
2	安盛房屋建筑有限公司诉中国政府案④	1995 年中国 - 以色列 BIT 和 1998 年中国 - 马来西亚 BIT	结案	2017 年 3 月 9 日仲裁庭做出裁决，驳回申请人的全部诉求，并依据 ICSID 仲裁规则第 41 条第 5 款终结了所有程序	ICSID
3	海乐西亚泽公司诉中国政府案⑤	2003 年中国 - 德国 BIT	进行中	2017 年 6 月 21 日进行了登记	ICSID

---

① Award, Sanum Investments Limited vs. Lao People's Democratic Republic, UNCITRAL, PCA Case No. 2013 - 13, 6 Aug., 2019.

② Award, Beijing Shougang and others vs. Mongolia, PCA Case No. 2010 - 20, 30 Jun, 2017.

③ Ekran Berhad vs. People's Republic of China, ICSID Case No. ARB/11/15.

④ Award, Ansung Housing Co., Ltd. vs. People's Republic of China, ICSID Case No. ARB/14/25, 9 Mar., 2017.

⑤ Procedural Order No. 2, Hela Schwarz GmbH vs. People's Republic of China, ICSID Case No. ARB/17/19, 10 Aug., 2017.

其中不难看出，ICISD 仲裁机制是我国最重要的国际投资争端解决方式，早期我国对 ICSID 机制的态度是保守的，只同意将征收中赔偿数额的确定提交给 ICSID 仲裁解决。当时采取这种谨慎态度主要基于以下考虑：一是我国对国际投资仲裁体制模式比较陌生，另外我国在国际上的话语权也不及今天；二是我国在国际投资中主要是东道国的角色。但如今我国在国际投资地位的转变和对国际经贸规则的适应都呼吁着“同意”范围的扩大，因此不仅在国际投资协定的争端解决条款中大多规定了 ICSID 仲裁方式，同时也不再明确限制仲裁的范围。ICSID 投资仲裁机制作为解决国际投资争端被广泛采用的方法，必将在中国对外签订的 BIT 中得到越来越多的适用。

截至 2022 年 7 月 31 日，涉及中国国有企业的案例一共有 3 起，分别是中国平安人寿保险公司和平安保险（集团）公司诉比利时政府案、北京城建集团诉也门政府案，以及中国黑龙江国际经济技术合作公司、秦皇岛市秦龙国际实业有限公司和北京首钢矿业投资有限公司诉蒙古政府案，第三个案子因为保密性的原因，并未有太多的披露。另外，第一个案子因为争议的焦点在于新旧 BIT 的适用问题，并未对申请人的国有身份有所关注。只有在北京城建集团诉也门案中仲裁庭对中国国有企业的身份问题进行了探讨。但是 ICSID 仲裁裁决并未有先例作用，所以仍要考虑国有企业不被认可为私人投资者的风险。

三、中国国有企业在国际投资仲裁中的潜在风险

由上述表 1－1 和表 1－2 不难发现，在国际投资争端仲裁解决的方式中，ICSID 是中国涉案最多的仲裁机构，这也是本研究为何着重分析 ICSID 仲裁的原因之一。基于我国庞大的海外投资资产以及我国国有企业的具体情形，研究中国的国有企业在国际投资仲裁中可能存在的风险问题就显得尤为重要。

（一）中国国有企业诉诸国际投资仲裁的身份认定困境

目前来看，ICSID 仲裁庭并不排斥对国有企业的管辖，不得不提的是，虽然在实践中仲裁庭会引用先前的案例，但是 ICSID 仲裁庭的裁决并没有先例的作用，因此仍需警惕中国的国有企业被排除在 ICSID 仲裁庭管辖权之外的危险。

从ICSID仲裁庭适用的Broches标准的要求来看，国有企业在海外投资活动中应该尽量地避免被认定为“担任政府的代理人”和“履行基本政府职能”。根据我国《企业国有资产法》的规定，国有资产属于国家所有，国务院设立的国有资产监督管理机构，根据政府授权，代表国家对国家出资的企业履行出资人的职责。① 实际上，国资委的设立是为了贯彻企业“所有权”和经营权的分离理念，按照政企分开的原则，政府不干预国有企业的自主经营。但在实践中，国资委由国务院设立，其性质仍是政府机构，具有国有企业出资人和行政管理人的双重身份，借以这两种身份对国有企业产生影响。因此，相较于私营企业，国有企业的活动更多地受到政府的监管。另外国有企业的投资计划也需要报送国资委，并对重点投资项目进行备案。在国有企业对外投资后，为防止国有资产的流失，还设有产权登记制度、绩效评价制度、统计制度和年检制度对国有企业的投资活动进行规制。因此，如何塑造和突出国有企业的市场主体性质是难题。

另外，国有企业在海外进行投资时，也会面临来自东道国国内的外资安全审查，例如美国的经济安全审查委员会在2016年年度报告中就向国会提议，要求直接将所有的中国国有企业或受到国家控制的国有企业认定为国家代表。这可谓是对我国国有企业的法律属性和身份极为极端的认定。因此国有企业在对外投资中也应更加注重自身投资活动的商业性质，努力塑造其“私人投资者”的地位。

（二）我国可能面临的被滥诉风险

当国有企业的政府背景凸显、承担政府职能时，该国有企业可能将不再仅仅处于投资者的商业地位，还要承担起本属于缔约方的义务，也就是说要承担可能会因其国有企业行使政府权力的行为而承担国家责任。中外合资和中外合作是重要的投资方式，在中国的国有企业与外国投资者的合作形式中，这两种方式无疑占据重要地位。加上我国对国有企业大刀阔斧地进行混合所有制的改革，其中明确提出，将吸收外资参与国有企业的混合所有制改革，因此，不排除未来会有这样一种可能性，即外国投资者将其与中国国有企业之间的投资争端归因于中国政府，将中国政府诉诸国际投资仲裁，使我国政

① 《中央企业境外投资监督管理办法》（2012年）第7条。

府面临被诉的风险。

另外，从 ICSID 仲裁庭对国有企业的行为是否归因于国家适用的国家行为归因原则来看，仲裁庭在涉及国家责任的问题上，显然是相对谨慎的，在对国有企业的行为归因于国家的问题上，仲裁庭会综合考虑多种因素。在适用“职能标准”“结构标准”和“控制”因素对国有企业的行为进行分析时，仲裁庭不仅考虑该国有企业的所有权、控制权、性质，还会审查该实体行为的目的和宗旨。以及所采取行为的性质。但是我国国有企业与政府之间的联系较为紧密，极有可能会对国有企业行为的判定产生不利影响。

四、中国的应对之策

国有企业在 ICSID 投资仲裁领域中的身份认定标准及其发展，对中国国有企业有效地维护其海外投资利益，加强自身的国有企业改革，以真正的市场主体身份参与国际经济活动具有重要的启示意义。因此，下文将结合党的十八大、十九大和二十大报告关于国企改革的基本要求，从国内和国际两个层面来探讨中国的应对之策。

（一）完善和规制国有企业的市场主体地位

虽然国际法学说和相关实践表明，国有企业的性质判定和其与国家的关系有许多标准和判定方法，但是只有将国有企业的改革朝着“市场主体”的方向进行，参与竞争，才是从根本上解决我国国有企业面临的投资仲裁困境。因为，如果国有企业像其他商业实体一样参与市场竞争，自主经营，那么对其投资行为的判定会容易些。国有企业作为申请人有资格诉诸仲裁，从被申请人的角度看，国有企业的行为也可不归因于国家，使国家免于被滥诉风险。这种改革思路和党的二十大报告关于国有企业深化改革的方向高度契合。党的二十大报告提出，深化国资国企改革，加快国有经济布局优化和结构调整，推动国有资本和国有企业做强、做优、做大，提升企业核心竞争力。

1. 划分出竞争性国有企业

首先，需要明确不是所有的国有企业都是可以或者说适合参与市场竞争的，因此在对国有企业朝向“竞争中性”的市场主体进行改革中，我们需要划分出哪些国有企业是可以成为独立运作的市场主体，与私人企业展开公平竞争。

划分国有企业的类别，“根据国有资本的战略定位和发展目标，结合不同国有企业在经济社会发展中的作用、现状和发展需要，将国有企业分为商业类和公益类”①。其中商业类国有企业，一是指主业处于充分竞争行业和领域的国有企业；二是指主业处于关系国家安全、国民经济命脉的重要行业和关键领域、主要承担重大专项任务的国有企业。前者可以说是完全竞争性国有企业，后者则需要“对特殊业务和竞争性业务实行业务板块有效分离”②。如本书第一章第一节所提及的，西方国家也有在其国内的战略产业、公共服务等非竞争性领域等发挥着重要作用的国有企业，只是与我国情况不同的是，国有企业在其总体经济中占量很少：一方面是高度发达的自由竞争市场经济限制了自然垄断存在的领域范围，并使其越来越多地开放为竞争性领域；另一方面私营企业因生产经营的高效率得以占领着竞争性行业或领域。在竞争性领域，中国则存在大量凭借国有企业身份而占据垄断地位的国有企业。此类竞争性国有企业，应当真正依照市场化要求实行商业化运作，与私营企业进行公平竞争而增强企业活力，实现优胜劣汰。

划分出竞争性国有企业，既可明确中国众多国有企业参与国际投资时的商业主体地位，避免被认定为政府或公共机构而非投资者的尴尬，又可以发展壮大私营企业的经济实力和对外投资竞争力，从而调整中国国有企业一枝独秀的对外投资主体结构。

2. 对竞争性国有企业进行制度改革

将竞争性国有企业划分出来后，接下来就需要对竞争性国有企业进行改革，以塑造其市场主体的地位。从 ICSID 仲裁庭认定国有企业身份考虑的因素来看，关于国有企业的结构、职能、控制权等仲裁庭都会加以考量，但中国的社会主义市场经济是从过往的计划经济转型而来，国有企业惯于听从政府行政指导和命令，即使国有企业曾经历经多次改革，但其仍然滞留一些计划经济的特点，因此仍有必要对国有企业进行制度上的改革。

---

① 《中共中央、国务院关于深化国有企业改革的指导意见》第 4 条。
② 《中共中央、国务院关于深化国有企业改革的指导意见》第 5 条。

管理制度上，应当健全公司法人治理结构。“重点是推进董事会建设，建立健全权责对等、运转协调、有效制衡的决策执行监督机制，规范董事长、总经理行权行为，充分发挥董事会的决策作用、监事会的监督作用、经理层的经营管理作用、党组织的政治核心作用，切实解决一些企业董事会形同虚设、‘一把手’说了算的问题，实现规范的公司治理。”① 建立以公司章程为基础，议事规则和党组、董事会、总经理工作规则相支撑，发挥不同治理主体作用的决策体系；形成权责法定、权责透明、协调运转、有效制衡的公司治理机制。用人制度上，应当竞争上岗。“推行职业经理人的制度，实行内部培养和外部引进相结合，畅通现有经营管理者与职业经理人身份转换通道，董事会按市场化方式选聘和管理职业经理人，合理增加市场化选聘比例，加快建立退出机制。推行企业经理层成员任期制和契约化管理，明确责任、权利、义务，严格任期管理和目标考核。”② 产权制度上，应当推进公司制股份制改革。“根据不同企业的功能定位，逐步调整国有股权比例，形成股权结构多元、股东行为规范、内部约束有效、运行高效灵活的经营机制。”③ 监管制度上，应当向《企业国有资产法》明确规定的国有企业依法享有自主经营权的方向深入发展。深入推进国有资产监管机构向管资本的职能转变，“不该管的要依法放权、决不越位，将依法应由企业自主经营决策的事项归位于企业，将延伸到子企业的管理事项原则上归位于一级企业，将配合承担的公共管理职能归位于相关政府部门和单位”④。

完善国有企业的现代化企业制度，从内部结构上，将国有企业自身的运营和国家区分开来，转变国有资产监督机构的监管方式和内容，则是从外部给予竞争性国有企业更大的自主经营权，以及减少对国有企业的行政性影响，从根本上塑造国有企业的竞争性市场主体地位。

3. 深化竞争性国有企业的混合所有制改革

从党的十八大期间国务院公布的《关于国有企业发展混合所有制经济的

---

① 《中共中央、国务院关于深化国有企业改革的指导意见》第 8 条。

② 《中共中央、国务院关于深化国有企业改革的指导意见》第 9 条。

③ 《中共中央、国务院关于深化国有企业改革的指导意见》第 7 条。

④ 《中共中央、国务院关于深化国有企业改革的指导意见》第 12 条。

意见》①，到党的十九大报告提出的“深化国有企业改革，发展混合所有制经济，培育具有全球竞争力的世界一流企业”，都凸显着国有企业混合所有制改革的重要性。

在国务院关于国有企业的混改意见中，也包括分类推进国有企业的混合所有制改革，即积极对主业处于充分竞争行业和领域的商业类国有企业进行混改，以及鼓励各类资本参与国有企业的混改中，例如有序地吸收外资参与国有企业混合所有制改革中来，“引入外资参与国有企业改制重组、合资合作，鼓励通过海外并购、投融资合作、离岸金融等方式，充分利用国际市场、技术、人才等资源和要素，发展混合所有制经济，深度参与国际竞争和全球产业分工，提高资源全球化配置能力”②。还有鼓励国有资本入股非国有企业，以及推广社会和政府资本的合作模式等。

但实际上，在国有企业混合所有制的改革中，“混”只是改革的形式，“改”才是这场改革的实质内容，无论是建立健全混合制企业的法人治理结构，还是推行混合所有制经理人的制度，都是为了进一步确立和落实混合所有制国有企业的市场主体地位。因此“混”是方法，“改”才是目的。

综上所述，要推动中国特色现代国有企业公司治理与市场化经营机制长效化，构建新型经营责任制，推动国有企业真正按市场化经营。

（二）对我国投资协定中相关条款的完善

从上述ICSID仲裁案例的法律适用中我们可以看到，国际投资协定尤其是双边投资协定在投资仲裁中的运用，在国际投资争端解决中有着极为重要的地位。具体到国有企业在国际投资仲裁中的问题，首当其冲的就是我国对外投资协定中的“投资者”条款，主要是将国有企业纳入“投资者”的范围内；其次就是引进竞争中性条款，塑造国有企业私人投资者的身份；最后就是完善投资者—国家争端解决机制条款。

1. 完善“投资者”条款

如前所述，OECD对全球1813个投资协定进行考察，发现近八成的投资

① 国务院. 国务院关于国有企业发展混合所有制经济的意见［EB/OL］. 中华人民共和国中央人民政府网站，（2015－09－23）［2018－01－01］. http：//www. gov. cn/zhengce/content/2015－09/24/content_10177. htm.

② 《国务院关于国有企业发展混合所有制经济的意见》第4条第11项。

协定中都没有明确地将国有企业纳入“投资者”的范围之内，具体到中国的国际投资协定，那么这一情况又是如何呢？

目前，中国的投资协定“投资者”条款对国有企业的规定，主要有以下三种情形：

一是缔约双方的“投资者”定义中都明确包含有国有企业。如中国－墨西哥的 BIT 中规定，本协定内，“缔约一方投资者”一词系指：在缔约另一方领土内已拥有投资的以下两种情况：①根据缔约一方可适用的法律，具有其国籍的自然人；②据缔约一方的法律设立或组建并在该缔约一方领土内开展实质性经营活动的企业。“企业”一词系指根据可适用的法律设立或组建的任何实体，无论是否以营利为目的，无论是私人所有还是国家所有，包括任何公司、信托、合伙、独资企业、合资企业和其他组织。①

二是缔约双方都未在“投资者”定义中提及国有企业，如中国－西班牙的 BIT 规定，“投资者”一词，系指：①依照缔约一方法律拥有缔约一方国籍的自然人；②按照缔约一方的法律法规设立和组成，在该缔约方领土内具有住所的法律实体，包括公司、社团、合伙和其他组织。②

三是只笼统地规定是依据缔约一方法律成立的实体，需要追溯至缔约双方的国内法，进而确定国有企业是否满足“投资者”要求。缔约一方明确包含国有企业，而中国未明确包含国有企业。如中国－加纳 BIT：“投资者”一词，在中华人民共和国方面，系指：①具有中华人民共和国国籍的自然人；②依照中华人民共和国的法律设立，其住所在中华人民共和国领土内的经济组织。在加纳共和国方面，系指：①依照加纳共和国现行法律获得加纳国民地位的自然人；②国家公司和代理机构以及依照加纳法律登记从事对外投资或贸易的公司。③

在加纳方面国有企业明确包含“国家公司”，而中国方面则未提及。因此，为了确保国有企业诉诸国际投资仲裁减少阻碍，我国有必要对投资协定中的“投资者”条款进行修订，直接且明确地将国有企业纳入“投资者”的

---

① 《中华人民共和国政府和墨西哥合众国政府关于促进和相互保护投资的协定》第 1 条第 1 款、第 2 款。

② 《中华人民共和国和西班牙王国关于促进和相互保护投资的协定》第 2 条。

③ 《中华人民共和国政府和加纳共和国政府关于鼓励和相互保护投资协定》第 2 条。

范围之内。

2. 完善争议解决条款中的法律适用规则

在我国双边投资协定争议解决条款中，一般都会同意将争端提交给ICSID仲裁机构，但是如前文所述，ICSID在实践中有扩大管辖权之倾向。因此，在投资者—国家争端解决条款中，中国应加强对东道国法律的补充和纠正作用。

依据《ICSID公约》第42条的规定，在投资争端仲裁中，可适用的法律包括双方同意的“法律规则”、东道国法律（包括其关于冲突法的规则）、以及可能适用的国际法规则（包括BIT）。其中，双方同意的“法律规则”应优先适用；如无此类“法律规则”时，仲裁庭就可以自由选择东道国法律、国际法规则加以适用，此两类准据法之间不存在必然的优先关系。考虑到中外BIT是中国与缔约相对方专门就投资流动达成的专门性协定，更多考虑了缔约双方的实际情形，对解决投资争端更有实际价值。因此，建议在中外BIT文本、中国投资者与东道国之间的投资合同等文件中，明确规定中外BIT应优先于东道国国内法，以此限制ICSID仲裁庭的自由裁量权。

第二章

国际投资仲裁中的第三方资助问题

第一节 国际投资仲裁中第三方资助概述

一、国际投资仲裁中第三方资助的内涵

国际投资仲裁中的第三方资助问题，最近几年在国际学术界受到广泛关注。本节所探讨的核心问题是如何对国际投资仲裁中的第三方资助进行有效法律规制。为了对其进行深入研究，首先我们有必要对相关的概念进行界定。

（一）仲裁领域中第三方资助的概念和性质

由于仲裁相较诉讼更加便捷高效，更具保密性，如今已成为日渐受欢迎的纠纷解决方式。因此，越来越多的企业开始选择有约束力的仲裁来降低索赔的成本和时间。但是仲裁本身无法解决索赔或辩护过程中所需要的费用问题，第三方资助正是在此问题之下应运而生。

第三方资助这一概念来源于英文 Third - Party Funding（TPF），有的国家将其称之为 Legal Financing、Litigation Funding、Third Party Litigation Funding 等。我国有时也将其译作第三方供资或第三方融资，不过一般仍然翻译为第三方资助。第三方资助起源于 20 世纪八九十年代的澳大利亚，随后在加拿大、美国、英国等普通法系国家以及大陆法系国家得到发展，并形成了专业

化的投资行业。近些年来第三方资助在国际仲裁领域开始快速发展。对于第三方资助的具体概念，国际学界虽然尚未形成完全统一的表述，但普遍认为，其作为一种投资模式，是指在民事诉讼等法律争议解决领域从事的一种新型风险投资模式，其投资模式涉及仲裁、诉讼、调解等各种争议解决方式。从广义上来说，只要是由第三方机构资助特定纠纷中的一方当事人进行争议解决活动，并为其支付依照判决或其他法律文书应支付的费用，都属于第三方资助。① 所以，在这个大前提下，有的学者认为诉讼保险（Legal Expenses Insurance）、风险代理（Contingent Fee Agreement）、债权转让（Assignment of a Claim）以及无追索权的第三方融资（Non－recourse Financing by Third Party）都被认为是第三方资助的范围。② 而基于无追索权的第三方融资机制被认为是最典型的第三方资助形式，也就是狭义上所说的第三方资助，目前仲裁领域所讨论的第三方资助一般仅特指狭义上的第三方资助。如美国第三方资助专责小组（Third－party funding Task Force）成员 Victoria Sahani 教授认为，第三方资助是指参与诉讼或仲裁事务的一方寻求外部实体的资助，被称为第三方资助者的外部实体为了获利而资助当事人，第三方资助者可以是银行、对冲基金、保险公司或其他实体或个人。如果被资助方是原告，一旦原告胜诉，资助者就会得到一定比例的收益。与贷款不同的是，即使原告失败或者没有收回资金，原告也不必偿还投资人。如果被资助方是被告，那么出资人就会与被告预先订立类似于保险费的付款协议，被告如果胜诉才会按照协议向资助者支付额外的费用。③ 澳大利亚新自由主义经济学家 Cento Veljanovski 认为第三方资助的含义应该是“与法律诉讼无关的投资者资助全部或部分原告的法律费用，如果案件失败，那么出资人将失去投资，并无权收取任何款项。如果案件成功，投资者将收取双方一致同意的成功费用”④。英国上诉法院 Rupert Jackson 法官将第三方资助的定义概括为“与诉讼没有利益关系的投资者，以承担当事人诉讼费用的方式向当事人提供资助，从而获得诉讼胜诉的

---

① MAYA S. Whose claim is this anyway－Third－party litigation funding［J］. Minn. L. Rev.，2011（95）：1269－1338.

② 章曦. 论国际仲裁中的第三方融资及投资人的自我监管［J］. 北京仲裁，2015（3）：111－125.

③ VICTORIA S. Third－Party Funding in Dispute Settlement in Africa［C］. Proceedings of the ASIL Annual Meeting. Cambridge：Cambridge University Press，2016（110）：90－92.

④ CENTO V. Third Party Litigation Funding in Europe［J］. JL Econ. & Pol'y，2011（8）：405－420.

部分收益作为回报，但当案件败诉时则无此权利”①。

以上表述虽有差异，但不难发现第三方资助具有如下特点：第一，由与纠纷没有利害关系的第三方主体按照与当事人签订的资助协议进行资助活动。目前国际实践中资助者一般是专门从事资助诉讼和仲裁业务的公司，如英国的 Burford Capital（以下简称 Burford 公司）、Habour Litigation Funding 和美国的 Gerchen Keller Capital 公司。资助者资助仲裁费用的范围，根据双方签订的第三方资助协议，一般包括仲裁机构管理费用、律师费、专家证人费、仲裁员报酬等，有时甚至还可包括维持被资助者正常运营的费用。第二，如果被资助者的请求得到支持，资助者按照资助协议或者一定的比例获得收益。通常资助者可以获得裁决最终支持数额的 20% ~40% 作为回报。② 第三，如果被资助者的请求未能获得仲裁庭或法院的支持，则投资者无权要求对方返还资助款项或者对其提出赔偿请求。第四，资助者不具有当事人的地位，无权参加案件审理。与国际投资仲裁中的第三方参与不同，第三方资助者无权通过自身的投资行为参与仲裁程序。

综上所述，本书认为仲裁领域中第三方资助的概念可表述为：仲裁当事人之外的第三方基于投资目的，与拥有胜诉可能性的仲裁案件的当事人达成协议，由第三方资助当事人所需要的一部分或全部仲裁费用，在被资助当事人胜诉的情况下，由其向第三方资助者提供一定比例的报酬。在被资助者败诉的情况下，由第三方资助者承担仲裁费用的制度。

关于第三方资助的性质，以资助者的角度来看，第三方资助是一种风险与收益并存的投资手段，与其他金融类投资产品并无实质差异。作为一种投资手段，第三方资助者为了获取所期望的收益，会通过对被资助者进行尽职调查从而对案件的投资价值做出准确客观的判断。例如，总部位于澳大利亚的著名的第三方资助机构 IMF Bentham 有限公司认为尽职调查时必须考虑以下因素：①被资助申请人自身的经济实力；②诉讼请求的类型；③案件的发生时间；④该案件的管辖权问题；⑤诉讼请求中的金额；⑥法律或案件事

---

① LORD J J. Review of Civil Litigation Costs: Final Report [R/OL]. Rupert Jackson (2009 - 12 - 21) [2018 - 01 - 15]. https://www.judiciary.gov.uk/wp - content/uploads/JCO/Documents/Reports/jackson - final - report - 140110.pdf.

② YEOH D. Third Party Funding in International Arbitration: A Slippery Slope or Levelling the Playing Field? [J]. Journal of International Arbitration, 2016, 33 (1): 115 - 122.

实上所面临的困难；⑦案件胜诉时对方当事人的执行能力；⑧是否有证据支持被资助申请人的诉讼请求。尽职调查过程可能需要几个月的时间才能完成，寻求资金的一方和资助者都需要花费很大的成本，所以资助者同时会要求被资助者做出排他性承诺，目的是为了防止被资助者继续向他人寻求资助。尽职调查还可能涉及外部顾问对被资助者的审查，包括法律顾问、审计人员和有关的量化专家对被资助者的审查。若从被资助人的角度来看，第三方资助是获取仲裁费用的融资途径。本书从中立的角度认为，第三方资助是一种仲裁费用转嫁方式。双方通过签订资助协议，被资助者以部分预期仲裁收益作为对价，将仲裁费用及败诉风险转移给资助者。第三方资助是金融市场高度发展的产物，虽然目前市场现状是以资本集团为主导的风险投资手段，但本质上是以仲裁需求扩大和资本市场成熟为背景，引入民间资本来缓解仲裁费用经济负担。

（二）第三方资助与相邻概念的区别

上文提到，有的学者认为诉讼保险、风险代理、债权转让属于广义上的第三方资助。但这些概念与第三方资助还是有区别的，将第三方资助与这些相似概念进行比较，有助于我们加深对第三方资助概念的理解。

1. 第三方资助与诉讼保险的区别

诉讼保险最早起源于19世纪的法国，它是指投保人通过购买确定的诉讼险种，当自己就投保范围内事项与他人发生民事诉讼时，由保险人通过理赔方式向投保人支付诉讼费用的保险制度。[①] 根据投保人购买诉讼保险的时间，可分为事前诉讼保险和事后诉讼保险。事前诉讼保险指投保人在争议发生前购买诉讼保险，当争议发生后，由保险公司承担保险费的制度；事后诉讼保险则指投保人在争议发生之后，通过向保险公司购买诉讼保险，双方约定诉讼中发生特定事项之时，由保险公司承担相应诉讼费用的制度。第三方资助与诉讼保险都是由案外人承担相关的诉讼或仲裁费用的风险，虽然二者均有助于当事人实现正义的目的，但是彼此也存在区别。

首先，收益获得时间不同。诉讼保险的收益是当事人在争议产生前或约定保险事项发生之前向保险公司所支付的保险费，此时保险公司所获得的收

---

① 崔玲玲．论诉讼保险制度的尝试性引进［J］．理论界，2012（3）：47－50．

益属于事前的收益。而第三方资助者的收益来源于被资助方从胜诉裁决中所获得的利益，第三方资助者所获得的是事后的收益。若当事人由于欠缺风险意识，在争议产生前没有购买诉讼保险，当争议产生之后，其求助对象通常是第三方资助者。

其次，风险转移对象不同。诉讼保险本质上是以未涉诉的其他投保人为风险转移对象，从而把资源集中在涉讼的当事人身上，所以诉讼保险的风险相对不高，所收取的保险费用自然较低。但在第三方资助中未排除涉诉风险，它以众多胜诉判决的收益作为风险转移对象，将其中存在败诉可能性的风险转移到其他胜诉案件之中，因此与诉讼保险相比，第三方资助的风险更高，相应的收益也更高。

2. 第三方资助与风险代理的区别

风险代理又称“胜诉酬金”，指的是律师与委托人就委托事项先行签订风险代理协议，委托人不必预先支付律师服务费用，当代理事项成功后，律师再由委托人从所得利益中提取协议所约定的律师费用，如果败诉则无需支付。① 风险代理制度起源于美国，其基本原理就是不成功则不收费。第三方资助与风险代理均是纠纷发生之后的救济手段，且只有在胜诉的情况下才能获得约定的报酬。

通常情况下，风险代理的适用范围比第三方资助更广，但二者的最大差别是在诉讼中的地位不同。风险代理中，律师给当事人主要提供的是法律服务，第三方资助者虽然也会提供案件风险管理等法律服务，但更多的是为被资助者提供资金。所以两者对案件的控制以及参与程度具有较大差异。律师是案件的代理人，可代为进行绝大部分诉讼行为，其以当事人名义进行诉讼行为所产生的法律后果由当事人承担，在诉讼中律师拥有独立的诉讼地位。与之相反的是，在第三方资助中，资助者既不能直接决定当事人的诉讼行为，也不可代表当事人参与诉讼，或以当事人的名义做任何意思表示，资助者在诉讼中不具有任何诉讼地位，所以各个国家对律师行为要求的相关法律规定并不适用于第三方资助者。

3. 第三方资助与债权转让的区别

债权转让是指在不改变合同内容的前提下，债权人采用与第三人订立合

---

① 廖赖新，唐华．“资本结合型”律师风险代理的法理分析［J］．法制与社会，2008，(26)：352－353.

同的方式将债权移转给第三人，第三人取得原合同中债权人的地位享有债权，原债权人从合同关系中脱离，不再享有原合同中的债权。[①] 虽然债权转让与第三方资助都涉及案外第三人，但案外第三人所享有的权利在这两种制度中却大不相同。债权转让中的第三人通过受让原债权人的合同权利，成为新的债权人。但在第三方资助中，资助者只是给被资助者提供进行仲裁或诉讼所需要的资金，并未因此而取代当事人的地位，也就无权获得当事人才享有的权利。

（三）国际投资仲裁中第三方资助与国际投资仲裁透明度要求的关系

国际投资仲裁与国际商事仲裁的一个主要区别是，它的一方当事人是东道国政府，而非两个私人当事方的商事纠纷。从本质上说，国际投资仲裁所要解决的其实是外国投资者私人利益与东道国公共利益之间的冲突。事实上，现今大量的国际投资仲裁案例也都是围绕着自然资源、公共卫生、经济安全和环境保护等社会公共利益而产生的。

正是因为国际投资仲裁与东道国的公共利益密切相关，所以东道国民众对与本国有关的国际投资仲裁案件往往非常关注。但是仲裁程序天然具有保密性，所以社会大众对案件的具体内容知之甚少。实践中，有些经济欠发达的东道国为了片面追求对外资的吸引力，往往会采取各种手段，有时甚至会在国际投资仲裁中以牺牲掉某些公共利益为代价作出让步。公众因为国际投资仲裁程序的保密性降低了对这一机制的信赖，使其陷入了严重的“信任危机”。为了解决这一困境，国际社会要求提高国际投资仲裁程序透明度的呼声也此起彼伏，如今国际投资仲裁机制也为此做了相应的规定，例如 2014 年 4 月 1 日正式生效的《联合国国际贸易法委员会投资人与国家间基于条约仲裁透明度规则》，以及 2017 年 10 月 18 日正式生效的《联合国投资与国家间基于条约仲裁透明度公约》，这都证明了对透明度的改革措施正在逐步深入推进。学术界目前对于透明度还未给出一个统一的概念，相关表述也非常多，但普遍认为增强国际投资仲裁透明度的主要目的，就是为了保护公众的知情权与参与权。

---

① 唐战立．债权转让中应该把握的几个法律问题［J］．企业经济，2009（8）：184－186.

第三方资助与透明度改革都是国际投资仲裁领域备受瞩目的问题，并且两者之间存在着密切的联系。

首先，第三方资助的介入会加剧国际投资仲裁透明度的缺失。正因为国际投资仲裁涉及东道国的公共利益，公众才会渴望获得更多案件有关的信息。第三方资助者的存在给原本只有双方当事人的仲裁天秤上，增加了一个新的砝码，使其中可能存在的不平衡进一步加剧，并且有些第三方资助机构凭借本身坐拥的优质经济和法律资源，对被资助的当事人进行干预和控制。为了保证仲裁程序的公平，理应让仲裁庭和对方当事人知晓第三方资助者的存在。但在第三方资助活动中，资助者为了不暴露身份，在与被资助者签订资助协议时通常会加入保密条款，要求对方不得向外界披露资助关系的存在，这无疑会对公众的知情权造成影响，进一步加剧案件透明度的缺失。

其次，透明度的缺失在一定程度上助长了第三方资助的发展。国际投资仲裁缺乏透明度造成对东道国公共利益的侵犯，一直为人们所诟病。不过与之相反的是，透明度的缺乏在一定程度上助长了第三方资助的发展。资助者在给被资助提供资金时，一般都希望秘密进行，所以会在资助协议中规定保密条款，透明度的缺失保证了第三方资助的秘密进行，所以才会让第三方资助在国际投资仲裁中快速发展。

国际投资仲裁不同于国际商事仲裁，其一方当事人为主权国家，因此理应具备更强的透明度和可预测性，而第三方资助的出现让这一争端解决机制所涉及的利益主体复杂化，资助协议的保密性与投资仲裁的透明度要求相违背，商业化的资助行为与国际投资仲裁的公法特征产生冲突，对第三方资助进行法律规制，能够使东道国公共利益得到更好地保护。

二、第三方资助的缘起与合法化发展趋势

（一）第三方资助的缘起

现代第三方资助行为的产生，涉及英国普通法中有着悠久历史的禁止包揽诉讼与帮讼原则。按照布莱克法律词典（Black Law Dictionary）的解释，包揽诉讼是指与诉讼不存在任何实际利益的一方提出诉讼或抗辩，从而干涉到他人的诉讼之中。帮讼则指的是诉讼干预人以获取部分判决的利益为目的，

而与其帮助追诉的诉讼当事人之间达成协议。探究帮讼行为的历史，可以追溯到欧洲中世纪的英格兰。当时的贵族们为了扩大自己的领地，经常会在背后资助其臣民与他人进行土地诉讼，一旦受资助者胜诉，该贵族便可以成为这片土地的共有人，贵族们利用此种行为扩大了与自己相关的利益共同体规模，自然也就使自身的政治势力得到加强。因此，贵族们经常会利用帮讼行为对自己的敌人进行打压。英国著名学者边沁更是将这种帮讼行为形象地称之为“男爵之剑”（Sword of a Abaron）。所以当时的普通法法学家们为了防止富人通过资助穷人的法律主张来攻击个人或政治上的敌人，大部分都主张禁止帮讼行为。在1275年“西敏法令”（Westminster Statute）颁布以后，包揽诉讼和帮讼行为便因违反公共政策而被英国政府所禁止，法院将包揽诉讼和帮讼分别列为两项罪名。[①] 第三方资助在国际学术界被认为是典型的帮讼行为，所以世界许多法域历史上都曾将第三方资助作为一种帮讼行为加以禁止。

随着19世纪以后世界工业革命的出现，贵族势力已经无法与中世纪相比，从19世纪开始英国法院对禁止帮讼的态度有所放松，允许仅在破产案件中由与案件无关的第三人向当事方提供资金进行诉讼。20世纪以后，现代资本经济的兴起，让禁止第三方资助的历史原因基本消失，给第三方资助提供了发展空间。大量投资方开始资助民事诉讼，第三方资助为这些投资人提供了新的投资方式。20世纪90年代之后，世界范围内对第三方资助的禁止性规定产生变化，第三方资助从民事诉讼逐步扩展到了仲裁领域，一些投资机构甚至为此推出了专门的金融产品。近些年来，仲裁领域对第三方资助的需求开始快速增长。

（二）第三方资助在代表性区域诉讼或仲裁领域的合法化发展趋势

1. 第三方资助在北美地区诉讼领域的发展

美国最初主要采用律师风险代理制度及诉讼贷款方式解决原告的诉讼成本问题。尔后在澳大利亚的影响下，第三方资助于20世纪90年代中叶在美国出现，开始主要集中资助小规模的消费者诉讼，后逐步扩张至商事诉讼领域。虽然美国各州对是否禁止帮讼的态度不一，但有研究表示，第三方资助

---

① 黄鹏．域外第三人诉讼资助制度的发展［J］．理论界，2016（10）：48－62．

的合法性当时在美国三分之二的州法院已经得到认可。[1] 例如，美国伊利诺伊州北区法院就在 Milller UK Ltd. vs. Caterpillar In 一案中，驳回了被告针对第三方资助协议有效性所提出的异议，同时还引用了美国律师协会 2012 年所发布的《替代诉讼募资白皮书》（*White Paper on Alternative Litigation Financing*）。该白皮书认为，随着禁止帮讼原则不断失去市场，第三方资助的发展已经不可阻挡，在判断资助协议是否有效时，法官们所需要考虑的因素主要包括：案件是否属于无理缠讼；原告的诉讼目的是否正当；第三方资助者是否存在控制诉讼或强迫当事人和解的情形。[2] 美国开放的投资理念与发达的金融市场，为第三方资助营造了良好的投资环境。

美国社会对第三方资助的道德顾虑主要是，资助协议会潜在影响到律师与客户的关系。首先，因为第三方资助协议通常会包含要求给予第三方查阅出庭律师所掌握案件资料权利的条款，此时对方律师可能对此加以利用，通过法庭证据开示命令，从而要求第三方资助者对这些文件加以披露。一旦如此，会对案件产生负面影响。其次，对律师与客户的关系可能造成一定程度的限制。律师原本具有的自由终止与客户间关系的权利，会因为第三方资助者的存在受到限制。例如，许多第三方资助协议中包含如下条款：若原有的律师与客户关系终止，被资助方需立刻给资助者返还其所借贷的本金与利息。此种条款使律师一旦任意终止律师与客户的关系，可能会就此引发渎职指控。目前，美国的第三方资助仲裁发展迅速，针对国际仲裁融资，很多投资机构亦推出了相关金融产品，但围绕第三方资助活动所产生的争端也开始不断发生。例如 Altitude Nines vs. Deep Nines 一案中，第三方资助者 Altitude 认为作为被资助的 Deep Nines 分配佣金时预先扣减了法律费用，造成 Altitude 公司获益减少了 500 万美元，于是对 Deep Nines 提出了控告。因第三方资助而引发的争端，促使美国的立法者开始思考如何厘清第三方资助者、被资助者以及代理律师间的权利义务关系，以此进行规制从而减少问题的发生。不过美国现阶段依然通过与第三方资助有关的案例法和州法规对其进行监管，而仲裁中的第三方资助在部分州尚未明确加以规定。

---

① LISA B N，VICTORIA S . Third – party funding in International Arbitration ［M］. Netherlands：Wolters Kluwer Law，2012：354.

② LISA B N，VICTORIA S. Third – party funding in International Arbitration ［M］. Netherlands：Wolters Kluwer Law，2012：354.

加拿大的第三方资助尚处于起步阶段，资助活动呈现出商业化的趋势，资助机构对商业案件和集体诉讼更有兴趣，而第三方资助的私人案件则极为有限。加拿大禁止第三方资助者的过度干涉。第三方资助协议应该明确由当事人选择律师，而律师只对当事人负责。允许出资者参加和解讨论和在短时间内单方面退出诉讼的第三方资助协议被认为是不恰当的。在加拿大，集体诉讼中的第三方资助比其他案件更为普遍，主要是因为私人和政府的第三方资助在集体诉讼中都被允许。一些省份，通过公共基金或者法院所批准的私人第三方资助者，可以在集体诉讼案件中进行资助活动，在安大略省和魁北克，公共资金被允许用于集体诉讼已经多年。加拿大规定集体诉讼中的私人第三方资助必须要得到法院的批准。这是因为该国还未有足够的第三方资助案例，所以对第三人资助的监管和规制依赖司法审查，法官对第三人资助的监管享有很大权力。

2. 第三方资助在欧洲地区诉讼领域的发展

在英美等国的影响下，第三方资助在欧洲的一些大陆法系国家也逐步兴起，其中最具有代表性的国家有奥地利、德国和瑞士。这些国家也出现了大量的第三方资助机构，例如奥地利的 AdvoFin Lexdroit International 和 Prozessfinanzierung AG，德国的 Juragent AG、DASProzessfinanzierung AG、FORIS Finanziert 以及瑞士的 Prozessfinanz 等，这些国家对第三方资助在仲裁中的运用也持肯定态度。相对于英美等普通法系国家，第三方资助活动的发展在大陆法系国家比较缓慢。这主要是因为在制定法下明确规定了收费标准，诉讼或仲裁的程序更为简练，当事人所负担的费用较普通法系国家更少。目前欧盟无权全面监管第三方资助，对第三方资助的监管责任属于各个成员国本身，但许多成员国仍然缺乏对第三方资助的监管框架。

爱尔兰高等法院对第三方资助的态度在欧洲最不友好，爱尔兰高等法院于 2016 年 2 月裁定，第三方资助诉讼是非法行为，即便当事人认为在这种情况下，如果没有第三方资助将无法提起诉讼。① 目前第三方资助在爱尔兰法律原则上是被禁止的。

英国虽然很早就禁止了帮讼行为，但随着社会的发展这一现象却开始产

① Persona Digital Telephony Ltd & Anor vs. The Minister for Public Enterprise & Ors [2016] IEHC 187.

生变化。英国于1967年不再将帮讼行为视为刑事犯罪，不过仍将其视为违反公共利益的情形。20世纪90年代英国掀起了司法改革的热潮，法院对第三方资助行为也采取了更开放的态度，英国在1990年承认了律师风险代理的合法性，从1994年起法院也不再以违背公共政策为由来认定资助协议无效，除非第三方资助者的帮讼行为发生非法交易或干涉到他人诉讼。2005年的Arkin vs. Borchard Lines Ltd案为英国第三方资助首开先河，本案中英国上诉法院认为，第三方的资助是可以接受的，甚至可以作为增加诉诸司法的途径，出资人也并未因此掌控诉讼。[①] 英国法官Coulson对本国第三方资助的现状提出了以下看法：①不能简单地认为第三方资助协议就是无效的；②应当以协议是否会损害公共正义（Public Justice）作为帮讼行为的判断标准，具体应该从具体案件特定合同的性质与订立状况来确定；③通过以往案例实践可以得知，资助协议被认定为帮讼行为的法律门槛很高，所以法院一般不会认定资助行为是帮讼行为；④确保诉讼程序正当是禁止帮讼的主要目标。

虽然英国在第三方资助上拥有丰富的案例法积累，但是英国的立法机关至今未作出关于第三方资助的强制性规定。威尔士和英格兰主要通过诉讼资助者协会（Association of Litigation Funders）这样的民间组织去对第三方资助者的行为进行监管。诉讼资助者协会采取制订机构规则来对第三方资助行为加以监管，规则主要包含对资助者资金充足水平的要求、诉讼进行时中途撤资的限制以及限制第三方资助者对案件施加影响等。虽然诉讼资助者协会制订了相应的处罚措施，自己也拥有投诉的接收机制，但实践证明，对第三方资助活动最有效的约束方式还是要依靠第三方资助者的市场信誉度。英国上议院在2012年2月对于是否应该从立法层面监管第三方资助行为，从而替代目前所采取的诉讼资助者自我约束机制进行了激烈辩论。最终，反对派占据上风，迫使议会撤回对于规范第三方资助的建议书（Proposed TPF Amendment）。上议院的决定表明，英国的立法机关虽然已经允许并支持将第三方资助作为扩大司法正义的一种方式，但对于是否应从立法层面对其进行规制，仍不明确。英国最高法院2023年针对“Paccar et al v Competition Appeal Tribunal et al”一案作出的判决，裁定诉讼资助协议授予资助者索赔收益一定比

---

① GONZALEZ N，FELIX M. The Feasibility of a Third－Party Funding Market for Arbitration Claims in Puerto Rico［J］. UPR Bus. L J，2015（7）：70－87.

例的，应认定为英国法下所谓的“按损害赔偿收费协议”（Damages - based Agreements）。除非这些诉讼资助协议符合“按损害赔偿收费协议”的形式要求，否则这些协议将无法执行。可能目前生效的大多数第三方资助协议都不符合上述形式要求。

3. 第三方资助在亚太地区诉讼或仲裁领域的发展

澳大利亚是全世界第一个在其司法管辖区域内开放第三方资助诉讼和仲裁市场的国家，政府对第三方资助的监管也比较宽松，这使得澳大利亚境内出现了好几家专门的营利性第三方资助机构，其中较具代表性的有 Litigation Lending Services Ltd 和 IMF Bentham Ltd。起初第三方资助在澳大利亚仅适用于破产案件，后逐步向其他领域拓展，现已包括证券欺诈、商事诉讼、人身伤害案件及仲裁案件等。[①] 第三方资助能够在澳大利亚得以迅速发展的一个重要因素是该国禁止风险代理制度。Campbells Cash and Carry PtyLtd. vs. Fostif Pty Ltd 一案[②]在该国第三方资助活动发展史上具有重大意义，澳大利亚高等法院通过判决承认了第三方资助行为在诉讼活动中的存在，同时也确认第三方资助与澳大利亚的公共政策并不相违背。在该案的判决意见里大多数法官认为，该国法律中规定的禁止滥用法律程序的原则和律师对法庭义务的规则，完全可以引导本国的第三方资助行业持续健康发展。

2012 年澳大利亚议会通过了《公司法修正案》（*Corporations and Amendment Regulation 2012 No. 6*），将第三方资助排除在原公司法所规定的“受管理的投资计划”（Managed Investment Scheme）之外，澳大利亚境内对诉讼或仲裁的资助安排从此无需向专门机构报批。澳大利亚证券投资委员会（Australian Securities and Investment Commission）结合公众的反馈意见，就第三方资助监管所引发的利益冲突问题在 2013 年 4 月 22 日公布了第 248 号监管指南，文件包含了以下内容：①资助者控制利益冲突和进行披露的方法；②潜在集体诉讼成员的招募方法；③如何协调律师与资助者因事先的业务关系所引发的利益冲突；④资助协议文本的获取方法；⑤庭前和解独立批准权力如

① 张光磊. 第三方诉讼融资：通往司法救济的商业化路径［J］. 中国政法大学学报，2016（3）：24－35，159.

② Campbells Cash and Carry Pty Ltd vs. Fostif Pty Ltd［2006］229 CLR386.

何取得等。[①] 澳大利亚生产力委员会（Australian Productivity Commission）则认为，第三方资助利大于弊，同时还建议澳大利亚政府应该进一步完善第三方资助的准入制度。生产力委员会还指出，法院有下达命令重新改写第三方资助协议的权力，并且在有第三方资助者参与的诉讼中，法院经常会要求调高诉讼费用的担保金额。该委员会建议应当取消目前禁止律师收受风险代理费的限制，不过要求必须对费用的收取金额进行披露并且按照比例封顶。从目前的现状来看，澳大利亚法院倾向于在承认第三方资助的基础上，在实践中对其加强控制与引导。但在仲裁程序中这种来自法庭的控制是不存在的，仲裁中第三方资助活动的发展是否会因此而受到限制，仍有待观察。

由此可见，澳大利亚在承认第三方资助合法性的基础之上，开始从立法的角度对第三方资助加以监管和指引，这一点已经领先许多国家。

新加坡过去一直禁止第三方资助，但是为了提高在国际仲裁中的竞争力，也加快了改革的步伐。2016 年 6 月 30 日新加坡律政部向社会公布了《对民法有关修正的议案》（2016）和《民法有关第三方资助条例》（2016）两项法律草案。其中前者废除了关于帮讼及包揽诉讼侵权（Tort of Champerty and Maintenance）的规定，并明确在特定种类争议解决程序之中的第三方资助协议并不违法，此规定为第三方资助的合法化扫清了障碍。后者则详细规定了可适用第三方资助制度的争议解决程序的种类。最终新加坡国会在 2017 年 1 月通过了《民事法（修正）法案》，废除了包揽诉讼，并且设立了第三方资助框架，允许与仲裁案无关的第三方提供资金，代替索偿方承担费用，并从胜诉所得赔偿中获益。新的框架落实初期，仅国际仲裁案件才可寻求专业资助者融资，但是案件涉及违反公共政策或与法律相抵触的除外。这标志着新加坡正式承认了第三方资助的合法性。新加坡《联合早报》认为，这一举措可以加强新加坡在国际商业仲裁中的竞争力。在新加坡对第三方资助合法化之后，2017 年 7 月很快便出现了该国第一起第三方资助仲裁案件，该案由 Norton Rose Fulbright 律所代理，英国 Burford 公司作为第三方资助者。

---

① Australian Securities & Investment Commission. ASIC releases guidance on managing conflicts of interest in litigation schemes and proof of debt schemes [R/OL]. Australian Securities & Investment Commission, (2013 - 04 - 22) [2018 - 01 - 22]. http: //asic. gov. au/about - asic/media - centre/find - a - media - release/2013 - releases/13 - 085mr - asic - releases - guidance - on - managing - conflicts - of - interest - in - litigation - schemes - and - proof - of - debt - schemes/.

通过第三方资助在以上各国的发展过程不难发现，即使是在传统上禁止帮讼行为的普通法系国家，第三方资助的合法化也已经是大势所趋。截至目前，第三方资助在美国、英国、澳大利亚、新加坡等诸多法域获得许可。不少国家也开始推动对第三方资助的立法活动，促进其指引和规制。可以预见，第三方资助在未来必将实现更快速和更规范的发展。

（三）国际投资仲裁中第三方资助发展所呈现的特征

1. 国际投资仲裁中第三方资助活动发展迅速

目前在国际投资仲裁领域中使用第三方资助的现象正在迅速增加，有关人员经过统计后，发现 ICSID 在 2013 年所接受的仲裁案件中至少三分之二都有着第三方资助的背景。[①] 第三方资助在国际投资仲裁中有丰富的实践。其中出现的不少重大案例对国际投资仲裁的发展具有历史性意义。例如在 S&T Oil Equipment and Machinery Ltd. vs. Romania 案件中，S&T 石油公司就受到了来自英国 Juridica Investment（以下简称 Juridica 公司）的资助。Rosinvestco UK Ltd. vs. The Russian Federation 案中，仲裁申请人正是借助了第三方资助的力量才获得了高达 500 亿美元的史上最高仲裁裁决赔偿金。RSM Production Corporation vs. Saint Lucia 案件中，仲裁庭依照被申请人圣卢西亚共和国的请求，对接收了第三方资助的仲裁申请人 RSM 公司下达了提供担保费用的命令。[②] 这是 ICSID 史上首次对仲裁申请人下达就仲裁费用提供担保的命令，[③] 本案一出，立刻在国际上引发了一场针对国际投资仲裁中受资助方是否必须提供担保的激烈讨论。还有在 Muhammet Çap & Sehil Inşaat Endustrive Ticaret Ltd. Sti. vs. Turkmenistan 一案中，国际投资仲裁庭首次要求仲裁申请人披露是否受到第三方资助。上述各种重大案件所引发的争议，使第三方资助问题在国际投资实践中获得了越来越多的关注。经过多次国际投资仲裁实践，第三方资助的发展过程也逐渐加快，并不断完善。

---

① WILLIAM W P, CATHERINE A R. Third – party funding in international arbitration：the ICCA Queen – Mary Task Force ［R］. Austrian Yearbook on International Arbitration，2015：14 –67.

② Decision on Saint Lucia's Request for Security for Costs with Assenting and Dissenting Reasons，RSM Production Corporation vs. Saint Lucia，ICSID Case No. ARB/12/10，13 Aug.，2014.

③ WILLIAM K，KORALIE W. Should an arbitral tribunal order security for costs when an impecunious claimant is relying upon third – party funding? ［J］. Journal of International Arbitration，2013，30（1）：17 –30.

英国 Burford 公司，在其 2015 年年报上表示，其投资回报率高达 70%。作为一家专门从事第三方资助诉讼与仲裁的公司，Burford 提供的数据具有一定代表性，某种程度上可以证明第三方资助带给投资者的收益十分可观。虽然有时会出现相关国家在国内法层面禁止第三方资助的状况，但这对于第三方资助在国际投资领域中的发展并没有起到多少阻碍作用。因为资助者与被资助者所签订的第三方资助协议属于国际合同，双方可以在协议中约定，适用允许第三方资助仲裁和诉讼国家的准据法或者直接将仲裁地约定在承认第三方资助的国家来对此进行规避。除了专门从事第三方资助的机构不断增多，仲裁申请人自身求助于第三方资助的热情也在不断增加。

2. 国际投资仲裁中第三方资助的产业化程度高

第三方资助能够吸引大批金融机构涉足的原因，就在于其本质就是一项投资活动，[①] 投资人既有可能因为被资助方胜诉而获得丰厚的收益，也有可能因为被资助方败诉而无法收回投资成本。所以不仅前文所提到的专门的第三方资助机构，大量的投资银行、保险公司、基金公司也开始涌入这一新兴投资市场，以求分得一杯羹。投资者的仲裁请求很快成为第三方风险基金（Venture Capital Fund）的逐利工具和投资产品，通过评估来对其认为可以获利的投资仲裁请求进行投资，逐步形成产业化的发展趋势。也正是由于第三方资助在国际投资仲裁中的产业化程度不断上升，为了控制投资风险，资助机构往往会对案件施加影响与控制。当然，依据不同资助协议具体内容的规定，第三方资助者对案件的具体介入程度也会有所不同。

3. 国际投资仲裁中第三方资助目前仅针对投资者

该章第一节提到，国际投资仲裁发生在外国投资者与东道国之间，所以第三方资助机构的影响对象本来应该包括外国投资者与东道国政府。国际投资仲裁案件中，东道国往往是作为被申请人的一方，外国投资者则是扮演着仲裁申请人的角色。虽然理论上来说包括以下几种对被申请人的资助方式，例如对被申请人所提出的高额反诉进行资助，或者如 Victoria Sahani 教授所说，由被申请方向资助者缴纳预付款。但是国际投资仲裁的实践表明，目前并未出现这类案件。与第三方资助有关的国际投资仲裁案件依然只是局限于

---

① DE BRABANDERE E，LEPELTAK J. Third - party funding in international investment arbitration [J]. ICSID Review，2012，27 (2)：379 - 398.

对作为仲裁申请人的外国投资者进行资助，针对东道国的资助依旧尚未发生。① 本书认为，造成目前这种局面的原因包括以下几点：首先，因为东道国不同于外国投资者，其作为一个主权国家，自身的经济实力较之外国投资者优势更大，因此并不需要去求助于第三方资助机构。其次，如果仲裁庭支持了东道国一方的请求，在当下的国际投资仲裁体制中，这仅仅代表了其击败了外国投资者的索赔请求，东道国依然要为此支付巨额仲裁费用，此时第三方资助机构只有要求东道国给予自己高于仲裁费用的金额才能获益，而对于赢得仲裁的东道国来说，取得了胜利依然要再向外国第三方资助机构支付一大笔钱，不仅会带来额外的经济负担，同时还会面对国内公众的质疑，对于东道国来说可谓得不偿失。所以东道国往往也不会考虑寻求第三方资助来支付巨额仲裁费用。

（四）国际投资仲裁中第三方资助的发展原因

第三方资助目前在国际投资仲裁领域中正处于快速发展时期，究其原因，主要可从以下几个方面进行分析。

1. 国际投资仲裁费用过于昂贵

目前的国际投资仲裁体制下，仲裁费用主要包含因为仲裁程序而向仲裁庭所支付的费用，以及向案件的代理律师所支付的法律费用。根据 OECD 的统计，一个国际投资仲裁案件的所有仲裁费用平均高达 800 万美元，而有些案件的费用更是超过了 3000 万美元，其中仅支付给仲裁庭的程序性费用平均就在 40 万美元左右，而在涉及主权债务案件之类的群体性求偿案件时，仲裁费用会进一步提高。② 发生在外国投资者与东道国政府之间的国际投资仲裁案件，本身会牵扯到多方利益，国际投资仲裁程序本身所要耗费的时间也非常漫长。昂贵而冗长的国际投资仲裁程序，给那些缺乏资金的投资者带来了沉重的负担和压力。在此背景之下，有些金融机构从中发现了商机，它们通过为缺乏资金的仲裁申请人提供所需要的仲裁费用，在申请人胜诉时从其所得赔偿中按约定比例获益。由于有了资金来源，很多经济实力不足的外国投

① WILLIAM W P, CATHERINE A R. Third - party funding in international arbitration: the ICCA Queen - Mary Task Force [J]. Austrian Yearbook on International Arbitration, 2015: 14 - 67.

② 郭华春. 第三方资助国际投资仲裁之滥诉风险与防治 [J]. 国际经济法学刊, 2014 (2): 85 - 97.

资者，将国际投资争议诉诸司法的机会大幅增加，第三方资助自然得以快速发展。

2. 第三方资助优化了国际资源配置

国际投资仲裁中对第三方资助的需求不仅来自那些资金不足的外国投资者，还包括那些有足够资金寻求国际投资仲裁解决方式的外国投资者，因为他们有时并不愿意将大把的时间与金钱耗费在国际投资仲裁上，而更倾向于用这些资金去进行别的投资以谋求更多的经济利益。① 第三方资助不仅能让这些外国投资者将多出来的资金用于自己感兴趣的其他国际投资活动，也为那些经济实力强大的金融机构带来了一种新的投资方式，促进了国际投资资源的优化配置。

但任何事物都并非完美无缺，第三方资助所带来的法律问题也引起了人们的担忧，目前学术界对国际投资仲裁中的第三方资助讨论最多的是其信息披露问题和在此背景下的仲裁费用分担问题。本书将在下文就这两个问题进行深入探讨。

第二节 国际投资仲裁中对第三方资助信息披露的规制

一、第三方资助信息披露缺失给国际投资仲裁带来的挑战

第三方资助活动在国际投资仲裁领域发展得越来越快，不少外国投资者也享受到第三方资助所带来的便利，但在第三方资助市场不断繁荣的背后，第三方资助信息披露缺失也给国际投资仲裁带来了挑战。

（一）第三方资助活动给仲裁员的独立性带来挑战

仲裁员必须是公正的，并且独立于仲裁案件任何一方当事人和所涉及的利益，这已经成为普遍共识。如果仲裁员的立场无法做到独立与客观，与案

① DE BRABANDERE E, LEPELTAK J. Third - party funding in international investment arbitration [J]. ICSID Review, 2012, 27 (2): 379 - 398.

件当事人产生了利益冲突，那么所做出的裁决的公正性就会受到质疑。《ICSID 仲裁规则 2006》第 6 条要求组成仲裁庭前每一个仲裁员都应当签署一份声明以证明自己的独立性，并且确保已经披露了全部可能会对仲裁员独立性带来影响的全部业务关系。[①]《ICSID 仲裁规则 2022》第 19 条也作了类似的规定。但是，当下国际投资仲裁中随着第三方资助机构的不断介入，仲裁员与资助机构之间的利益关系也变得越来越复杂，这一变化无疑会对仲裁员的独立性与公正性带来挑战。

实践中不少仲裁员与第三方资助机构在工作层面存在着关联关系。从事国际投资仲裁这个领域相关工作的人毕竟有限，久而久之就形成了一个彼此相对比较熟悉的圈子。欧洲的非政府组织 Corporate Europe Observatory 的研究报告曾经显示，目前在国际投资仲裁领域影响力最大的五家第三方资助机构包含了美国的 Fulbrook Management，英国的 Burford、Juridica、Calunius 公司，以及荷兰的 Omni Bridgeway，而国际投资仲裁领域中法国的 Brigitte Stern、美国的 Charles Brower 等 15 人被指定为仲裁员的频率最高，世界上已知的国际投资仲裁案件中 55% 案件的审理都有这 15 位顶尖国际投资仲裁员的参与，而在案件争议标的额在 40 亿美元以上的案件中，以上所提到的 15 位仲裁员案件参与比例更是达到了惊人的 75%。[②] 从这份数据中我们可以看出国际投资仲裁的相关从业者范围还是比较狭小的。此外，由于仲裁员本身的职业主要是律师，这就造成了仲裁员们在不同的案件中产生了不同的身份，在这个案件中可能作为仲裁员参与进来，在另一个案件中可能又变成了一方当事人的代理律师。[③] 身份的不断转化，增加了仲裁员与第三方资助机构的接触机会。甚至在没有被指定为仲裁员时，受雇于第三方资助机构，以律师身份为其进行尽职调查或者服务于资助机构的咨询委员会。根据《ICSID 公约》第 27 条的规定，当事人可以各自任命一名仲裁员作为仲裁庭的组成人员，此时资助者就可以利用作为被资助者的案件当事人，在争议案件中让与自己存在利益关系的人被任命为本案仲裁员。ICSID 仲裁员大多有着国际商事仲裁背

---

① ICSID Arbitration Rules 2006，Rule 6（2）.

② PIA E，CECILIA O，Profiting from Injustice：How Law Firms，Arbitrators and Financiers are Fuelling an Investment Arbitration Boom［R/OL］. Dismantle Corporate Power，（2012 - 04 - 17）［2018 - 01 - 26］. http：//corporateeurope. org/sites/default/files/publications/profiting - from - injustice. pdf.

③ 肖芳. 国际投资仲裁第三方资助的规制困境与出路：以国际投资仲裁“正当性危机”及其改革为背景［J］. 政法论坛，2017（6）：69 - 83.

景，为了今后能有更多的机会被任命为仲裁员，在仲裁时也会更倾向于任命者。随着双方联系的不断紧密，发生利益冲突风险的概率也就升高。为此国际投资仲裁案件中仲裁员的独立性受到严重的挑战，同时也动摇了仲裁裁决公正性的基础，这对整个国际投资仲裁行业的发展必将会产生不利的后果。

目前的国际实践中，资助方与被资助方所签订的第三方资助协议往往都是在保密的前提下进行的，协议的内容一般也不会对外公开。再加之仲裁活动本身所具有的保密性特点，使得外界也一直无法清楚地知晓第三方资助的基本模式，有些资助机构甚至会通过一些特殊安排，去隐瞒与被资助者之间的关系。比如，某些资助机构会把资金直接给代理案件的律师事务所，还有的金融机构为了与对方签订第三方资助协议甚至会专门成立一个独立的机构，去从事协议的签订任务。[①] 这一系列行为给第三方资助活动披上了一层神秘的面纱。正是因为第三方资助本身的保密性以及目前仲裁当事方和仲裁员对于第三方资助关系披露义务的缺失，使得外界无法得知第三方资助机构与仲裁员之间是否有着潜在的利害关系。所以信息披露是规制仲裁员与第三方资助机构关系的基础，只有通过信息披露，当事人与仲裁庭才可以明确仲裁员是否符合国际投资仲裁的要求。

（二）第三方资助活动增加了投资者的滥诉行为

随着各国对投资仲裁的限制不断减少，投资者滥用投资仲裁程序现象开始不断增多。某种程度上说，滥诉正是这种诉讼去门槛化的负面产物。站在投资者的角度来说，即便自己最后败诉，但是自己也可能让仲裁程序对东道国产生威慑效果，以便从中谋取利益。[②] 外国投资者的滥诉行为加重了东道国的应诉负担，侵蚀着东道国的政策空间，也严重损害了司法程序本应具有的公信力。造成国际投资仲裁中滥诉现象的原因是多方面的，但第三方资助活动的出现，更进一步刺激了滥诉行为的产生。

从外国投资者的角度来看，在没有第三方资助的情形下，投资者将与东道国的投资争端诉诸国际投资仲裁时，会综合考虑自己的胜诉概率、仲裁费用、仲裁庭管辖权、索赔数额等各方面的因素，来衡量是否值得采用国际投

---

① WILLIAM W P, CATHERINE A R. Third – party funding in international arbitration: the ICCA Queen – Mary Task Force [J]. Austrian Yearbook on International Arbitration, 2015: 14 – 67.

② 徐树. 国际投资仲裁中滥诉防范机制的构建 [J]. 法学, 2017 (5): 152 – 165.

资仲裁的方式获得索赔。① 并且一旦外国投资者败诉，其也会承担相应的代价，这无疑会使得外国投资者在争端解决的选择方式上更为谨慎。但是在第三方资助介入的前提下，这些相应的费用会由第三方资助机构代为承担。如果胜诉，投资者将会与第三方资助机构从获赔数额中按比例分成。更重要的是，败诉所产生的风险也因此转移给了第三方资助机构。之前给投资者造成的经济困扰，也随之大大减轻，外国投资者寻求国际投资仲裁因而变得有恃无恐。这无疑会造成滥诉行为的发生，而且由于国际投资仲裁案件中作为被申请方的东道国往往是发展中国家，东道国所卷入的国际投资仲裁案件数量的增加给这些国家的经济发展也带来了不利后果②。这样就会与投资仲裁本身旨在公平、便捷、客观地解决东道国与他国国民之间的投资争端，使外国投资者合法权益受到保护的同时加强东道国的外资吸引力，促进东道国发展的初始目的相违背。当然，如果东道国被认为确实违反了国际投资条约义务，也就不需要再考虑第三方资助的影响问题。

从第三方资助机构的角度来看，有学者认为，国际投资仲裁中的第三方资助是基于无追索权而产生，一旦被资助者败诉，第三方资助机构无权向被资助方索赔，所以基于潜在风险的考量，对于明显缺乏证据支撑的仲裁请求，资助者是不会擅自出资的。③ 的确，作为非常专业化的第三方资助机构，在做出资助决定之前，都会事先对投资者进行全面的尽职调查，以判断是否应该予以资助。如果从这一角度来看，第三方资助不但不会造成外国投资者滥用仲裁程序，反而提高了资助机构资金利用率，同时过滤掉了那些胜诉率较低和纯粹以拖延时间为目的的仲裁请求。然而事实却证明，在第三方资助活动已经产业化的今天，以上观点难免有些理想化。

以对第三方资助最为友好的澳大利亚为例，自其放开了第三方资助活动

---

① 徐树. 国际投资仲裁的第三方出资及其规制 [J]. 北京仲裁，2013 (2)：39 -50.

② DE BRABANDERE E, LEPELTAK J. Third - party funding in international investment arbitration [J]. ICSID review, 2012, 27 (2): 379 -398.

③ MAYA S. Whose claim is this anyway - Third - party litigation funding [J]. Minn. L. Rev., 2011 (95): 1269 -1338.

后，诉讼案件的数量便增加了16.5%。① 作为一项营利性活动，资助者的眼光并不是仅仅局限在那些胜诉率较高的仲裁请求上。对于那些胜诉率较低的仲裁请求，第三方资助机构会采用特殊的资助模式以期在投资风险和获益中达到平衡。例如提高仲裁请求被支持时所获收益的比例。有研究显示，第三方资助机构所获收益比例，最多可以高达胜诉裁决金额的50%。② 除此之外，还有以英国Burford公司为代表的大型第三方资助机构，会将其对外国投资者的资助设计成为投资组合，资助那些低胜诉率或者风险较高的仲裁请求，反而会使得这些投资组合的价值得以上升，或者是在资本市场上采用证券化的形式，向资本市场的投资者售出机构所资助仲裁案件的预期收益，相应的风险也会借此从第三方资助机构转移给资本市场投资人。并且对于资金充足的外国投资者们来说，为了不在胜诉率较低的案件花费太多仲裁费用，进而影响自身的资金流动，此时给出较高的资助收益比例，第三方资助机构也是愿意对其进行资助的。

通过以上分析不难发现，第三方资助的确造成了国际投资仲裁程序的滥用。而是否能披露第三方资助关系，将直接影响到能否有效规制国际投资仲裁中第三方资助所引发的滥诉风险。第三方资助关系如果得不到及时披露，则仲裁庭及当事方对仲裁员的监督难以落实，并且以东道国因投资者滥诉所受影响来看，想要规范对方的滥诉行为，首先也应明确第三方资助的存在。

二、国际投资仲裁中对第三方资助信息披露规制的现状

已签订的自由贸易协定与双边投资协定，对国际投资争端解决机制的规定都较为简单，有关第三方资助的问题也很少涉及。只有极少新签订的投资协定将其纳入正式文本，例如加拿大与欧盟的《综合性经济贸易协定》

① U. S. Chamber of Commerce, Selling Lawsuits. Buying Trouble: The Emerging World of Third – Party Litigation Financing in the United States [R/OL]. U. S. Chamber of Commerce Institute for Legal Reform, (2009 – 07 – 26) [2018 – 01 – 20]. http: //www. Instituteforlegalreform. com/uploads /sites /1 /thirdparty-litigationfinancing. pdf.

② WILLEM H V B. Third – Party Financing in International Investment Arbitration [J/OL]. SSRN eLibrary, (2011 – 12 – 31) [2018 – 01 – 26]. https: //ssrn. com/abstract = 2027114.

(*Comprehensive Economic and Trade Agreement*, CETA)。[①] 但第三方资助行为是发生在外国投资者与第三方资助机构之间的民事行为，而国际投资协定所规定的是缔约国间的权利义务关系，在无国际条约明文规定的情况下，缔约国没有对外国投资者寻求第三方资助进行限制的义务。在双边投资协定之下，当第三方资助者不属于缔约国国民时，亦无法让缔约国对其进行规制。所以通过国际投资协定对第三方资助的法律规制能力有限，而从争端双方进行国际投资仲裁时所选定的仲裁规则入手，对其进行法律规制才可能更为有效。

当前《ICSID 仲裁规则》与《联合国国际贸易法委员会仲裁规则》(以下简称《UNCITRAL 仲裁规则》)是国际投资仲裁中采用范围最为广泛的两个仲裁规则，但是很长一段时间以来，这两个仲裁规则都没有规定专门的第三方资助条款。随着国际投资实践的发展，第三方资助问题已经在国际投资仲裁领域引起了高度重视。2017 年 5 月 9 日，ICSID 网站发布了针对 16 个方面的潜在规则修订清单，启动了新一轮的规则修订计划，这是 ICSID 继 1984 年、2003 年和 2006 年以来的第四次规则修订计划。在公布的 16 个方面的潜在规则的修订领域里，就包含了探索制定第三方资助条款的可能性。2022 年 6 月 22 日 ICSID 发布《ICSID 仲裁规则》修订的最终版本，更新后的规则于 2022 年 7 月 1 日正式生效。无独有偶，2018 年 4 月 23 日至 27 日，联合国国际贸易法委员会(United Nations Commission on International Trade Law，UNCITRAL)第三工作组在纽约所举办的第 35 届会议上，审议了 ISDS 改革这一议题，工作组围绕其中的第三方资助问题展开了重点讨论。本书主要从以上两个仲裁规则出发，对国际投资仲裁机制中第三方资助信息披露规制的现状进行分析，并提出相应的完善建议。

(一) 2022 年《ICSID 仲裁规则》对第三方资助信息披露的规制

《ICSID 仲裁规则 2022》第 14 条对第三方资助信息披露做了专门规定，主要包括以下三个方面的内容：①若当事人直接或间接以捐赠、赠款、拨款或作为胜诉报酬回报的方式，自非当事方处获得资金，以提起仲裁或答辩，该当事人应提交书面通知，披露任何该等非当事方的名称和地址。如果提供

---

① 《综合性经济贸易协定》第 8 条第 26 款规定，被资助者对第三方资助者的名称和地址均应当披露，披露时间为提起仲裁之时。若是在仲裁提起后才签署第三方资助协议，则应在资助协议签订后立即披露。

资金的非当事方为法人，通知应当包括拥有和控制该法人的个人和实体的名称。②一方当事人应在登记仲裁请求时，或在登记后订立第三方供资安排时，立即向秘书长提交第1款所述通知。通知中的资料如有变更，当事人应立即通知秘书长。秘书长应将第三方出资通知和该通知中信息的任何变更通知转发给各方当事人和任何被提议任命或在程序中被指定的仲裁员，以完成《ICSID仲裁规则》所要求的仲裁员声明。③仲裁庭可根据《ICSID仲裁规则》命令披露有关资助协议和提供资金的非当事人的进一步信息。

《ICSID仲裁规则2022》对第三方资助信息披露的规制具有以下特点：一是对第三方资助作出了宽泛的定义。这反映了实践中采用的各种资助协议，其旨在预防可能产生的解释问题，即何种行为构成或者不构成第三方资助。而2024年版香港国际仲裁中心（Hong Kong International Arbitration Center，HKIAC）机构仲裁规则和2023年版米兰仲裁院（Camera Arbitrale di Milano，CAM）仲裁规则对第三方资助没有进行定义。二是在第三方资助的定义中涵盖了资助者与当事人代理人的安排，例如与代理律师的风险代理费用协议，从而进一步扩大了披露义务的范围。这一规定与维也纳国际仲裁中心（Vienna International Arbitration Center，VIAC）2021年投资仲裁规则（第6条）不同，《VIAC投资仲裁规则2021》对第三方资助的定义只包括非当事人或非“当事人代理人”所达成的协议。三是如果资助者是法人，一方当事人需披露最终控制资助者的实体或个人的名称。该条旨在确保关于资助者身份的透明度，并允许仲裁员准确识别关于出资实体“最终受益人”的任何利益冲突。四是未将披露资助协议设定为普遍义务。由于第三方资助正日益成为稳定实体现金流管理的工具，现在还远不能确定受资助方是否会丧失偿付能力。因此，要求当事人披露资助协议中所载的机密和商业敏感信息似乎并不合理。鉴于上述情况，ICSID决定仅在必要的时候、在必要的范围内赋予仲裁庭可以要求当事人提供关于资助协议额外信息的自由裁量权。例如，在受资助方似乎明显陷入财务困难且对方提出费用担保申请的情况下。尽管如此，如何解决这些问题，只有通过在实践中应用上述规则才能予以揭示。

（二）UNCITRAL投资仲裁规则对第三方资助信息披露的规制

目前最新的《UNCITRAL仲裁规则2021》的第11条，只笼统性地规定，要求仲裁员去主动披露的范围一般只包括仲裁员与当事人或其代理人的关系，对于仲裁员和第三方资助机构的关系并没有作出明确规定。2018 年 UNCITRAL 第三工作组发布了可供讨论的第三方资助条款草案中，其中涉及第三方资助信息披露规制的条款草案主要包括以下内容。

1. 受资助方应向仲裁庭和其他争端方披露的信息

这些信息包括：①第三方供资人的名称和地址；②第三方供资人的受益所有人的名称和地址，以及拥有为或代表第三方供资人作出与程序有关的决策的权力的任何自然人或法人的名称和地址；③供资协议或其条款。

2. 仲裁庭可要求受资助方披露的信息

这些信息包括：①第三方供资人是否同意支付不利于费用裁决的费用；②第三方供资人的预期回报数额；③第三方供资人控制或影响申请或程序的管理以及终止供资安排的任何权利；④第三方供资人为针对被申请国的申请提供资金的案件数目；⑤第三方供资人与代表受资助方的法律顾问或律师事务所之间的任何协议；⑥仲裁庭认为必要的任何其他信息。

3. 披露的时间和方式

受资助方应在提交其申请书时披露第 1 款所列信息，供资协议在提交申请书之后订立的，则应在协议订立后尽快披露。受资助方应在仲裁庭根据第 2 款提出要求后尽快披露所要求的信息。如果有任何新的信息或根据第 1 款和第 2 款披露的信息有任何变动，受资助方应尽快向仲裁庭和其他争端方披露此类信息。如果受资助方未能遵守本条文所规定的义务，仲裁庭应采取条文草案所述的适当和必要的措施。这些措施包括仲裁庭可以命令该方当事人终止协议并退还收到的任何资助、暂停或终止程序、下令根据条文草案提供费用担保、在根据条文草案分配费用时考虑到这一事实。

三、国际投资仲裁中第三方资助信息披露规制的完善建议

（一）进一步完善国际投资仲裁中第三方资助信息披露制度

进一步完善第三方资助信息披露制度是确保对第三方资助进行有效法律规制的基本条件，本书认为一套完整的信息披露制度至少应当包括披露主体、披露时间、披露程度和披露例外四部分。

1. 披露主体

首先，确立受资助当事人的披露义务。如果不明确被资助的一方当事人对第三方资助的披露义务，将严重阻碍察觉第三方资助的存在，仲裁员也就难以在此基础上判断自己与第三方资助机构是否存在利益冲突。各大主要国际投资仲裁规则在此方面虽未做规定，但是有的国家在其国内法层面已经做了相关规定。例如，在第三方资助最为发达的澳大利亚，在其司法实践里已经要求受资助方披露第三方资助关系。此外，国际律师协会在最新修订的《国际仲裁利益冲突指引 2024》（*IBA Guidelines on Conflicts of Interest in International Arbitration 2024*）一般标准第 7（a）条中也规定：当存在与裁决结果有直接经济利益的第三方时，或者将由第三方承担向对方当事人赔偿责任时，如果仲裁员与第三方存在着直接或间接的关系，当事人应当及时通知仲裁员、仲裁庭、对方当事人或仲裁机构。虽然仲裁庭不能强制适用《国际仲裁利益冲突指引 2024》，但是这对国际投资仲裁实践也具有一定的指导意义。上述规定为今后国际投资仲裁改革中进一步完善第三方资助的披露制度提供了理论基础。

其次，确立仲裁员的披露义务。负有第三方资助披露义务的不仅包括被资助的当事人，还应当包括仲裁员，《UNCITRAL 仲裁规则 2021》第 11 条规定，仲裁员应当对其公正性和独立性产生正当怀疑的任何情形进行披露，仲裁员从被指定之时起，在整个仲裁程序期间，毫不迟延地向其他仲裁员以及各方当事人披露任何此种情形，除非已将相关情况通知各方当事人。《ICSID 仲裁规则 2022》第 19 条也规定，组成仲裁庭前每一个仲裁员都应当签署一份声明以证明自己的独立性，并且确保已经披露了全部可能会对仲裁员独立性带来影响的全部业务关系。虽然，这些规定没有明确第三方资助是否也属于对仲裁员公正性和独立性产生影响的情形，但是从现实情况来看，由于很多仲裁员与专门的第三方资助机构之间所存在的密切联系，第三方资助确实有造成仲裁员与资助机构发生利益冲突的可能性，从而导致仲裁员的公正性与独立性受到质疑。所以，第三方资助因素理应包含在这个范围内。现行国际投资仲裁规则应该在相应的规定里明确这一点，以便仲裁庭在今后的实践中更好地作出判断。仲裁员如果没有履行自身的第三方资助披露义务，东道国就能以仲裁员的不公正构成违反正当法律程序为由，去申请撤销相关裁决。

2. 披露时间

受资助当事人对第三方资助的披露如果不及时，将会给争端的解决带来不利后果。第三方资助带来的仲裁员与第三方资助机构利益冲突的风险，涉及仲裁员的回避等各种程序性问题。如果进行到仲裁裁决执行阶段才知道有第三方资助的存在，对方甚至可能会以其违反本国公共政策为由拒绝承认和执行仲裁裁决。所以，披露时间应该规定越早越好。鉴于双方的资助关系是在签订第三方资助协议后才正式确立，若是在提交国际投资仲裁之前已经签订协议，则受资助的当事人应在仲裁程序开始前或开始时披露第三方资助事实。若第三方资助协议在仲裁程序开始之后签订，披露时间应确定为受资助当事人在签订第三方资助协议后毫不迟延地立刻向对方当事人和仲裁庭披露资助关系。而仲裁员的披露时间应在知悉第三方资助者的身份时起，毫不迟延地立刻进行披露。

3. 披露程度

目前仲裁庭对披露程度观点不一，学术界对披露程度的争论主要集中在是否披露第三方资助协议，国际商会在第 32 届年会上曾对此进行过激烈讨论。[①] 在 EuroGas Inc and Belmont Resources Inc vs. Slovak Republic 一案中，[②] ICSID 仲裁庭作出了其历史上首个要求当事方披露第三方资助的命令。尽管该案仲裁申请人曾主动披露其接受了卢森堡一家金融机构作为第三方的资助，仲裁庭依然要求申请人对第三方资助者的名称以及与仲裁员是否存在利益冲突进行披露，但未要求仲裁申请人披露第三方资助协议的具体内容。本书认为，第三方资助协议毕竟是双方合意的产物，如果仅因为第三方资助的存在就要求披露第三方资助协议的全部内容，这其实是对仲裁庭裁量权的滥用。因此国际投资仲裁规则对于披露的程度不宜做具体的规定，仲裁庭应按照不同目的进行裁量。一般情况下，若只是以查明仲裁员的利益冲突为目的，只需披露第三方资助者的身份即可，包括资助者的名称、子/母公司和高管、持股人情况等。若是涉及第三方资助费用的承担以及担保费等问题，就需要对第三方资助协议的相关内容进行披露。

---

① GOLER J. Third - party funding in international arbitration and its impact on procedure [M]. Deventer, Boston: Kluwer Law International, 2016: 141.

② Award of Tribunal, EuroGas Inc. and Belmont Resources Inc. vs. Slovak Republic, ICSID Case No. ARB/14/14, 18 Aug., 2017.

4. 披露例外

资助机构将第三方资助视为自己的投资方式，所以有些信息会被视为商业机密，在资助协议中规定为保密事项拒绝披露。为了平衡披露义务与商业机密间的关系，有必要对属于披露例外的保密事项加以明确，2018 年 4 月国际商事仲裁委员会（ICCA）与伦敦玛丽女王大学联合发布的《国际仲裁第三方资助的报告》对此作了详细规定，我们从中可以得到相应的启发。该报告对在披露义务中享有保密特权的事项，规定了以下披露例外原则：①资助关系的存在与第三方资助者的身份一般不属于享有保密特权的范围。②资助协议的具体规定通常可能会包含特权信息，只有发生特殊情况时，此类信息才能被要求披露。③对依照准据法而享有保密特权的信息，仲裁庭不能单凭该信息是由当事人或其律师提供给第三方出资者以获取资助为由，而认定该特权已被放弃。④如果提供给第三方资助者的资助协议或信息被认为可以披露，仲裁庭一般应允许做适当修改，同时对此类信息的使用目的进行限制。

综上所述，第三方资助关系的存在和资助者的具体身份属必须披露的事项，受资助的当事人不得隐瞒。考虑到资助协议的相对性，如果按照协议的约定、当事人所选择适用的规则或法律规定应享有保密特权的事项，通常情况下仲裁庭应尊重被资助者的意愿，不应强制要求对此进行披露。如果有关商业秘密的约定没有干涉到国际投资仲裁程序，受资助者理应对其享有保密特权。即使被认为是可披露的相关信息，仲裁庭也应该对使用该类信息的目的进行限制。

（二）建立针对国际投资仲裁中第三方资助的审查机制

第三方资助会给国际投资仲裁程序带来一系列风险，若没有及时发现其存在，则第三方资助活动所带来的负面影响将无法及时纠正。第三方资助信息除了需要有关当事方主动进行披露，仲裁庭自身对第三方资助关系存续与否的主动审查，也是信息披露不可缺少的环节。

从第三方资助在当今案件中的覆盖程度和重要性来看，如果仲裁庭在审理国际投资仲裁案件时未能察觉它的存在，甚至可能会引发仲裁裁决无法执行。例如《承认和执行外国仲裁裁决公约》（*the New York Convention on the Recognition and Enforcement of Foreign Arbitral Awards*，以下简称《纽约公约》），被设计为可以同时适用于私人之间以及私人与国家之间的仲裁裁决的承认与执行。虽然在该公约正文中并没有明确地提到国家作为当事人的情形，但是在《纽约公约》适用于针对主权国家的裁决的承认与执行问题上却没有疑问。本公约第5条第2款第（二）项规定，如果申请承认及执行地所在国的主管机关认定，若承认或执行裁决有违该国公共政策者，那么就可以拒绝承认及执行该仲裁裁决。虽然，《ICSID仲裁规则》拥有一套完整的仲裁裁决的承认与执行机制，但是在《UNCITRAL仲裁规则》中必须依靠《纽约公约》才能获得承认与执行。① 如果仲裁双方之前选定《UNCITRAL仲裁规则》作为争议事项的仲裁规则，而第三方资助行为在有些国家被认为是一种违反公共政策的行为，这时就可能会造成国际投资仲裁裁决无法执行的后果。

由于第三方资助机构是通过对外国投资者所需要的仲裁费用进行资助，所以要想审查是否存在第三方资助行为，就必须对投资者的仲裁费用来源进行审查。在现行的《ICSID仲裁规则》和《UNCITRAL仲裁规则》中，都没有关于对仲裁费用来源进行审查的内容。仲裁当事人若不主动披露是否存在第三方资助，在没有审查机制的情况下仲裁员就会对此出现错误判断。例如仲裁员自己可能因为第三方资助信息的缺失，而无法判断他是否在该案件中存在利益冲突，导致仲裁员的独立性与公正性受到挑战。

作为对国际投资仲裁中第三方资助信息披露制度的补充，第三方资助的审查机制至少应包含以下两点。

首先，审查仲裁当事人的财务状况。许多外国投资者是因为自身经济实力不足，难以承担国际投资仲裁所需要的费用才会去寻求第三方资助机构的帮助。所以要想建立针对第三方资助的立案审查机制，就要从审查仲裁当事人的财务状况着手。在实践中应当赋予仲裁庭要求仲裁当事人提供能真实反映其财务状况相关材料的权力。例如仲裁庭可以对相关当事人的利润表、现金流量表、资产负债表等财务报表进行审查。仲裁庭经过对相关材料的初步分析，来判断仲裁当事人是否有足够的经济实力来支付仲裁所需要的费用。如果通过材料可以得出仲裁当事人目前面临严重经济困难，可能难以承受仲裁费用所带来的经济压力的结论，仲裁庭就可以考虑是否会有第三方资助的情况出现。

---

① 陈辉萍．ICSID仲裁裁决承认与执行机制的实践检视及其对中国的启示［J］．国际经济法学刊，2011（2）：115－142.

其次，第三方资助立案审查机制，除了应对仲裁当事人的财务状况进行审查，还应当审查当事人仲裁费用的资金来源。要做到这一点，就应该赋予仲裁庭要求仲裁当事人对仲裁费用的资金来源作出合理解释的权力。如果仲裁当事人明显处于经济困难时期，却能够向案件的代理律师和仲裁庭及时支付足额的仲裁费用，此时就很有可能存在第三方资助。除此之外，对于那些经济实力一般，正常情况下只能负担最基本的仲裁费用的当事人，但是却给案件代理律师提供了明显超出其自身承受范围的高昂报酬，这时候仲裁庭也应当要求其对资金来源作出合理解释。这是因为，为了提高案件胜诉率有的仲裁当事人会聘请那些国际投资仲裁经验丰富的律师，案件所需要的代理费用自然就会随之提高。如果代理费用超过仲裁当事人的经济承受能力，当事人很可能会依靠第三方资助获取资金，以减少经济负担。所以，对仲裁费用的资金来源进行审查也是必不可少的一环。

第三节　国际投资仲裁中第三方资助背景下仲裁费用分担和担保问题

一、国际投资仲裁费用分担制度

（一）国际投资仲裁费用分担规则

仲裁费用是随着仲裁所产生的各项开支，仲裁费用主要包括两部分：一部分是程序费用（the cost of procedure），也可称为中心费用（central costs），即仲裁机构的开支和管理费用以及仲裁员的酬金和开支；另一部分是当事人费用（party costs），即当事人直接产生的费用，包括当事人在程序中用于证人出庭、调查取证以及聘请律师的费用。现今各国所签订的大部分投资仲裁条约，并未对投资仲裁费用的分配作出具体的规定，国际投资仲裁机制中当事方除非另有约定，对于仲裁费用的负担，仲裁庭享有充分的自由裁量权。国际投资仲裁实践中存在着三种仲裁费用的分担规则。

一是有利于投资者规则。该规则认为如果外国投资者胜诉，则可要求由东道国支付仲裁费用，但是无论东道国能否胜诉，其仲裁费用始终只能由自己来承担。

二是美式规则。该规则将公正放在至高无上的位置，主张消除任何有碍公正的因素，所以此规则主张无论最后仲裁裁决支持谁的仲裁请求，双方都只承担自身的仲裁费用。所以该规则又被称为各方自负其费（pay - your - own），在此规则之下，很少有人能从另一方当事人那里得到费用补偿。

三是英式规则。即由败诉方承担胜诉方为案件支出的仲裁费用。又称为败方承担规则（loser - pays），适用该规则一方面可以使败诉方得到相应的惩罚，另一方面也可起到防止恶意仲裁的作用。

与 ICSID 有关的文件都规定，如果当事方没有相反约定，则仲裁庭享有对仲裁费用分配的自由裁量权。实践证明 ICSID 仲裁庭在处理案件时，更为倾向于采用有利于投资者规则。造成这种现象的原因是国际投资仲裁中双方主体地位的不平等。作为当事方的东道国政府以公权力行使管理国家的职能，在基于投资条约所确立的投资关系中扮演着管理者的角色，而外国投资者在此过程中一直扮演着被管理者的角色。采用有利于投资者规则一定程度上可以平衡双方地位的不平等性，更好地保障外国投资者的权利。但是，在目前的国际投资仲裁机制下，仲裁员由外国投资者选定，如果仲裁员能够作出对外国投资者有利的仲裁裁决，就相当于为自己打了个免费广告，自己下次再被选中成为仲裁员的概率也就更大。在目前国际投资仲裁上诉机制并不完善的情况下，裁决东道国败诉并不会对仲裁员的名声产生多少不利影响。[①] 仲裁员基于这些原因在作出裁决时，更会偏向选定自己的外国投资者。这些规定造成了外国投资者与东道国原本力量的不平衡，在仲裁实践中发生了逆转。有时，外国投资者甚至会利用国际投资仲裁去对东道国进行勒索，或迫使其主动撤销涉诉行政行为。而在选择《UNCITRAL 仲裁规则》时仲裁庭一般适用英式规则。

（二）国际投资仲裁费用分担的考虑因素

仲裁庭在实践中面对如何分担仲裁费用时拥有较大的自由裁量权，但在行使这一权利时也基于一定的框架进行综合考虑，通常仲裁庭会考虑以下因素。

---

① 刘笋. 国际投资仲裁裁决的不一致性问题及其解决［J］. 法商研究，2009（6）：139 - 147.

第一，当事人的协议。大部分国际投资仲裁规则都允许当事人自行约定仲裁费用的分担方式。不过当事人在实践中更倾向通过选择仲裁规则来确定仲裁费用的分担方式。不同仲裁规则对仲裁费用的分担方式规定不同，它们在赋予仲裁庭仲裁费用自由裁量权的同时，往往也规定了当事人仲裁费用分配的指导方针。

第二，仲裁程序中当事人的行为。仲裁机构规则一般会规定仲裁庭在裁定仲裁费用分担方式时要考虑案件具体情况。其中获得广泛认可的情况就包括仲裁程序中当事人的行为。ICSID 仲裁庭会对当事人合作的态度以及是否有恶意规避管辖来拖延仲裁程序等行为进行分析。[①]《斯德哥尔摩商会仲裁院仲裁规则 2023》也是国际投资仲裁使用频率较高的仲裁规则之一，该规则第 49 条和第 50 条就规定仲裁庭在判断仲裁费用的分担时，应考虑各方当事人对仲裁程序的高效快捷进行所作出的贡献。

第三，当事人的胜负程度。有的仲裁规则会规定胜诉方享有获得合理费用补偿的权利，如《斯德哥尔摩商会仲裁院仲裁规则 2023》规定，当仲裁庭采用此规则裁决费用的分担时一般要考虑仲裁结果，即哪方胜诉或各方当事人的胜负程度。如果当事双方在仲裁程序中均合理行事，则费用的裁决基本会倾向胜诉方。对于未规定胜诉方有权获得合理费用补偿的规则，相关裁决表明，仲裁庭在裁决费用分担时仍会对当事人的胜负程度稍加考虑。胜负程度的判断并非易事，尤其涉及多个当事人、仲裁反请求等复杂争议之时。仲裁庭在具体案件中会通过考虑不同的情况来判断以决定费用分担。通常情况下，只要一方当事人在其核心请求中胜诉，就可获得合理的费用补偿。

二、第三方资助下国际投资仲裁费用分担和担保争议的焦点

（一）仲裁费用是否包括第三方资助费用

第三方资助者不是国际投资仲裁的当事方，也不属于第三方参与人，它是完全不受当事双方控制的独立一方。资助者会与被资助者预先签订第三方

① 王海浪. ICSID 体制下仲裁费用分担的实证分析［J］. 国际经济法学刊，2005（4）：229－252.

资助协议，资助协议的存在会持续影响到仲裁程序的有效性。有的资助者还会与被资助者因为案件赔偿数额产生分歧，对争端的顺利解决造成阻碍。如果第三方资助者与作为被资助者的外国投资人之间的关系产生混乱或冲突，则可能会对仲裁程序产生干扰，甚至影响到国际投资仲裁程序的顺利进行。第三方资助对国际投资仲裁程序的影响是显而易见的，但仲裁费用是否包括第三方资助费用呢?

上文分析了仲裁庭裁决仲裁费用分配时通常会考虑的因素，目前 ICSID 仲裁庭在实践中裁定仲裁费用的分担时，往往不会考虑第三方资助因素。例如 Ioannis Kardassopoulos vs. Georgia①一案中，仲裁申请人要求对方承担其所支付的仲裁费用。作为被申请人的格鲁吉亚政府认为，仲裁申请人的仲裁费用已经由第三方资助机构所承担，再由东道国对其仲裁费用进行赔偿是不合理的。但是本案仲裁庭认为，在支持仲裁申请人的仲裁费用请求时，不需要考虑到第三方资助因素的存在，即便第三方资助机构已经承担了申请人的仲裁费用，仲裁程序中申请人所支出的合理费用依然要得到补偿。在后来 ATA Construction vs. Jordan 案②中的仲裁庭也援引了这一观点。但是，第三方资助机构从仲裁申请人那里所获得的报酬是否也算作合理费用?目前《ICSID 仲裁规则 2022》和 2018 年 UNCITRAL 第三工作组发布的可供讨论的第三方资助条款草案都将第三方资助列为仲裁庭裁决仲裁费用分配时通常会考虑的因素之一。《UNCITRAL 仲裁规则 2021》和《斯德哥尔摩商会仲裁院仲裁规则 2023》对此都未作明确规定。

在英式规则下，败诉方要承担胜诉方所支出的仲裁费用。第三方资助费用包括两部分：第一部分是第三方资助者为被资助者申请以及维持仲裁程序所支付的费用；第二部分是被资助者胜诉后支付给第三方资助者的报酬。二者是否均属于仲裁费用的一部分，本书认为可从国际商事仲裁实践中备受瞩目的 Norscot vs. Essar 案中受到启发。

本案中接收第三方资助的仲裁申请人 Norscot 要求被申请人 Essar 支付 400 万美元赔偿款，其中包括资助协议中约定第三方资助者应获得的报酬，但 Essar 以对方违反整修防骗喷器合同为由，提出了要求获得损害赔偿的反

---

① Award, Ron Fuchs vs. The Republic of Georgia, ICSID Case No. ARB/07/15, 3 Mar., 2010.

② Award, ATA Construction, Industrial and Trading Company vs. The Hashemite Kingdom of Jordan, ICSID Case No. ARB/08/2, 18 May., 2010.

请求。随后仲裁庭驳回了 Essar 的反请求，仲裁庭给出的理由是 Essar 故意不支付报酬的行为，使 Norscot 无法支付仲裁费用，只能求助于第三方资助机构，所以仲裁庭裁决 Norscot 能够获得资助费用的补偿。Essar 公司认为该裁决属于超越权限作出的严重不规范行为，以此为由向英国高等法院起诉，辩称仲裁庭将第三方资助费用包含在仲裁法第 59 条第 1 款第（三）项中的“其他费用”中，构成对该定义的扩大解释，属于越权行为。英国高等法院对该诉讼请求予以驳回，同时判决维持原仲裁裁决。1996 年《英国仲裁法》第 59 条第 1 款第（三）项规定，仲裁费用范围包含“当事人的律师费用或其他费用”。法院认为仲裁员有权将“其他费用”解释为包含第三方资助费用。而是否能被视作“其他费用”的标准之一就是：费用基于实际需要，当事人提出申请或答辩所产生的费用，只要与仲裁相关，并且是为仲裁而产生的都应当被考虑。①

通过以上分析本书认为，第一部分可以作为仲裁费用的一部分。虽然本案仲裁庭将胜诉后应支付给第三方资助者的报酬，也视为仲裁费用的一部分，但本书认为未来修订国际投资仲裁规则时对此应当不予支持，因为此部分是被资助者为了获取仲裁费用而同第三方资助者一致达成的，并非为办理案件而直接产生，如果要求败诉方对此部分也予以承担容易造成过度补偿，间接造成了另一种不公正。

（二）第三方资助是否属于提供费用担保的原因

费用担保措施是一种特殊的临时性和程序性措施，其广泛存在于仲裁和诉讼程序之中。为了确保被申请人在胜诉时能够获得法律费用补偿，会要求申请人提供一定数额的担保，通常以代管账户、银行担保或其他方式提供担保。其以确保裁决的可执行性为首要目标，同时阻止申请人不当的行为以维护司法公正。如果仲裁申请人的经济状况或行为会对被申请人获取仲裁费用补偿的利益造成损害，被申请人往往会通过申请费用担保，来保证自身费用利益的实现。

许多仲裁申请人是因为自身经济困难，才会向第三方资助机构寻求帮助。

---

① 张轩．国际仲裁中第三方资助案件下仲裁费用分配问题研究［J］．智库时代，2017（10）：1－3．

这类仲裁申请人申请仲裁后如果败诉，若仲裁庭采用英式规则，被申请人的仲裁费用就会由仲裁申请人负担。但是仲裁申请人基于自身经济状况并没有足够的财产履行仲裁费用的裁决，如果第三方资助协议本身也没有对败诉后的费用分担问题作出规定，会造成裁决无法执行，东道国所支付的仲裁费用也无法得到补偿。例如在 S&T Oil Equipment and Machinery Ltd. vs. Romania 案中，因为英国资助者 Juridica 公司收回了对仲裁申请人美国伊利洛伊州的 S&T 石油公司的资助款项，最终导致案件被 ICSID 仲裁庭撤销，作为被申请人的罗马尼亚政府只能自行承担高昂的仲裁费用。所以当一个仲裁案件存在第三方资助的情况时，被申请人自然会对申请人的经济状况产生怀疑，促使其申请费用担保。学术界对此问题的争议主要集中在第三方资助的存在是否属于仲裁庭作出费用担保裁定的理由。目前存在两种截然不同的态度。

1. 反对者的观点

第一，将第三方资助作为提供仲裁费用担保的理由不利于申请人，可能会阻碍仲裁的申请。如果仲裁庭因为第三方资助者的存在而指令缺少资金的申请人提供费用担保，当第三方资助者拒绝承担这些费用时，会使仲裁申请受到阻碍。

第二，明确第三方资助不属于提供费用担保的理由会在某种程度上约束喜欢滥用仲裁程序的被申请人，可以避免因仲裁程序复杂化，增加不必要的法律费用，造成仲裁员的负担。

2. 赞成者的观点

第一，费用担保与第三方资助关系具有很强的关联性。因为提供费用担保令的对象虽然是仲裁申请人，但最终由第三方资助者承担相关费用。

第二，通过第三方资助的存在能够预测申请人败诉时无力支付有关费用，因此需要提供费用担保。缺少足够资金的情况，是作出费用担保令的关键标准，因此任何可能表明当事人财产状况的情况都应该被考虑。并且在仲裁程序中，如果申请人败诉后无法支付被申请人的费用，仲裁庭一般无权对第三方资助者下达支付指令，所以第三方资助者的存在应当作为是否提供费用担保的原因。

本书认为，应当将第三方资助作为提供费用担保的理由之一，但只是附带理由并非关键理由。因为第三方资助的存在会对案件仲裁费用产生直接影响，仲裁庭更不能忽视其存在，但是第三方资助的存在并不能完全证明被资助当事人经济状况实质性恶化，它只是表明当事人经济状况的因素之一，即使是那些资金充足的当事人，为了保持资金流动性和分散风险，也会求助于第三方资助机构。

三、第三方资助背景下国际投资仲裁费用分担和担保相关规定的完善建议

（一）完善仲裁费用分担机制

首先，将第三方资助明确为仲裁费用分担裁决的考虑因素之一。根据《ICSID 仲裁规则 2022》第 52 条第 3 款规定，在不妨碍最终裁决关于支付仲裁费用的情况下，除非当事各方另有协议，仲裁庭可以决定各方当事人应支付的仲裁费用。[①]《ICSID 公约》第 61 条第 2 款也规定，除非当事双方另有协议外，仲裁费用的负担应该由仲裁庭进行裁决。可是《ICSID 公约》有关裁决仲裁费用的规定，并没有明确具体的标准。公约有关投资仲裁准据法的规定也未涉及与仲裁费用类似的程序问题。[②]《UNCITRAL 仲裁规则 2021》第 42 条第 1 款规定，仲裁费用原则上应由败诉一方或败诉各方负担。但是仲裁庭考虑到案件具体情况，认为分摊费用合理的，仲裁庭可裁决在当事人之间分摊每一项此种费用。[③] 这些模糊的规定，对于仲裁费用的分担标准和应考虑的因素只字未提，造成了仲裁庭在裁决仲裁费用的实践中对第三方资助因素的忽视。第三方资助的出现，分担了外国投资者将争端诉诸仲裁的经济风险，加剧了双方力量的失衡。所以仲裁庭在对仲裁费用的分担作出裁决时，眼光不应该局限于原本双方地位的不平等性，更应该考虑到第三方资助加强了国际投资仲裁程序中外国投资者的优势地位这一现实因素。如果继续忽视第三方资助因素，会造成双方力量失衡趋势无法得到纠正，最后甚至会影响到国际投资仲裁裁决的公正性。所以，今后的国际投资仲裁机制如果规定了

---

① ICSID Arbitration Rules 2006，Rule 28（1）.

② CHRISTOPH H S. The ICSID Convention：a commentary［M］. Cambridge：Cambridge University Press，2009：3－18.

③ UNCITRAL Arbitration Rules 2021，Rule 42（1）.

第三方资助条款，有必要将第三方资助规定为仲裁费用裁决的考虑因素之一。

其次，建立第三方资助费用合理性的考察机制。将来各大国际投资仲裁规则对第三方资助下的仲裁费用分担作出新规定时，应当基于双方签订的出资协议的内容，对第三方资助者在仲裁程序中产生的费用的合理性进行考察：如果属于启动或维持仲裁程序所必须支付的费用，仲裁庭应根据仲裁规则将该部分支出认定为仲裁费用的一部分；如果属于被资助当事人胜诉后，第三方资助者依据资助协议所获得的报酬，则仲裁庭原则上不应将其认定为仲裁费用的一部分，被资助者向仲裁庭请求由被申请人承担该笔费用时，仲裁庭不应予以支持。

（二）完善第三方资助背景下仲裁费用担保的相关规定

首先，国际投资仲裁规则应当明文规定仲裁费用条款。《UNCITRAL 仲裁规则 2021》没有专门的仲裁费用担保条款。但是《ICSID 公约》第 47 条规定，除非双方另有协议，否则仲裁庭可以采取任何临时措施以维护任何一方的权利。曾有 ICSID 仲裁庭表示，《ICSID 公约》第 47 条所规定的临时措施应该包括费用担保。这是由于第三方资助活动在 1965 年起草公约时还未出现，所以也就很难发生申请人经济风险得到转移的情况，如果第三方资助的情形在当时已经出现，那么费用担保就会被纳入临时措施当中。① 在 RSM Production Corporation vs. Saint Lucia 案中，ICSID 仲裁庭依照被申请人圣卢西亚共和国的请求，对接收了第三方资助的仲裁申请人 RSM 公司下达了提供担保费用的命令。ICSID 用实践证明了其规定的临时措施包括了仲裁费用担保。在《ICSID 仲裁规则 2022》中，新增的第 53（4）条明确规定，仲裁庭在决定是否同意费用担保申请时，应当将第三方资助的存在作为证据予以考量。可见，虽然第三方资助不必然影响费用担保申请的结果，但对仲裁庭在决定临时措施方面的裁量空间也给予了一定限制，同时也说明 ICSID 认可了第三方资助与临时措施的相关性。而《UNCITRAL 仲裁规则 2021》第 26 条第 2 款第（三）项规定，仲裁庭有权对一方当事人下达的临时措施包括“为其后

---

① Queen Mary University of London. ICCA – QMUL Task Force on TPF in International Arbitration Subcommittee on Security for Costs and Costs ［R/OL］. Queen Mary University of London，（2018 – 01 – 01）［2015 – 10 – 05］. https：//www. qmul. ac. uk/ccls/media/ccls/docs/news/TPF – Taskforce_Security – for – Costs – and – Costs_Draft – Report_October – 2015. pdf.

使用资产执行仲裁裁决提供一种资产保全手段”，UNCITRAL 仲裁和调解工作组也表明这些临时措施中包括仲裁费用担保。国际投资仲裁庭采取将仲裁费用担保引入临时措施的方法，赋予了仲裁庭要求当事人提供仲裁费用担保的权力，但依然有必要在仲裁规则正文对其作出专门的规定。《ICSID 仲裁规则 2022》和《斯德哥尔摩商会仲裁院仲裁规则 2023》规定了专门的仲裁费用担保条款，对上述规则的完善具有一定启示作用。

其次，将第三方资助作为提供费用担保的原因之一，但严格限制其适用范围。如果一方存在接收第三方资助的情形时，仲裁庭是否应该强制要求其提供仲裁费用担保呢？本书认为不应该将其作为一项强制性的规定。诚然，强制要求接收第三方资助的外国投资者提供仲裁费用担保，可能会加重第三方资助机构的经济压力减少其资助热情，从而对滥诉现象起到一定的遏制作用，可是更多无法负担仲裁费用的小额投资者的利益会受到损害。国际投资市场的发展除了要依靠大型跨国企业外，更离不开无数小型企业的贡献。并且费用担保本身就是一种例外措施，它不是仲裁的必经程序，而是在例外情况下由当事人提出申请。本书建议只有在外国投资者明显缺乏对仲裁费用裁决的履行能力却利用了第三方资助进行缠诉这种恶意行为之时，仲裁庭才应当要求外国投资者提供仲裁费用担保。其他情形下是否应当提供仲裁费用担保则依然由仲裁庭自行裁量。关于将第三方资助作为提供费用担保的原因之一，2018 年 UNCITRAL 第三工作组发布的可供讨论的第三方资助条款草案中规定，仲裁庭在确定是否命令争端一方提供费用担保时，应考虑包括是否存在第三方资助等案件的所有相关情形。

第四节　国际投资仲裁中第三方资助规制对我国的启示

一、我国对第三方资助规制的现状

（一）我国大陆地区对第三方资助规制的现状

全世界越来越多的国家承认第三方资助的合法性，这已经成为一种趋势，并且第三方资助自身的发展速度也越来越快。我国大陆地区一直未明文禁止第三方资助，并且还存在着律师风险代理制度。2006 年我国发展和改革委员会、司法部颁布了《律师服务收费管理办法》，对律师风险代理制度的合法性予以承认。其中第 11 条和 13 条明确规定，我国的律师风险代理仅仅指的是民事诉讼中的财产类纠纷案件，并且风险代理的收费比例最高不得超过收费合同约定标的额的 30%。[①]

在国家立法层面对第三方资助仲裁没有明确表示反对或支持时，中国国际贸易促进委员会（中国国际商会）在 2017 年 9 月 12 日通过了《中国国际经济贸易仲裁委员会国际投资争端仲裁规则（试行)》（以下简称《贸仲委投资仲裁规则》)，本规则于 2017 年 10 月 1 日起正式施行，我国在国际投资仲裁规则方面的空白得到了填补。《贸仲委投资仲裁规则》第 27 条对第三方资助作了详细规定。这一规定表明我国其实已经承认了第三方资助的合法性，其重要性不言自明。相信今后第三方资助在我国大陆地区会得到快速发展。

（二）我国香港地区对第三方资助规制的现状

第三方资助也一直是我国香港地区学界的关注对象，过去香港承袭普通法制度，延续了英国的禁止帮讼原则，为了适应社会经济发展的需要，禁止帮讼这一古老原则虽然依旧被香港所采用，但其所适用的例外情况的范围也在不断扩大。如今在香港地区的诉讼程序中第三方资助在以下三种情形下被法庭所允许：一是第三方可以证明其对诉讼的结果享有合法权益；二是案件当事人能够向法庭证明第三方资助是使其得以寻求公义的方式；三是诉讼所涉及的为杂项类别的法律程序，例如无力偿债的法律程序。[②] 不过，香港终审法院却一直没有就禁止帮讼原则是否适用于仲裁程序的问题给出明确结论。在第三方资助快速发展的大背景下，如果香港的法律不能明确在香港进行的仲裁是否允许第三方资助，对香港在国际仲裁中的竞争力会受到严重制约。

为了尽快解决这一问题，2013 年 6 月香港法律改革委员会成立了“第三方资助仲裁小组委员会”，并在 2015 年 10 月发表了《第三方资助仲裁》咨

---

① 曹红梅. 浅议民事诉讼中的律师风险代理制度［J］. 法制与社会，2011（25）：28－29.

② 李连君. 关于中国香港及英国第三方资助仲裁的最新发展及对海事仲裁的影响［J］. 中国海商法研究，2017（4）：103－109.

询文件，对第三方资助的概念以及第三方资助的利弊做了介绍。在咨询文件公布后，通过总结所收到的社会大众的反馈，该委员会又在 2016 年公布了《第三方资助仲裁》报告书。报告书建议对《香港仲裁条例》（香港法律第 690 章）进行修订，准许第三方资助仲裁活动，并为在香港运营的第三方资助者订立一个清晰的标准。在获得社会各界的广泛支持后，2017 年 6 月 14 日，香港特别行政区立法会通过了《2017 年仲裁及调解法例（第三方资助）（修订）条例》，该条例的通过标志着，在仲裁地是香港或者主要仲裁程序在香港进行的仲裁，第三方资助被正式容许。

作为重要的国际投资仲裁机构，香港国际仲裁中心规则修订委员会于 2017 年 8 月就仲裁规则的修订进行了公众咨询，修订意见中就包括了是否应该增加条款明确允许仲裁庭判给有关第三方资助的费用，以作为仲裁费用的一部分。2018 年 11 月 1 日新修订的《香港国际仲裁中心机构仲裁规则 2018》生效，新规则增加了第三方资助相关条款，以处理有关第三方资助披露、保密和费用的问题。在第三方资助的合法性被承认以后，随着这些举措的实施，香港国际仲裁中心的地位一定会得到进一步巩固与发展。

二、加强国际投资仲裁中第三方资助法律规制对我国的重要性

（一）更好地维护我国政府和投资者的利益

中国自改革开放以来所取得的经济成就举世瞩目，进入 21 世纪以来随着我国经济的不断发展，如今我国不但是一个资本输入大国而且还是资本输出大国，成为维持世界经济增长的引擎和稳定器。伴随着我国在国际投资方面的迅速发展，我国近年来对外签订的投资保护协定数量也在不断增长。自从 1982 年我国与瑞典签订了第一个双边投资协定以来，截至 2023 年 7 月 14 日，我国对外签署且已生效的投资保护协定达到 108 个。我国国际投资的不断发展，与国家所制定的“引进来”和“走出去”的发展战略密不可分。在与世界经济联系变得不断紧密的同时，发生国际投资争端的概率也就越来越大。我国在吸收外资和对外投资上均保持着世界领先地位，可迄今为止与我国相关的国际投资仲裁案件却并不多。

截至 2022 年 7 月 31 日，中国作为东道国在 ICSID 被提起国际投资仲裁

的案件有五起。第一起是马来西亚依桂兰公司诉中国案（Ekran Berhad vs. People's Republic of China），本案最终并未进入实体审理而结案。第二起是韩国安城公司诉中国案（Ansung Housing Co. Ltd. vs. People's Republic of China），本案最终因为仲裁申请超过了仲裁时效被仲裁庭驳回。第三起是德国海乐西亚泽有限公司诉中国案（Hela Schwarz GmbH vs. People's Republic of China），2017 年 6 月 21 日在 ICSID 登记立案，本案还处于审理阶段。第四起是日本 Macro 贸易公司诉中国案，涉及房地产争端，申请人依据中日 1988 年双边投资条约于 2020 年 6 月 29 日向 ICSID 提起仲裁，2021 年 9 月 10 日因未预缴仲裁费用而终止。第五起是 Mr. Goh Chin Soon 诉中国案，申请人因位于山东青岛的房地产争端，依据中国与新加坡 1985 年签订的双边投资条约于 2020 年 9 月 16 日向 ICSID 提起仲裁，2021 年 8 月 25 日仲裁庭依据《ICSID 仲裁规则 2006》第 43 条第 1 款（当事人达成协议）终止程序。我国企业的海外维权意识与实践依旧处于起步阶段，中国大陆地区投资者对外国政府所提起的 ICSID 国际投资仲裁案件有五起。第一起是平安保险公司诉比利时案（Ping An Insurance（Group）Company of China，Limited vs. Kingdom of Belgium）。2012 年 9 月 7 日中国平安公司依据《中华人民共和国政府和比利时—卢森堡经济联盟关于相互促进和保护投资的协定》向 ICSID 提出仲裁申请，指控比利时政府在 2008 年金融危机期间对其投资的富通集团资产处置不当，向比利时政府索赔。2015 年 4 月 30 日仲裁庭作出裁决，以缺乏管辖权为由驳回了中国平安公司的诉求。第二起是北京城建集团诉也门案（Beijing Urban Construction Group Co. Ltd. vs. Republic of Yemen）。该案于 2014 年 12 月 3 日在 ICSID 登记立案。2017 年 5 月 31 日仲裁庭驳回了也门的管辖权异议，裁定其具有管辖权。2018 年 6 月 7 日该案程序因当事人协议而终止。第三起是闵凤振因房地产项目纠纷于 2020 年 8 月 3 日依据中国与韩国 2007 年的双边投资协定，对韩国提起仲裁。目前该案还处于审理中。第四起是杨建平等因电信方面的纠纷于 2021 年 9 月 1 日依据中国与东盟 2009 年的投资协定对柬埔寨提起仲裁。目前该案还处于审理中。第五起是华为诉瑞典案。2022 年 1 月 21 日华为针对瑞典政府 5G 禁令的投资条约仲裁案在 ICSID 正式立案。目前该案还处于审理中。

中国作为最大的发展中国家资本输入国，今后与外国投资者因投资协议或政府措施发生投资争端的情况恐怕难以避免，通过中国国际投资仲裁机构、

ICSID 仲裁机构或其他临时仲裁庭将有利于争端的解决，从而形成良好的投资环境，吸引外资，促进我国经济的发展。① 此外，国际投资仲裁也是我国海外投资者解决其与外国政府间的投资争端、维护自身权益的重要方式。② 但从以上案件可以看出，由于应对国际投资仲裁经验的不足，给维护我国政府和投资者的利益带来巨大挑战。

随着我国经济实力的不断增强，与我国相关的国际投资仲裁案件只会有增无减。我国国际投资仲裁的相关经验还不够丰富，在越来越多的外国投资者开始在国际投资仲裁中寻求第三方资助的背景下，让争端的解决进一步变得复杂化。当我国政府作为被申请人时，仲裁员与外国投资者的第三方资助者一旦存在利益冲突，若我国政府对此毫不知情，没有据此提出仲裁员回避的申请，那么在仲裁程序中我国政府将会陷入非常被动的境地。此外，近些年我国对外投资迅速增长，但有较大部分的投资流入的往往是那些政治风险较高且法制不健全的国家或地区。随着我国“一带一路”倡议的深入推进，未来将会有更多的中国企业走向世界。目前全球经济增长疲缓，投资保护主义盛行，我国投资者的海外投资利益是否能够得到东道国的保护是我们不得不重视的问题。我国投资者在通过国际投资仲裁解决争端时，如果能利用第三方资助，也能给自己带来许多便利。首先，对于资金并不充裕的我国投资者来说，求助于第三方资助机构不仅能获得国际投资仲裁所需要的费用，也能转移败诉风险。其次，第三方资助机构具有的专业法律团队能够替不熟悉国际法律的广大投资者解决相关法律问题，规避可能发生的法律风险。

综上所述，只有顺应时代发展潮流，加强对国际投资仲裁中第三方资助的法律规制，才能够更好地维护我国政府和投资者的利益。

（二）有助于提高我国仲裁机构的国际竞争力

我国的仲裁机构之前没有一部国际投资仲裁规则，也从未受理过国际投资仲裁案件，所以我国企业以往在海外发生投资争端后，大多都诉请国际仲裁机构解决，这严重限制了我国仲裁机构的国际竞争力。国际上的知名仲裁机构如 ICSID、斯德哥尔摩商会仲裁院（The Stockholm Chamber of Commerce,

① 余劲松. 国际投资法（第六版）[M]. 北京：法律出版社，2022：328.
② 余劲松. 国际投资法（第六版）[M]. 北京：法律出版社，2022：329.

SCC)、国际商会仲裁院（International Chamber of Commerce，ICC）等，都受理过较多的国际投资仲裁案件。我国出台《贸仲委投资仲裁规则》并设立贸仲委投资争端解决中心，这标志着我国国际投资仲裁机制的建立，将来中国企业在与外国签订投资合同时，也能选择贸仲委这样的国内机构作为仲裁地。而《贸仲委投资仲裁规则》其中的一大亮点就是对第三方资助所作的法律规制。在第三方资助开始大规模进入国际投资仲裁的大环境下，承认其合法性并对其加以规制，自然会吸引更多仲裁当事人选择其作为解决投资争端的仲裁机构，例如新加坡国际仲裁中心（Singapore International Arbitration Centre，SI-AC）于2017年年初生效的首版投资仲裁规则，就对第三方资助作了规定。在《贸仲委投资仲裁规则》专门对第三方资助作出规定以后，相信我国仲裁机构在国际投资仲裁中的竞争力会进一步增强。

三、对我国国际投资仲裁第三方资助规制的完善建议

在国际投资仲裁程序中引入第三方资助制度虽然可能会带来利益冲突、滥诉等隐患，但完全可以通过健全相应制度与程序规则等措施，将这些问题加以预防和处理，从而让第三方资助的优势得到最大限度的发挥。目前第三方资助对我国来说还比较陌生，我国也没有专门的第三方资助机构，在各方条件都尚未成熟的情况下也没有动力去推动国内立法，并且法律的修订过程耗时较长，代价也比较大，而仲裁规则的修订较之更为灵活，我国通过发布《贸仲委投资仲裁规则》等投资仲裁规则引入第三方资助制度、承认其合法性是一种明智的选择，也为以后的立法工作积累了经验。

《贸仲委投资仲裁规则》规定了专门的第三方资助条款，该规则第27条规定：①"第三方资助"是指当事人以外的自然人或实体协议承担参与争议的一方当事人在仲裁程序中的全部或部分费用的情形。②获得第三方资助的当事人应在签署资助协议后，毫不迟延地将第三方资助安排的事实、性质、第三方的名称与住址，书面告知对方当事人、仲裁庭及管理案件的投资争端解决中心或香港仲裁中心。仲裁庭也有权命令获得第三方资助的当事人披露相关情况。③在就仲裁费用和其他相关费用作出裁决时，仲裁庭可以考虑是否存在第三方资助的情形，以及当事人是否遵守第2款的规定。

相较当今国际上普遍适用的《ICSID 仲裁规则》和《UNCITRAL 仲裁规

则》而言，《贸仲委投资仲裁规则》在第三方资助的规制上已经有了很大的进步，不仅规定了专门的条款，在内容上也考虑到了仲裁当事人第三方资助的披露义务，而且还规定在裁决仲裁费用时要考虑到第三方资助的情况。但是，《贸仲委投资仲裁规则》的相关规定目前依然存在有待改进之处。具体来讲，主要包括以下几个方面。

（一）对第三方资助应当采用狭义的概念

根据《贸仲委投资仲裁规则》第 27 条第 1 款的规定，“第三方资助”是指当事人以外的自然人或实体协议承担参与争议的一方当事人在仲裁程序中的全部或部分费用的情形。据此可以看出《贸仲委投资仲裁规则》中第三方资助的概念没有说明如果被资助的当事方败诉，资助者是否对其享有追索权。这种比较模糊的表达方式更像广义上的第三方资助的概念，而不是狭义上基于无追索权的第三方资助的概念。贸仲委之所以作出这样的规定，可能是为了给今后的仲裁规则改革预留空间，但本书认为对第三方资助采用广义上的概念并不符合我国实际情况。

我国对于债权转让、风险代理、诉讼保险等广义上的第三方资助行为，都有专门的法律法规进行规制，而对于狭义上的第三方资助，法律上却未作规定。这种概念界限上的模糊会让仲裁庭今后在审理国际投资仲裁案件时，无法迅速且准确地判断出某一行为是否属于第三方资助，在法律法规的适用上也会造成混乱。

《贸仲委投资仲裁规则》对第三方资助概念的另一个不足之处是，没有对单纯的资助者和商业资助者进行区分。有些资助者不求回报，单纯是以给被资助者提供经济上的帮助为目的。而国际投资仲裁中所说的第三方资助者，指的是那些为了追求自身经济利益，以从仲裁程序中获取报酬的商业资助者。单纯的资助者并不是为了从被资助者身上获益，而是纯粹意义上的助人为乐，因此对于这类资助者不应让其与商业资助者受到相同的规制。《贸仲委投资仲裁规则》在今后可考虑对此加以区分，以便更好地维护当事方的合法权益。

（二）对隐瞒第三方资助存在的行为建立惩罚机制

《贸仲委投资仲裁规则》虽然在第三方资助披露义务的规定上有了突破，

但是依然存在规定上的疏漏。第 27 条第 2 款规定了被资助当事方的披露义务，也赋予了仲裁庭要求受资助当事方进行披露的权力，但忽略了可能出现当事方虚假承诺或故意隐瞒的情况。若此种状况在实践中发生，仲裁庭按照目前的《贸仲委投资仲裁规则》无法找到有效的处理方式。如果不能建立对违反第三方资助披露义务的惩罚机制，已经作出的规定也难以确保得到普遍遵守。

因此在规定了相应披露义务的情况下，《贸仲委投资仲裁规则》应当同时制订违反义务时相应的惩罚机制。首先，在今后对规则进行完善时应明确赋予仲裁庭要求违反义务的当事方承担责任的权力，这是建立惩罚机制的基础。其次，对于那些违反第三方资助披露义务的当事方，仲裁庭可以在仲裁费用的负担上对其作出不利的裁决，例如让其承担更多的仲裁费用。除此之外，《贸仲委投资仲裁规则》还可以规定违反义务的当事方缴纳一定比例的罚款。只有规定了具体的惩罚措施，才可以激发当事方对第三方资助的存在进行披露，否则就成了一纸空文。

（三）第三方资助披露义务的主体应当包括仲裁员

如前文所述，国际投资仲裁中承担第三方披露义务的主体除了被资助的当事方之外，还包括仲裁员。《贸仲委投资仲裁规则》第 27 条第 2 款规定了受资助当事方的披露义务，但在第三方资助披露义务的主体上却遗漏了仲裁员。虽然，《贸仲委投资仲裁规则》第 16 条规定，仲裁员应当披露可能引起对其公正性和独立性产生合理怀疑的任何事实或情况。但是第 16 条并没有明确指出这其中是否包括第三方资助因素。因为仲裁员与第三方资助机构的关系复杂，某些情况下仲裁员自己也无法判断，自己与第三方资助机构之间的关系能否影响到自身的公正性与独立性。所以，最好的方式应当是强制要求仲裁员自己披露与第三方资助的关系，再由当事人自己决定是否向仲裁庭提请仲裁员的回避。

第三章

国际投资仲裁中的透明度规则

第一节　国际投资仲裁透明度规则概述

一、国际投资仲裁透明度规则的缘起

国际投资仲裁起源于国际商事仲裁。仲裁的历史可以溯及到古希腊、古罗马时代，并且在中世纪时期开始有所发展，其拥有诉讼制度无法企及的优点，即省时省钱、专业性强以及隐秘性等独特之处。而国际商事仲裁也早在14世纪的欧洲就出现了，但直到19世纪末20世纪初才被国际社会普遍承认为解决国际商事争议的一种常用方式，各国在这一时期陆续制定仲裁法并设立常设仲裁机构，促使仲裁成为一种解决商事争议的主要方式。

国际商事仲裁是指在国际商事活动中，当事人依据事先或者事后达成的仲裁协议，自愿将他们之间产生的或可能产生的具有国际因素的商事争议交给常设仲裁机构者或临时仲裁庭进行审理和裁决的一种争议解决制度。[①]“二战”结束以后，世界各国经济联系不断加深，国际商事仲裁开始得到世界各国的重视并快速发展。国际投资仲裁的许多特点都与国际商事仲裁相似，其中包括便捷高效、当事人的自治性和仲裁审理争议的方式比较灵活等特点。

---

① 赵相林. 国际私法（第三版）[M]. 北京：中国政法大学出版社，2011：435.

同时，这也使国际投资仲裁受到商事仲裁制度天生所具有的保密性这一特点的影响。

正如前文所述，国际投资仲裁虽来源于国际商事仲裁，但是也有着自身的特点，国际投资仲裁与东道国的公共利益密切相关，而由于仲裁的秘密性特点，仲裁过程中对东道国居民自身权益所带来的不利影响又不为其所知。从保护东道国公共利益的角度来说，外国投资者在对东道国政府的规制措施提出指控时，所考虑的是如何挽回受损害的投资利益，至于被指控的政府措施是否出于合法、正当的公共目的，并不是外国投资者所关心的问题。缔约国从签署包含国际投资争端仲裁条款的投资条约时起，就必须谨慎行使外资管理权，并尽量不逾越投资条约中的待遇条款、征收条款等实体法规定的界限。但随着经济全球化的发展，跨国公司片面追逐投资利益，而置东道国环境污染、对人类健康的威胁、对劳工利益的保护于不顾的事件屡屡发生。

但是，目前的国际投资条约都偏向于保护外国投资者的利益，而在涉及环保、公共健康及劳工保护的投资争端中，国家正当的立法权及行政管理权受到了外国投资者的挑战。如果国家败诉，不但这些保护公共利益的国家行为将可能被取消，而且国家还要向外国投资者偿付巨额损害赔偿，毫无疑问，这些赔偿金都是公民纳税的一部分。此外，由于国际投资仲裁规则调整的是不平等主体之间的经济关系，投资者与东道国间的关系仍然是一种私法人与公法人间的关系，目前的全球实践中，有些东道国片面追求吸引外资，往往采取各种手段，甚至会以牺牲掉某些公共利益为代价作出让步。为保障东道国的公众利益不受侵犯，也使公众能够监督政府行为，保证纳税人对其所缴税款用途的知情权，政府活动也需要遵循透明度以及公共介入的基本要求。

二、国际投资仲裁透明度规则的概念

透明度是国际法上一个频繁使用的概念，在布莱克法律词典中对透明度的定义为：公开、清晰，没有欺骗和试图隐瞒不利信息，用于财务信息的披露、组织的政策及实践、立法和其他组织与公众之间的互动活动。[①] 哈佛大

① BRYAN A. C, Black's Law Dictionary [M]. Charleston: West Publishing Co., 2009: 1638.

学国际法专家 Abram Chayes 将透明度定义为：对以下方面的知识和信息的可获得性和知晓性：①国际法主体所签署的条约和做法所确立的规范、规则、程序的含义；②条约各方和国际法主体就遵守条约和保持主体有效性而制定的相关政策和所从事的活动。[①] 在国际金融法领域，有学者认为透明度是市场参加者有能力得知现在和不久以前市场活动的信息。[②]

国际投资法传统上的透明度，旨在通过增加东道国的法律法规披露以及提高政策制定过程的透明度，来消除潜在的和现有的外国投资者面临的信息成本和制度性风险。2002 年 WTO 贸易和投资工作组在《贸易与投资关系工作报告》中将透明度概括为以下三个核心要求：①向公众公开有关法律、法规和其他政策的信息；②向公众通知有关方面法律法规的变更；③确保法律法规统一、公正、合理地执行。[③] 这些核心要求直到 20 世纪 90 年代才被纳入双边投资条约。20 世纪 90 年代，旨在降低信息成本和制度性风险的政府管理透明度条款被纳入两个非常重要的多边条约，即《北美自由贸易协定》（North American Free Trade Agreement，NAFTA）和 ECT。2012 年联合国贸易和发展会议在《国际投资协定中的透明度报告》中指出，透明度是指投资过程中的参与者能够相互获取足够信息以便作出明智的决定，并履行义务和承诺的一种状态。[④]

虽然国际法上透明度的概念在不断发展和完善，国内外学者在此问题上也并未完全达成一致，迄今为止仍然没有取得各方广泛认同的定义，但是综合以上对透明度概念的表述，不难看出国际投资仲裁透明度规则主要围绕着两个方面展开：公众的知情权和公众的参与权。公众的知情权可以分为事前的仲裁文件和信息的公开、事中的公开听证和事后的仲裁结果的公开。而公众的参与权则代表着法庭之友以及非争端当事方参与仲裁。

---

① ABRAM C，ANTONIA H C. The New Sovereignty：Compliance with International Regulatory Agreemen – ts［M］. Cambridge：Harvard University Press，1996：135.

② JOHN B et al. Transparency and Fragmentation，Houndmills，Basingstoke，Hampshire［M］. New York：Palgrave，Macmillan，2002.

③ WTO. Working Group on the Relationship between Trade and Investment Report，WT/WGTI/M/17［R］. Geneva UNCTAD，2002：132.

④ UNCTAD. Transparency：UNCTAD Series on Issues in International Investment Agreements II［R］. Geneva UNCTAD，2012：7.

第二节 国际投资仲裁中透明度规则的发展与实践

一、NAFTA 投资仲裁机制对投资透明度规则的开创性发展

美国、加拿大、墨西哥三国存在着紧密的地缘和政治关系，相互之间贸易和投资的流动十分频繁。20 世纪 80 年代以来，美国和加拿大之间除了传统的贸易大国关系，还相互成为对方最大的资本输入国。1988 年，美国、加拿大通过谈判达成《美加自由贸易协定》（US – Canada Free Trade Agreement，USCFTA），意图进一步推动双方的贸易自由化进程。美国和墨西哥之间的贸易和投资关系同样源远流长。但是在 20 世纪 80 年代以前，墨西哥受到拉美地区盛行的“卡尔沃主义”的影响，坚持国家对外资的绝对管辖权，反对外国政府的代位求偿权和外交干预。但是 1982 年因为自身陷入债务危机，经济形势急剧恶化，墨西哥改变了对外国投资的态度，不断降低外资进入的门槛，也不再坚持传统的“卡尔沃主义”，开始对外实行开放政策。美国凭借着自身地缘政治优势成为了墨西哥的重要资本输出国。从 1989 年开始美国、加拿大、墨西哥三国为了建立一个横跨北美大陆的大市场，历经 14 个月的谈判，三国首脑于 1992 年正式签署成立北美自由贸易协议（NAFTA），1994 年 1 月 1 日 NAFTA 正式生效。

（一）NATFA 投资仲裁机制对透明度规则的基础性贡献及不足

虽然各国在对 NAFTA 中是否纳入投资规则存在分歧，但是通过数次谈判，最终还是达成了 NAFTA 第 11 章，这便是上述三国投资谈判的最终成果。NAFTA 第 11 章在结构上分为 A、B、C 三节以及附录。在 B 节就是其所确立的投资者与国家间争端解决机制的相关规定。该机制在保障“投资者与国家间争议”特别是其中的投资争议解决的非政治化、有效保护外国投资者利益、发展东道国投资环境方面发挥了积极作用。① 但同时，投资者与国家间

① 余劲松，周成新. 国际投资法（第三版）［M］. 北京：法律出版社，200：44.

争端解决机制（Investor-State Dispute Mechanism，ISDM）也赋予投资者过多的权利，导致对国家主权的破坏，对环保、公共卫生健康等一些政府决策也带来了负面影响。[①]

在事先仲裁文件的公开上，NAFTA 的投资者与国家间争端解决机制在第 1129 条第 1 款规定，非争端缔约方在自己承担费用的前提下，有权从争端缔约方处获得其向仲裁庭正式提交的证据以及争端双方的书面辩论记录。第 1129 条第 2 款规定取得信息的非争端缔约方，应当像争端方一样来对待获取的信息。[②] 这一规定使得非争端缔约方可以获取相关争端仲裁文件。同时，在事后的仲裁裁决的公开方面，在附件部分第 1137 条第 4 款规定，在有关加拿大或美国的仲裁中，两国或者仲裁另一方的争端投资者均可公布裁决，而墨西哥对此项条款予以保留。[③] 而在有关非争端缔约方参与方面，第 1128 条规定，在书面通知争端双方之后，非争端缔约方可以就本协定解释之问题向仲裁庭提交意见。[④]

以上规定看似与透明度规则相关，但却忽略了一个问题，即这些规定其实只适用于 NAFTA 的缔约方，一旦发生与公共利益相关的裁决案件，广大公众和非政府组织（Non-Governmental Organizations，NGO）其实是没有办法参与其中的，可以说社会大众对此毫无知情权可言。而通过对第 1128 条的分析，不难看出，即便是非争端缔约方想要参与其中，也只能就该协定的解释问题向仲裁庭提交自己的意见，而没有涉及实质问题。最终裁决也只有美国、加拿大以及与之相关的另一方投资者可以公布。可见关于裁决的公开，NAFTA 的规定也较为有限。之所以会产生这个问题，我们可以从 NAFTA 第 1120 条看出端倪。第 1120 条规定，争端投资者可以根据《ICSID 公约》《ICSID 附加便利规则》《UNCITRAL 仲裁规则》将索赔要求提交仲裁。[⑤] 结合 NAFTA 生效的时代背景，不难看出上述三种仲裁规则均脱胎于传统的国际商事仲裁，所以在它们被修改前都延续了传统国际商事仲裁秘密性的特点。这也就不难解释 NAFTA 为何会作出这种规定，因为它在制定的时候并没有考虑到国际投

① 叶兴平. 国际争端解决机制的最新发展：北美自由贸易区的法律与实践［M］. 北京：法律出版社，2006：4.

② 《北美自由贸易协定》第 1129 条。

③ 《北美自由贸易协定》第 1137 条第 4 款。

④ 《北美自由贸易协定》第 1128 条。

⑤ 《北美自由贸易协定》第 1120 条。

资仲裁的透明度问题。也正因为如此，从而引发了一系列社会问题。

比较典型的就是之后所发生的被称之为 NAFTA 仲裁第一案件的 Ethyl Corp vs. Canada 案（以下简称 Ethyl 案）。位于美国的 Ethyl 公司是燃料添加剂甲基环戊二烯三羰基锰（Methylcyclopentadienyl Manganese Tricarbonyl, MMT）唯一的生产商，它允许位于加拿大的子公司制造和经销 MMT，出于保护公共健康的原因，加拿大政府禁止 MMT 在该国的进口和省级运输。因此 1997 年 4 月 Ethyl 公司根据 NAFTA 和 UNCITRAL 仲裁规则申请仲裁，该公司主张加拿大政府违反了 NAFTA 所规定的国民待遇、征收和禁止业绩要求的义务，同时要求加拿大政府为此支付 2.51 亿美元的赔偿款。随后通过协商，争端由双方自行解决。根据协商结果，前述禁令被取消，Ethyl 公司得到了 1300 万美元的赔偿款；同时，加拿大政府发表声明，宣称没有证据能够证明小剂量的 MMT 有害人体健康或会损毁承运车辆的仪表系统。① 由于当时该案件基于国际商事仲裁保密性的特点，一直都没有对社会公众公开，广大普通公众对这件关系到自身身体健康的大事并不知情，也无法对此事发出自己的声音，从而使得最后加拿大政府在关乎本国公共利益的问题上作出了妥协让步，对 Ethyl 公司作出赔偿的决定，并发表了该声明。无独有偶，在接下来又发生了 S. D. Myers Inc. vs. Canada 案（以下简称 Myers 案）。② 本案中来自美国的投资者 S. D. Myers 公司认为加拿大环境事务部长阻止从加拿大输出多氯联苯（Polychorinated Biphenyls, PCBs）废物的出口禁令对其财产造成了实质性的损害，构成间接征收，从而提起了针对加拿大政府的仲裁。这两个案件有个共同的特点，都是外国投资者对东道国政府提起仲裁，认为政府以保护环境为理由的规范性措施剥夺了他们的财产，构成征收并要求给予赔偿，而最终在这两起关乎公共健康的案件中外国投资者均最终获胜。这些案件发生之后，人们对于 NAFTA 争端解决机制的质疑声此起彼伏。为了最大限度地平衡东道国规范性措施所要达到的政治目标和投资者的财产利益，公众要求增强仲裁透明度的呼声也越来越高。

（二）法庭之友制度与 NAFTA 投资仲裁机制对透明度规则的改进

法庭之友源于拉丁文 Amicus Curiae Brief，英文翻译为 the friend of the

---

① 何树全. NAFTA 投资争端解决机制：实践、问题与建议［J］. 贵州财经学院学报，2005(3)：79－83.

② First Partia Award, S. D Myers Inc. vs. Canada, UNCITRAL case, 13 Nov., 2000.

court，此概念最早在罗马法中出现，如今已成为普通法系国家的一项重要法律制度。英国在 17 世纪时最早将其引入本国的司法审判程序，美国于 1821 年在 Green vs. Biddle 一案中首次引入这一制度。[①] 它指对案件的实质问题有重大利害关系的非争端当事方，主动申请或者应法庭要求向其提交书面意见从而协助法庭解决问题的人。法官可能会因为自身认知的局限性，或者由于当事人可能对案件涉及的公共利益没有清晰阐述，而在普通法中，一旦判例得以确立，其对公共利益的损害在将来类似案件中很可能因此而得以延续。所以，法庭允许或要求法庭之友陈述，由于法庭之友不是争端的当事方，它就比诉讼双方或诉讼第三人的地位更为中立，其能够从更普遍的意义上来论证判决可能会产生的社会与法律影响。法庭之友甚至能为法官提供其他未决案件中类似问题的信息，或者是案件对某一特定行业所带来的影响。另外，法庭之友往往因其在某方面所掌握的知识，使得它比案件当事方更专业。[②]

如上文所述，随着越来越多针对 NAFTA 机制下民众没有知情权以及缺乏透明度的批评不断出现，NAFTA 自由贸易委员会（Free Trade Commission，FTC）也开始寻求变革，随后到来的 Methanex vs. United States 案（以下简称 Methanex 案）便成了一次里程碑式的案件。

Methanex 案中，美国加利福尼亚州政府根据加州大学科研机构的研究报告，认为被广泛用作汽油添加剂的甲基特丁基乙醚（Methyl Tertiary Butyl Ether，MTBE）会对地下水源造成严重污染，为此于 1999 年 3 月 25 日颁布了一项行政禁令，要求在 2002 年底之前停止使用 MTBE 作为汽油添加剂。生产 MTBE 的必备原料之一是甲醇（Methanol），全球将近 30% 的甲醇都用于 MTBE 的生产，而加拿大 Methanex 公司作为世界上最大的甲醇生产商，其产品多供向加州的 MTBE 生产商，加州政府的做法大大影响了甲醇的价格，严重阻碍了 Methanex 公司的产销。1999 年 7 月 2 日，Methanex 公司依据 NAFTA 第 11 章和 UNCITRAL 仲裁规则对美国提起了仲裁申请，诉称加州政府的行政行为违反了 NAFTA 第 1102 条第 1 款关于给予外国投资者国民待遇、第 1105 条第 1 款关于给予外国投资者国际法上最低待遇的规定，构成了 NAFTA 第 1110 条第 1 款中“与征收相类似的措施”，并要求美国支付近 10 亿美元的

① 刘冰．论 NAFTA 投资争端仲裁下的法庭之友制度［J］．群文天地，2011（2）：152－153．

② 梁丹妮．国际投资争端仲裁程序透明度研究：从《ICSID 仲裁规则 2006》和《UNCITRAL 仲裁规则（修订草案）》谈起［J］．国际经济法学刊，2010（1）：226－241．

损害赔偿金。

由于该案涉及公众健康、安全和环境保护问题，因此引起了许多 NGO 的关注，国际可持续发展机构（International Institute for Sustainable Development，IISD）、美化环境联合会（Communities for a Better Environment，CBE）、地球岛蓝水网络研究所（Bluewater Network of Earth Island Institute，Bluewater）和国际环境法中心（Center for International Environmental Law，CIEL）陆续向仲裁庭提出参与仲裁程序的申请。这些非政府组织认为 Methanex 案涉及的公共利益有别于一般的纯商事问题，仲裁庭的裁决对 NAFTA 辐射范围内的联邦、州以及省的环境和公共福利立法有着深远的现实影响。非政府组织的参与能够监督东道国政府在仲裁中是否不遗余力地维护了正当的公共利益，并能提醒仲裁庭考虑到环境保护的重要性，平衡好保护投资与可持续发展的关系。在公众对投资争端仲裁封闭、秘密、不透明、单边性的指责日益高涨之时，非政府组织的加入有助于挽回公众的信任，缓解它的正当性危机。况且，非政府组织还指出，根据《UNCITRAL 仲裁规则 1976》第 15 条第 1 款①的规定，仲裁庭可以按照它认为适当的方式进行仲裁，自然就有权决定是否接受法庭之友的意见。与此同时，NAFTA 第 11 章也没有任何条款禁止仲裁庭行使这种权力。而非政府组织的请求归结起来包括：①阅读争端当事方提交的文件；②向仲裁庭提交书面的法庭之友意见；③出庭并适时发表口头陈述。

《UNCITRAL 仲裁规则 1976》第 15 条第 1 款规定，仲裁庭得以它认为适当的方式进行仲裁，但必须对当事人各方给予公平待遇，并应在程序进行中的各个阶段给予每一方以陈述其案情的充分机会。NAFTA 第 1128 条规定，书面告知争端当事方后，非争端缔约方可以就 NAFTA 解释问题向仲裁庭提交意见。仲裁庭认为，由《UNCITRAL 仲裁规则 1976》可以看出，虽然没有承认非争端第三方有参与争议仲裁的权利，但是该条也没有否认其参与仲裁的权利。同样，NAFTA 既没有赋予仲裁庭接收法庭之友意见的权利，也没有否定其相应权利。同时，NAFTA 第 1128 条对向仲裁庭提交意见的主体及内容作出限定，限于缔约方和 NAFTA 解释问题。仲裁庭认为美国对于仲裁存在一个共识：在保证安全的情况下提供最广泛的适应性。法庭之友没有参与争议

---

① 《UNCITRAL 仲裁规则 1976》第 15 条第 1 款规定，以服从本《规则》为条件，仲裁庭可以按照它认为适当的方式进行仲裁，但须平等对待当事各方并在仲裁程序的任何阶段都给予当事各方充分机会陈述其情况和理由。

双方当事人的地位，而是作为一个为公共利益而承担起提供意见的第三方角色，没有享受当事方实体上和程序上的权利。但是对于法庭之友提出的口头辩论等权利，仲裁庭认为已经超出 UNCITRAL 赋予的权利范围。

在对各方因素进行综合衡量后，仲裁庭于 2001 年 1 月 15 日就非政府组织的申请作出了最后决定，接受后者递交的法庭之友意见，但拒绝其参加口头审理以及获得与仲裁相关的文件。严格说来，仲裁庭的这一决定仅仅只是准许非政府组织提交书面意见，至于这些意见是否会被采纳，仍有待仲裁庭在后续审理中另行决定。不过，比起以往仲裁的绝对保密，该决定的发布也算得上是投资者与国家间争端仲裁机制在透明度方面的历史性突破，至少表明在价值取舍上，公共利益依然优于投资者的私人利益。虽然 Methanex 案只是个案的胜利，关于法庭之友意见的裁决无法对其他的投资争端仲裁庭产生法律上的约束力，但它为今后非政府组织参加投资争端仲裁创造了契机。Methanex 案之后，不论是依据《UNCITRAL 仲裁规则》，还是依据《ICSID 公约》或是依据《ICISD 附加便利规则》组成的仲裁庭，在遇到法庭之友问题时都可能会不由自主地考虑 Methanex 案仲裁庭在此问题上的做法，不管结果如何，Methanex 案的裁决对增强国际投资争端仲裁机制的透明度都具有一定的促进作用。

在本案之后，2001 年 7 月 31 日 FTC 发布了《对第 11 章某些条款的注释纪要》（Notes of Interpretation of Certain Chapter 11 Provisions）的文件，这份文件对于仲裁程序中文件的公开作出了较为详细的规定。自由贸易委员会认为，由于 NAFTA 以及其他所适用的仲裁规则没有课以原则性的保密义务，NAFTA 没有任何条款排除了公众对于仲裁文件的知情权，亦即公众有权获取仲裁程序中所提交的相关文件，但是必须遵守第 2102 条所规定的国家安全或者其他条款的限制性规定。

2003 年 10 月 7 日 FTC 发布了《关于非争议第三方参与仲裁的声明》的文件，宣布仲裁庭有权自行决定是否接受非争端方递交的法庭之友意见，但不能损害作为 NAFTA 成员国的争端缔约方参与仲裁的权利。FTC 还在声明中提到了仲裁庭接受法庭之友必须考虑的因素、法庭之友的身份、法庭之友书面意见的形式、仲裁庭准许提交法庭之友的后续程序、仲裁文件的公布等事项。首先，关于法庭之友意见的形式，声明中规定：①申请人必须向仲裁庭正式提交附有法庭之友意见的书面申请，同时申请书不得超过 5 页，且连同附件在内不得超过20页；②申请人必须说明其法律地位、目标和宗旨、所从事活动的性质、上级组织；③申请人须公开其是否与争端当事方有直接或间接的关联，其在案件中所代表的利益以及其所接收的财政资助；④法庭之友意见不得超出争端的范围；⑤申请人须在书面意见中表明其希望仲裁庭关注的法律和事实问题；⑥申请书须满足仲裁的用语标准。其次，声明规定仲裁庭在决定是否接受法庭之友申请时应考虑以下因素：①争端是否涉及公共利益；②申请人对争端是否有利害关系；③申请提交的意见是否在争端范围之内；④申请提交的意见能否从不同于争端当事方的角度帮助仲裁庭解决仲裁中的事实和法律问题；⑤申请提交的意见不能扰乱仲裁程序，也不能给当事方增加不当负担或歧视。再次，声明规定如果仲裁庭准许提交法庭之友意见，那么也应该为争端当事方回应此意见设置合理的期限。最后，声明规定涉及仲裁文件公布的事项遵循2001年7月31日FTC发布的《对第11章某些条款的注释纪要》。

但是，这些规定并不详尽，且措辞模糊，难以成为仲裁庭决定是否接受法庭之友申请与意见的标尺，给仲裁庭留下了很大的自由裁量空间。尽管FTC就法庭之友问题发表了声明，但由于声明规定存在的瑕疵，法庭之友的意见被采纳困难重重，这其实也反映出FTC对此问题的态度仍然偏向保守。要想NAFTA投资争端仲裁程序真正地更加公开和透明，仍有必要对现有机制进行改进。

2018年11月30日，美国、加拿大和墨西哥三国签署《美国-加拿大-墨西哥协定》（以下简称“USMCA”），替代NAFTA。USMCA吸收了国际投资仲裁透明度规则新近发展的内容，兼顾了外国投资者权益保护和东道国规制权维护，在NAFTA基础上对国际投资仲裁透明度问题作了更为全面的规定。比如，规定应公开与仲裁有关的材料和庭审，仲裁庭应当允许第三方提交法庭之友意见。

二、ICSID机制对投资仲裁透明度规则的发展

2017年5月9日，ICSID在其网站发布了针对16个方面的潜在规则修订清单，启动了新一轮的规则修订计划。据悉这是ICSID继1984年、2003年和2006年以来的第四次规则修订计划。2016年10月7日，ICSID向其153个成

员国知会了本轮的规则修订计划。依照《ICSID 公约》第 6 条的规定，ICSID 规则修订需要得到三分之二成员国的同意。本次修订的主要目的包括以下几个方面：一是基于中心近年来的案件经验，实现中心规则的现代化。中心成立到 2023 年 12 月 31 日管理的 967 起的案件可以提供有益的借鉴。二是在促进程序更加高效和经济的同时，保证程序正当和维持投资者与国家利益之间的平衡；三是 ICSID 希望通过本轮修订，可以使程序更加地节省纸张和保护环境。目前的投资仲裁案件，耗费的纸质材料太多了。

20 世纪五六十年代，广大发展中国家为了取得经济上的独立，纷纷对国内的外资进行国有化，因此就产生了南北国家间投资争端如何解决的问题。[①] 为了解决该问题，创造良好的国际投资环境，在世界银行的主导下，《ICSID 公约》同时也创立了 ICSID。该中心旨在解决一方为主权国家、另一方为私人投资者的争端，且争端主权国家和投资者的国籍国均为《ICSID 公约》缔约国。1987 年 ICSID 制定了《附加便利规则》（Additional Facility Rules），该规则主要用于解决争端投资者国籍国非《ICSID 公约》缔约国或争端当事国非《ICSID 公约》缔约国的情形，以扩大中心的管辖范围。2003 年之前，《ICSID 公约》及其仲裁规则以及附加便利仲裁规则都没有在提高透明度方面作任何规定，仍然奉行商事仲裁的保密性原则。ICSID 仲裁机制对于增加仲裁程序透明度以及允许第三方参与仲裁的尝试始于 2004 年。2004 年 ICSID 秘书处提交了一份涉及增强投资仲裁透明度及第三方参与等仲裁框架完善问题的讨论稿。秘书处得到各方信息反馈后，对讨论稿的相关内容作了相应的修改[②]，对《ICSID 仲裁程序规则》和《ICSID 附加便利仲裁规则》的修改于 2006 年 4 月 5 日生效。为回应外界有关 ISDS 机制的各种质疑，ICSID 于 2016 年 10 月启动了第四轮改革，这是其历史上最为全面的规则修订工程。2022 年 6 月 22 日 ICSID 发布修订的最终版本，更新后的规则于 2022 年 7 月 1 日正式生效。相较于此前零散的透明度条款，《ICSID 仲裁规则 2022》设立了专门的透明度章节，即第十章，对公开、获取仲裁程序和非争端第三方材料的提交作了规定，进一步凸显了 ICSID 对透明度问题的重视，开启了投资者与国

---

① 陈安. 国际投资争端仲裁："解决投资争端国际中心"机制研究［M］. 上海：复旦大学出版社，2001：75.

② 陈安，蔡从燕. 国际投资法的新发展与中国双边投资条约的新实践［M］. 上海：复旦大学出版社，2007：181.

家间争端解决透明度的新篇章。[①]

《ICSID仲裁规则》是国际投资仲裁中采用最为广泛的规则之一。根据《ICSID公约》，除非投资争端当事人另有约定，否则最新的《ICSID仲裁规则》将被默认在仲裁中适用，[②] 因此《ICSID仲裁规则》的修改意义重大。

（一）庭审的公开程度得以提高

《ICSID仲裁规则2003》规定，经当事人同意，仲裁庭可以决定除当事人、当事人的代理人、顾问和律师、作证的证人和专家以及仲裁庭的官员之外的其他人或组织可以参加庭审。[③] 而《ICSID仲裁规则2006》规定，仲裁庭可以允许争端当事方和其代理人、顾问、律师、证人、专家以及仲裁庭工作人员以外的其他人参加全部或部分庭审。[④] 《ICSID仲裁规则2022》第65条第1款规定，除各方当事人、其代理人、专家和证人以及协助法庭工作的人员之外，仲裁庭还应允许其他人参加庭审，除非任何一方当事人反对。同时取消了与秘书长协商这一前置程序。此外，根据《ICSID仲裁规则2022》第65条第3款规定，应一当事方的要求，中心应公布庭审的录音或笔录，除非另一当事方表示反对。上述规定的修改确立了更有利于ICSID仲裁庭审公开的推定。

Biwater vs. Tanzania（以下简称Biwater案）是《ICSID仲裁规则》2006年修订后关于透明度的第一案。Biwater Gauff LTD是一家英国公司，拥有在坦桑尼亚达累斯萨拉姆市实施相关基础设施的特许权。随后坦桑尼亚政府宣布驱逐该项目的管理人员并没收了该项目的资产，接管了其他业务。Biwater Gauff LTD公司认为政府的行为违反了1994年英国和坦桑尼亚投资促进保护协定，遂向ICSID提起仲裁。由于供水和污水处理关系到公众利益，于是2006年11月有5个非政府组织向仲裁庭提交法庭之友的申请，认为案件所涉及的可持续发展、环境、人权和政府政策等问题是他们所专长的领域。该案的特殊之处在于争端当事方选择适用2006年版的仲裁规则，因为这意味着

---

① 漆彤．投资争端解决机制现代化改革的重要里程碑：评2022年ICSID新规则［J］．国际经济评论，2023（3）：51－67，6.

② 《ICSID公约》第44条。

③ 《ICSID仲裁规则2003》第32条第2款。

④ 《ICSID仲裁规则2006》第32条第2款。

仲裁庭在处理关于透明度问题诸如法庭之友时应该适用新规则。在该案中5个非政府组织向仲裁庭提出三点申请：一是作为法庭之友参加仲裁程序；二是获取仲裁的关键文件；三是参加案件的口头审理并对特别问题向仲裁庭提交书面意见。仲裁庭最终认可了5个非政府组织在可持续发展、环境、人权和政府政策方面的专长，认为其可以帮助仲裁庭审理案件。最终仲裁庭同意非政府组织提交法庭之友的书面陈述，延迟了公开文件的申请。但是仲裁庭根据2006年版新规则第32条的规定，以仲裁申请人Biwater拒绝为由拒绝了非政府组织参加仲裁审理的申请。① 由此可见，仲裁庭对当事方的反对必须不经审查地采纳，当事方的反对必然产生阻却庭审公开的结果。这一事实并不能否认庭审公开的可能及其对增强仲裁透明度的贡献，而是体现了平衡仲裁透明度与秘密性的需求。

（二）增加了对法庭之友信息披露的要求

国际投资仲裁与东道国公共利益天然相关，法庭之友不受仲裁结果约束，因此更有可能从更中立的角度向仲裁庭提交更有利于公共利益实现的意见，同时也可能弥补仲裁庭在专业知识领域的不足，近年来许多非政府国际组织主动要求向仲裁庭提交意见便是例证。

在《ICSID仲裁规则》修订以前，ICSID已经有了允许法庭之友提交书面意见的案例。在Aguas vs. Argentina案中，仲裁庭根据《ICSID公约》赋予仲裁庭的特殊自由裁量权批准五个非政府组织提交法庭之友意见的要求。②

《ICSID仲裁规则2006》第37条规定，经与当事方进行磋商，仲裁庭有权允许法庭之友就争议范围内的事项提交书面意见，但当事方没有否决权，仲裁庭应考虑的问题包括但不限于：①法庭之友书面意见能通过引入新的视角提供某些与争端当事方不同的观点、特殊的知识或见解，能协助仲裁庭确定与仲裁相关的事实或法律问题：②法庭之友的书面意见针对的是争议范围内的事项；③非争端当事方在仲裁或仲裁程序中有重要利益或实质性利害关系。同时，仲裁庭应确保第三方提交意见不至于干扰仲裁，或不适当地增加

---

① Procedure Order No. 5, Biwater Gauff Ltd. V. United Republic of Tanzania, Case No. ARB/OS/22, 2 Feb., 2007.

② Order, Aguas Argentinas, S. A., Suez, Sociedad General de Aguas de Barcelona, S. A. and Vivendi Universal, S. A. vs. The Argentine Republic, ICSID Case No. ARB/03/19, 19 May., 2005.

任何一方当事人的负担或不适当地损害任何一方当事人，并确保双方当事人都有就非争端方提交的书面意见充分发表意见的机会。① 《ICSID 仲裁规则 2022》在第 67 条第 2 款增加了两个考虑因素，即"非争端当事方的身份、活动、组织和所有权益关系，包括非争端当事方、当事方或非争端条约缔约方之间的任何直接或间接隶属关系"，以及"是否有任何个人或实体为非争端方提交书面意见提供财务或其他援助"。这两个考虑因素的增加，就意味着非争端当事方向仲裁庭提交书面意见时，需要向仲裁庭披露相关信息。同时，《ICSID 仲裁规则 2022》允许非争端方条约缔约方就争议中涉及的仲裁所依据的条约的解释提出意见。②

在 Biwater 案中，仲裁庭就适用了 2006 年修改后的第 37 条，认定五个非政府组织提交法庭之友意见的申请满足了《ICSID 仲裁规则 2006》第 37 条的三个标准，从而予以接纳。③

在国际投资仲裁的发展历史过程中，传统的投资仲裁程序不允许"法庭之友"参加，但随着越来越多的国际投资仲裁案件涉及公共利益，公民团体、非政府组织等均强烈要求以"法庭之友"的身份参与投资仲裁实践。在涉及公共利益的国际投资仲裁案件中，允许非争端当事方公民代表、社会团体以及非政府组织等参与仲裁程序，以"法庭之友"的方式向仲裁庭提供不同于争端当事方的观点、特殊知识和意见，使维护公共利益的诉求在仲裁中得以彰显，不失为 2006 年修改 ICSID 仲裁规则所带来的一个重大历史进步。

但是，为了将投资仲裁的透明度保持在适度合理的范围内，应当对审查法庭之友的利害相关性施以注意，并建立更详尽的标准，《ICSID 仲裁规则 2022》对此作了初步尝试。

（三）减少了对仲裁裁决公开的法律约束

根据《ICSID 公约》，秘书处鼓励争端当事人公开仲裁裁决，但秘书处只有在获得当事双方同意的情况下才可以公布裁决。虽然《ICSID 仲裁规则 2022》仍然遵循了这一规定，但在此基础上采取了变通方案，增加了当事人

---

① 《ICSID 仲裁规则 2006》第 37 条第 2 款。

② 《ICSID 仲裁规则 2022》第 68 条。

③ Procedure Order No. 5, Biwater Gauff Ltd. V. United Republic of Tanzania, Case No. ARB/OS/22, 2 Feb., 2007.

默示同意的推定，并尽可能扩大裁决公开的范围。其第62条规定，若投资者或东道国任意一方均未在ICSID仲裁裁决作出后的60天内提出书面异议的，应视为投资者与东道国双方均同意公开ICSID仲裁裁决、关于裁决的补充决定、对裁决的更正、解释和修订以及关于撤销裁决的决定。同时，在投资者与东道国不同意公开ICSID仲裁裁决全文的情况下，对裁决公开的处理基本沿用了《ICSID仲裁规则2006》的做法，即ICSID仍有义务公开仲裁裁决及相关文件的摘要。对裁决的公开，有利于保持ICSID类似裁决的一致性和增强ICSID仲裁机制的公信力，并为缔约国政府和投资者的行为提供相关指引。

《ICSID仲裁规则》是国际投资仲裁实践中适用最为广泛的规则之一，ICSID在投资仲裁领域的专业性和大量的实践检验使《ICSID仲裁规则》相较其他仲裁规则和机制有了更多进步的要求和实践经验。其在国际投资仲裁透明度方面的探索具有先进性，并对2006年以后的国际投资仲裁实践产生了重要影响。

三、UNCITRAL对透明度规则的进一步改革

（一）《联合国国际贸易法委员会投资人与国家间基于条约仲裁透明度规则》（以下简称《透明度规则》）产生的背景

《UNCITRAL仲裁规则》是目前国际投资仲裁领域中使用最广的仲裁规则之一，其制定的初衷是服务于商事仲裁。透明度问题甚至在投资仲裁争端中没有被纳入其考量范围，因此在增加国际投资仲裁的透明度问题上进程缓慢。① 随着国际投资仲裁透明度的需求增大，该仲裁规则也一直在寻求透明度方面的改进。为了符合时代的要求，提高仲裁的效率，UNCITRAL认为应当在保持规则原有结构和精神的前提下进行修订。2006年UNCITRAL第二工作组开始对仲裁规则改革问题进行研究，从而开启了UNCITRAL机制下透明度规则改革的漫长之路。2008年UNCITRAL第41届会议上，委员会认为基

---

① JULIE L. Uncitral's Unclear Transparency Instrument: Fashioning the Form and Application of a Legal Standard Ensuring Greater Disclosure in Investor - State Arbitrations, Northwestern [J]. Journal of International Law and Business, 2013, 33 (2): 439.

于条约透明度议题的制订不是一蹴而就的事情，透明度议题制定与《UNCITRAL 仲裁规则》的修订同时启动势必影响后者的进度。因此，委员会决定待《UNCITRAL 仲裁规则》修订后再启动透明度议题制定，《UNCITRAL 仲裁规则 2010》于 2010 年通过。

《UNCITRAL 仲裁规则 2010》并未给予透明度足够的发挥空间，仅仅在 17 条规定，在不违反《UNCITRAL 仲裁规则 2010》的情况下，仲裁庭可以采取其认为合适的方式进行仲裁。由此不难看出，以上条文并没有明确规定透明度准则，仲裁机构只能在不违反仲裁规则的前提下行使自由裁量权。对这种自由裁量权的限制，也仅规定“避免不合理迟延和费用”，在给仲裁机构带来权利空间的同时又是迟疑的探索，缺乏一个可执行标准。对此次修订中对透明度有影响的条文进行分析可知：庭审应采取秘密方式进行，但是需排除双方主体有其他约定的前提；裁决经双方当事人同意才可以公开；仲裁庭可以依据其认为合适的方式进行仲裁。

在 2010 年完成《UNCITRAL 仲裁规则》修订以后，UNCITRAL 便开始致力于推进透明度改革的议题。2013 年 2 月工作组在第 58 届会议开始探讨透明度问题，第二工作组在第 58 届会议上更是提出了透明度法律标准的四种可能的形式：示范性的原则声明、示范性条款、准则与独立规则。《透明度规则》草案对透明度的适用即“选择而适用”① 或“不选择而适用”②，是否条约中纳入《UNCITRAL 仲裁规则》就推定适用《透明度规则》、透明度的例外规定、透明度规则公布的时间、公布的材料范围及审理的程序问题材料提交等方面给出了建议。2014 年第 44 届 UNCITRAL 会议上重申了确保投资人与国家基于条约仲裁透明度的承诺。

总体而言，承认投资仲裁的特殊性以及透明仲裁确有必要，但是必须注意仲裁不同于法院审判以及仲裁获得国际投资领域青睐的独特性，尊重当事方合意这一原则的重要性。信息披露会不会影响仲裁的正常进行，透明仲裁是否会减损仲裁原有的效率和利益性，是否应当保留当事方对于第三方参与庭审问题的异议权等都是需要认真考虑的重要问题。

---

① 约定而适用或者是根据当事人的约定而适用。

② 除非投资条约的缔约方另有约定，否则适用透明度规则。

(二)《透明度规则》的主要内容

历经五年的讨论，在广泛征求仲裁机构、各国政府以及国际组织意见的基础上，2013 年 7 月 11 日《透明度规则》获得联合国国际贸易法委员会正式通过，并于 2014 年 4 月 1 日正式生效，《透明度规则》全文总共 8 条，为国际投资仲裁提供了一套全面的程序规则。①

第 1 条规定了规则的适用范围，适用于依照 2014 年 4 月 1 日及之后订立的为投资或投资人提供保护的条约，在《UNCITRAL 仲裁规则》下提起的投资者与国家间的仲裁，除非该条约缔约方另有约定。如果仲裁是依照 2014 年 4 月 1 日前订立的条约提起，在当事双方同意或条约缔约国同意时才可以适用《透明度规则》。第 2 条规定在仲裁程序启动时公布仲裁信息，即仲裁通知一旦发出，存储处应迅速向公众提供关于争议各方名称、所涉经济部门以及提出有关申请所依据的条约信息。第 3 条详细列举了应当公布的文件清单，清单中的文件无需经过当事方同意，即应向公众公布。第 4 条规定在与当事方协商后，仲裁庭有权允许第三方提交书面材料。该规定对第三方的申请作出了实质和形式的规定，并为仲裁庭决定是否接受此类申请设定了审查标准。总之，第 4 条基本延续了 NAFTA 自由贸易委员会和《ICSID 仲裁规则 2006》的相应规定。不同的是，《透明度规则》在考察第三方获取财政支持方面列明了更具体的标准。第 5 条专门就非争端缔约方提交材料的事项作了规定，在条约解释的事项上，仲裁庭可自行决定，此外的其他事项是否许可非争端缔约方提交材料则需与当事方协商。第 6 条规定，关于庭审问题，除非涉及机密信息或将影响程序完整性，否则审理应当公开进行。该规定对仲裁程序透明度的推动意义不可小觑，它完全摆脱了当事方意愿的不确定性，极大地提高了公众参与庭审的机率，从而更有效地维护公共利益。第 7 条规定了透明度的例外情形——机密信息或受保护信息以及将影响仲裁过程完整性，凡涉及前述内容的信息或不公开或应推迟公开。该规定的进步意义在于明确了机密信息的判定方法，不再由仲裁庭主观独断，应由其与当事方协商后再行认定。第 8 条是一项辅助规则，规定已公布信息存储处应为联合国秘书长或

---

① UNCITRAL, United Nations Convention on Transparency in Treaty – based Investor – State Arbitration [EB/OL]. UN, (2014 – 12 – 10) [2024 – 04 – 03]. http: //www. uncitral. org/pdf/english/texts/arbitration/rules – on – transparency/Rules – on – Transparency – E. pdf.

贸易法委员会指定的一个机构。

《透明度规则》的发布和生效，使得在国际投资仲裁程序中保持一定的透明度得到了真正的落实，真正践行了程序公开透明的法律价值，同时也具有非常积极的现实作用。首先，《透明度规则》的适用有助于平衡投资者私人利益与东道国社会公众利益的冲突。规则的实施有效地保障了东道国社会公众的知情权和参与权，在很大程度上避免了因传统的仲裁秘密性所带来的结果不公以及对公共利益的损害，既加强了对仲裁程序的监督，又增进了对仲裁结果的认可和落实。其次，选择适用《透明度规则》将给东道国施加一定的压力。仲裁程序的公开将使得东道国认真考量其在国际投资环境中的形象，愈来愈谨慎地营造投资环境、发布投资政策和处理投资争端，大大降低投资者的投资风险。最后，整个国际投资环境以及投资争端仲裁程序透明度的增强将使得投资风险的可预测性以及争端处理的可借鉴性得到提升，对日后产生争端的应对和处理有较大的参照作用。

（三）《透明度规则》的适用机制：《透明度公约》

2014 年 12 月 10 日在联合国贸法会第 47 届会议上《联合国投资人与国家间基于条约仲裁透明度公约》（又称《毛里求斯透明度公约》，以下简称《透明度公约》）审议通过，2015 年 3 月 17 日在毛里求斯路易斯港开放供各国签署，随后在纽约联合国总部开放供签署。《透明度公约》于第三份批准书、接受书、核准书或加入书交存之日起六个月后生效。截至 2017 年 10 月 18 日，该公约的签署国有 22 个，批准国达到 3 个，宣告《透明度公约》正式生效。①

《透明度公约》的正式生效成为国际投资仲裁发展历程中的一次里程碑事件，透明度改革真正从书斋走向实务，真正为《透明度规则》缔结前的国际投资仲裁案件提供了有效的适用机制。

《透明度公约》包含了十项条款，对《透明度规则》的适用范围进行了拓展，在适用范围上涵盖了自由贸易协定、经济一体化协定、贸易和投资框架或合作协定或者双边投资条约的任何条约②，并规定了《透明度规则》的

① 武大国经法评论，UNCITRAL 透明度公约生效意义重大［EB/OL］.（2017－10－20）［2024－04－03］. http：//www. sohu. com/a/199201749_652123.

② 《透明度公约》第 1 条第 2 款。

双边以及多边适用、单方面提议适用、《透明度规则》的适用版本，同时规定投资者不能援引最惠国待遇条款来主张《透明度规则》的适用或者不适用，这也增强了《透明度规则》的公信力和效力。公约还规定了适用上的保留条款以及区域经济一体化组织参与条约的相关规定，增强了公约的详细度及可操作性。

随着2014年《透明度规则》的生效，透明度改革已经进入实质性阶段。尽管《透明度规则》建立起了完整的程序规则，但是针对其生效前的投资仲裁争议却难以适用，成效有限。该公约的主要目的正是将《透明度规则》适用到2014年4月1日之前缔结的条约当中，并且设定了两种适用情形：一是投资者的母国和东道国均加入本公约且未作出保留；二是东道国加入本公约未作出保留，且投资者同意适用。值得注意的是，按照《透明度公约》，即使不是依据《UNCITRAL仲裁规则》提起的仲裁①也可以适用《透明度规则》。

联合国国际贸易法委员会制定的《透明度规则》是目前国际投资仲裁机制中透明度程度较高的规则。同时UNCITRAL又制定了《透明度公约》，扩大了《透明度规则》的适用范围，又以国际公约的形式来规定国际投资仲裁的透明度规则，将国际投资仲裁的透明度规则提升到了更高的层面，必将会引起更多国家和区域经济组织的关注。

第三节　国际投资仲裁透明度改革所面临的问题及破解路径

一、对法庭之友参与国际投资仲裁的争论

就是否应允许法庭之友参与国际投资仲裁的问题，国际投资仲裁界长久以来一直充斥着争论，支持派和反对派形成鲜明的两大阵营。

---

① 《透明度公约》第2条规定，《透明度规则》应适用于任何投资人与国家间仲裁，不论该仲裁是否根据《贸易法委员会仲裁规则》提起，该仲裁的被申请人是一未根据第3条第1款（a）项或（b）项作出相关保留的缔约方，且申请人的所属国是一未根据第3条第1款（a）项作出相关保留的缔约方。

（一）法庭之友参与国际投资仲裁的益处

支持者认为，鉴于国际投资仲裁不同于普通商事仲裁的特殊属性，法庭之友参与国际投资仲裁有着极大的必要性。法庭之友参与国际投资仲裁的益处主要体现在以下几个方面。

第一，法庭之友制度有助于捍卫公共利益。由于国际投资争议大多与社会公众利益密切相关，例如环境保护、健康、人权、可持续发展、文化遗产、反对腐败等，第三方尤其是 NGO 的参与可以将公共利益的需求传递给仲裁员。

第二，法庭之友的参与有助于提高裁决质量。尽管国际投资仲裁中的仲裁员在本身资质上会满足一定标准，但是仲裁员不可能对案件有关的每个问题都了如指掌。考虑到案件所涉及的广泛公共利益，法庭之友能为仲裁员提供额外的视角、法律和事实层面的独到建议，有助于裁决质量的提高。这对于争议各方以及该仲裁裁决可能影响到的各个潜在主体，都是有益的。

第三，增强国际投资仲裁的透明度和公信力，使国际投资仲裁体系更加健康合理，同时也将改善国际投资仲裁的合法性一度被质疑的尴尬局面。仲裁庭在 Methanex 案中曾指出，接受法庭之友意见有助于减缓公众对于 NAFTA 第 11 章规定过于封闭、单边和不透明的指责。对于法庭之友意见作出正确的处理能够使得仲裁庭作出的终局性裁决更宜为公众接受。在 Biwater 案中，仲裁庭也指出，请求人从保护公众利益以及增强仲裁程序公信力的角度，强调了公众参与仲裁程序的重要性，因为公众经常把投资者和国家之间的仲裁看成一个在秘密环境下由外交政策决定的问题。[①]

第四，法庭之友制度有助于加强公众对投资体系的监督。法庭之友的参与可以吸引媒体注意，增强公众的关注度。2010 年 8 月，数十位知名国际投资法学者联名发表《关于国际投资体制的公共声明》，其中就尖锐地指出，普通公民、地方社区和市民社会组织应当有权参与影响其权利和利益的决策，包括投资者与国家争端解决或者合同重新谈判时的决策。现行国际投资体制不允许这些当事方在其利益受影响时，与投资者一起充分平等地参与决策的

---

① Award, Biwater Gauff (Tanz.) Ltd. vs. United Republic of Tanzania, ICSID CASE NO. ARB/05/22, 24 Jul., 2008.

做法，未能满足程序公正的基本要求。

第五，法庭之友制度有助于国际法律体系的整体优化。如果在国际层面上缺乏协调，将导致一国在不同条约下承担不同甚至是相互冲突的义务。一些超国际机构（例如欧盟委员会）作为第三方介入，可以防止国际法被“分化”，即防止国际的同一行为在不同国际法体系下定性不同。亦有学者指出，投资法必须进化，并和国际法保持一致，包括人权法、多边环境条约和WTO法。因此，有必要让有关国际机构参与仲裁程序，以告知仲裁庭某一国家在不同国际体系项下的不同要求，以防止仲裁庭作出与其他国际条约体系不一致的裁决。

（二）法庭之友参与国际投资仲裁的弊端

而持反对意见的学者则认为法庭之友参与国际投资仲裁存在弊端，主要表现在以下几个方面。

首先，法庭之友的参与可能会造成对仲裁本质的削弱和否认。仲裁本质上是当事人的合意。如果仲裁庭在缺乏当事人同意的情况下将第三方纳入仲裁程序，则完全否认了仲裁合意本质。而且，法庭之友的介入会导致仲裁程序的拖延和成本的增加。国际投资仲裁本来就耗时良久且成本高昂，如果再扩展到第三方的参与（例如参与证据质证、文件发现、参与庭审），将严重影响程序的效率，这最终都会转化为当事人的负担和费用。此外，第三方参与将严重削弱仲裁程序的保密性。一旦允许第三方的深度介入，投资者可能面临未来业务机会的丧失以及公众形象的损毁。当事人迫于公众压力需披露本来无须披露的信息。因此，法庭之友的参与可能会影响到当事人的自主性以及对仲裁程序的掌控。如将仲裁程序过分开放，造成的后果就是仲裁本身具有的保密性将荡然无存，仲裁程序完全类似于诉讼，国际投资仲裁程序最后沦成一个公共发表意见的论坛。[①] 从更长远的角度而言，一旦国际投资仲裁被仲裁费用增加、程序拖延、保密性丧失、利益政治化等因素所困扰，投资者会对仲裁程序逐渐失去信心，最终可能导致投资者不愿意去形势相对不稳定的发展中国家进行投资，而发展中国家恰恰是最需要国际投资的。

---

① NOAH R. Openings the Investment Arbitration Process: At What Cost, for What Benefit? [J]. Transnational Dispute Management, 2006, 3 (3): 213-222.

其次，法庭之友意见的实质价值并不明显。现有的国际投资仲裁程序已经为当事人和仲裁员提供了足够的机会来获取信息，仲裁庭不一定要通过法庭之友来获得帮助。例如 ICSID 规则就规定了仲裁庭拥有宽泛的权力以获得案件相关证据和信息。而且法庭之友往往是一方立场的代表，甚至是被一方当事人诱导所提出。在实践中，法庭之友意见已屡屡被批判为仅仅是对一方主张的重复，不能为仲裁程序带来任何额外的价值。

最后，第三方的参与可能会减少和解的机会。当事人将会面临来自公众的压力，尤其对于东道国而言，因为其具有保护公共利益的义务。一旦有一方得到了公众的明显支持，将使得当事人和解的概率大为减少。

虽然，对于法庭之友参与的评价毁誉参半，但实践表明，随着国际投资仲裁透明度的加强，法庭之友对国际投资仲裁的逐步参与已是大势所趋。

二、相关透明度规则的具体内容规定模糊

在投资仲裁中，因为东道国实施的某项政策、法律等措施违反了其与投资者母国共同签订的投资保护条约，东道国对条约的违反产生了国际法上的国际责任，投资者依据条约的规定对东道国提起仲裁，因此投资争议事项在性质上是国家间的行为，与普通的商事仲裁相比，投资争议的仲裁应更具有严肃性。①

投资仲裁透明度是通过程序上的设定来加强对仲裁的监督，因此有关仲裁透明度的规定就应该是直接、清楚的。仲裁庭和当事人可以根据这些规定迅速作出相应的行为，确保仲裁庭能够尽快作出仲裁裁决，这样整个仲裁过程的时间就能够缩短，诉讼的成本也会相应地减少，这对争议的当事双方，尤其是投资者来说是十分重要的。但是目前国际各个主要投资仲裁机制有关透明度的某些规定却是模糊的，不明确的。下面以最新修订的《透明度规则》中的相关内容为例。

（一）信息公开上的内容模糊

最新的《透明度规则》规定了仲裁信息公开的例外条款，规定机密信

---

① 石慧．投资条约仲裁机制的批判和重构［M］．北京：法律出版社，2008：117.

息、受保护信息或者披露可能破坏仲裁完整性有关的信息是不可公开的。虽然《透明度规则》规定了对信息是否为机密信息或者受保护信息的裁定由仲裁庭和当事人协商后作出，但是规则中对商业机密并没有进行严格的定义，因而很容易产生争议。另外《透明度规则》还规定了如果被申请国认为信息披露违背了其基本安全利益，则该项信息也是不能公开的，但是规则对“基本安全利益”的含义也未作出界定，在具体的实际操作中只能依据被申请国家的解释来判断，因而被申请国很容易滥用该条规定，以信息公开违背国家“基本安全利益”的理由拒绝公开此种信息，致使仲裁庭不能作出正确、合理的判断。

（二）非争议当事方参与方面规定模糊

《透明度规则》将非争议当事方分为第三人和非争议条约缔约方，《透明度规则》第 4 条和第 5 条分别对第三人和非争议条约缔约方参与仲裁的方式作出了严格规定，但是并没有规定意见被提交之后仲裁庭接下来的行为，即仲裁庭应如何处理非争议当事方提交的意见。《透明度规则》第 4 条第 3 款规定了在确定是否允许第三人提交此类材料时，除仲裁庭确定的其他相关因素外，仲裁庭应考虑到下列几个方面：第一，第三人是否在仲裁程序中有重大利益；第二，第三人所提交的材料将在何种程度上通过提出不同于争议各方的观点、特别知识或见解而有助于仲裁庭确定与仲裁程序相关的某一事实或法律问题①。虽然该规则对仲裁庭是否接受第三人提交的意见作出了规定，但是仍然存在诸多不清楚的地方。例如，何为“重大利益”，《透明度规则》并没有一个具体的标准，这在很大程度上取决于仲裁庭的个人理解或者争议当事双方的解释，难以保证仲裁员在理解上不会出现偏颇。同时条款将“其他相关因素”也列入考虑因素，从整个第 4 条的规定来看，“其他因素”很可能是指第三人提交的身份证明材料，但是这只是确认第三人是否有资格来提交意见，并不是仲裁庭用来确认第三人提交的意见是否可以接受的因素。另外，《透明度规则》还规定了仲裁庭应确保第三人提交的任何材料，不应对仲裁庭程序带来干扰或者不适当的负担，但是从实践的角度来看，对于第三人提交的任何材料，仲裁庭都必须进行审查、甄别，以便确定第三人提交

① 《透明度规则》第 4 条。

的材料是否符合规定，那么仲裁的时间成本增加是必然的。规则只是笼统地规定不能给仲裁程序带来负担或者干扰，并没有一个具体可行的措施，仲裁庭只能自主决定如何处理，难以保证仲裁庭能够真正执行规定，公正地对待每一个案件。

因此，既然国际社会重视仲裁透明度的改革，并同时制订了有关透明度的规定，就应该对透明度的规则作出严格、清晰的规定，保证透明度的有关规则能够得到正确、合理的适用，从而发挥其应有的作用。

三、对以上问题的解决办法

（一）加强对仲裁规则的修订

国际条约只适用于条约的签订国，即在投资争议仲裁中，条约中关于透明度的规定只能适用争议当事人之间的争议，属于个案。而一旦选择了仲裁机构，如果当事人之间没有其他约定，仲裁机构的仲裁规则自动适用于所有仲裁机构受理的案件，仲裁规则的适用范围是大于国际条约的，因此对仲裁机构的仲裁规则进行改革也是解决仲裁透明度问题的重要手段。加强仲裁透明度改革，不应只是增加透明度的有关内容，而应该从仲裁规则的整体出发，综合考虑规则的各个方面，这样才能保证透明度的规定能够真正融入仲裁规则的整体中。UNCITRAL 在进行透明度改革时并未对原来的仲裁规则进行修订，只是增加了新的规定，即在解决投资争议时将《透明度规则》纳入整体的仲裁规则中①，这虽然解决了《UNCITRAL 仲裁规则》在投资仲裁上的透明度问题，但同时也产生了新的问题，如《透明度规则》在某些方面的规定不够清楚，“基本安全利益”“重大利益”等概念模糊，而且原来的仲裁规则中也未涉及对此类问题的解决方法，如何理解只能依靠仲裁庭和当事人的认知，这样反而会产生新的争议，严重影响仲裁的效率。因此，在进行透明度改革时必须加强对仲裁规则整体部分的修订，对仲裁规则进行修改、补充，为纳入投资仲裁的透明度规定做好必要的准备，保证透明度规则与仲裁规则的整体相适应。同时也应该对仲裁透明度的有关规定进行完善，不仅在数量

---

① 《透明度规则》第 1 条第 4 款。

上，也要在质量上进行提高，促进透明度规则的总体发展。

（二）正确把握秘密性和透明度之间的平衡

目前，国际社会越来越倾向于通过一个公正、中立的投资仲裁机制来解决投资争议，因此投资仲裁的秘密性就成为透明度改革的重点，在投资仲裁中当事人的合意与仲裁的秘密性都受到了严格限制，严重削弱了仲裁的特性。但是应该注意到，仲裁透明度是为了解决因仲裁秘密性产生的问题而存在的，它不是对仲裁特性的否定，在国际投资仲裁中，秘密性是投资仲裁的原则，透明度只能是秘密性的例外。当事人选择仲裁时考虑到的是仲裁秘密性带来的便利、高效、私人性和自由，当事人的私人利益得到保护。仲裁的秘密性要求仲裁审理不公开，仲裁信息不公开，外部人员不参与，而仲裁透明度则与秘密性相反，通过公开仲裁信息，允许第三人参与，公开仲裁庭审的方式来加强国际社会对仲裁的监督，保护仲裁中的公共利益。但是，如果过分强调透明度在投资仲裁中的地位，就会导致仲裁失去其原有特性，那么仲裁和诉讼也就没有什么区别，也会结束仲裁作为争议解决方式的使命。坚持仲裁秘密性原则，并不代表排除了透明度。在投资仲裁中，大多数时候国家仍是公共利益的代表，投资者为了维护自身利益，将争议提请仲裁，如果过分坚持秘密性原则，作出的仲裁裁决就会对东道国的公共利益造成损害，导致公众对仲裁的信任危机，因此在国际投资仲裁中也不能放弃透明度。仲裁的秘密性和透明度不是非此即彼的对立关系，过分强调或者注重其中的任何一个，都是不可取的。透明度应该是适度的，过于透明只会违背当事人选择仲裁的初衷，正确的做法就是保持秘密性和透明度之间的适度平衡。

第四节　国际仲裁透明度规则发展对我国的启示

一、我国目前在投资仲裁透明度规则上存在的问题

国际投资仲裁透明度规则在国际社会日益受到重视，是当前国际投资领域的重大发展。从国际投资实践来看，不难发现中国当前的国际投资，尤其

是国际投资争端解决上存在着诸多问题，因此本部分将结合中国投资发展现状及存在的问题，提出中国面临国际投资仲裁透明度规则应有的态度和做法。

（一）国际投资仲裁实践经验不够丰富

中国目前正处于投资高速的增长期，尤其是对外投资方面，发展速度已经超过吸引外资。在未来不仅有大部分中国企业将走出国门，也将有更多的外国企业来中国进行投资。中国在投资方面的发展不仅体现在投资总量上，也体现在中国对外签订的双边或区域性投资协定上。截至 2024 年 1 月 26 日，中国已经对外签署且生效的投资保护协定达到 108 个，自由贸易协定 22 个，均已生效。中国所签订的投资协定已经覆盖世界主要国家和大部分地区，这说明中国积极参与国际投资活动，已经成为世界投资的一个重要经济实体。这样的国际投资发展形势，要求中国必须做好应对未来投资可能出现的问题，尤其是投资争端公平合理的解决。中国在世界资本市场的确取得了辉煌的成就，但也面临着如何维护作为东道国利益的同时，又保护好中国海外投资者利益的难题。中国虽然在吸引外资和对外投资上已经处于世界先列，但是在投资仲裁实践，尤其是投资者与国家间投资仲裁实践上仍然薄弱。中国参与国际投资仲裁经验匮乏未来将会对中国对外投资产生重大影响。尤其是投资者与国家间仲裁中不可忽视的透明度规则，也是今后中国国际投资仲裁规则发展中必须解决的问题。

（二）非政府组织发展不完善

当前的国际投资仲裁实践已经表明，非政府组织在推进和参与透明度规则中发挥着重要作用，尤其是透明度规则中的法庭之友的申请者以非政府组织为主。提高非政府组织在国际治理中的能力和水平有着重要意义，而中国国内的民间组织力量相对薄弱，长期以往对我国国际投资发展是不利的。当前非政府组织的发展主要依靠国内法支持，其已经在国际法上受到诸多限制，但是一国国内政府给予的支持将在一定程度上缓解此种尴尬。国际非政府组织往往主张全球治理、可持续发展、人权保护等，以全人类的福祉为目标开展工作。对于非政府组织发展的支持将有助于一国在以上敏感问题的解决和保护，同时也能够在国际投资仲裁中恰当地兼顾东道国的公共利益。

（三）国内相关立法有待加强

国际投资仲裁透明度规则的产生在很大程度上受到国内公开制度的影响。虽然我国在 2008 年开始实施《中华人民共和国信息公开条例》（以下简称《信息公开条例》），并且在 2019 年 4 月 3 日做了修订，但是该条例的内容在实践过程中仍然存在一些问题，同时与透明度实践丰富的国家相比也有欠缺。如行政机关在某些标准认定方面，自由裁量权过大，受历史传统因素和社会转型期因素的制约，中国社会欠缺信息公开的体制环境。中国国内一些争端解决机制也不够透明公开，不同程度存在审判权力集中化、管理行政化、监管不到位等问题。① 除了在信息公开法制方面亟待完善外，中国的外资立法也亟待进一步完善。2019 年 3 月 15 日，第十三届全国人大二次会议表决通过了《中华人民共和国外商投资法》，自 2020 年 1 月 1 日起施行。该法对环境、劳工等公共事项仅作了原则性保护规定。② 因此，国内法律法规的不健全以及信息公开的局限性也会导致中国对国际投资仲裁透明度规则相关立法的欠缺。

二、我国应对投资仲裁透明度规则的措施

当前中国处于吸引外资和对外投资双向发展的特殊阶段，同时这一特殊情况将会延续一段时间。中国已经处于贸易摩擦的多发区，在不远的未来也必然会因对外投资的扩大而面临一些新的投资争端，如何处理好这些问题，妥善解决中国国际投资争端是当前中国面临的一大现实。国际投资仲裁的透明度规则作为平衡东道国利益和投资者利益的产物，对于中国国际投资的长远发展必将产生重要的影响。

---

① 樊云．国际投资争端解决机制新近发展特点分析及中国对策［D］．桂林：广西师范大学，2013：29.

② 樊云．国际投资争端解决机制新近发展特点分析及中国对策［D］．桂林：广西师范大学，2013：28.

（一）积极支持国际投资仲裁透明度规则的发展

有观点认为中国应当区分投资流向，对东道国和投资国采取不同的策略。[①] 但是此种做法不妥：一是在国际投资仲裁尤其是投资者与国家间仲裁适用透明度规则已经是主流，中国不应当再采取保守或模糊的态度，应当开放立场，积极适应国际潮流；二是不支持透明度规则的发展将会影响中国在国际投资中的形象，久而久之将会影响中国对外投资的发展。透明度规则的目的在于平衡投资者的私人利益和东道国的公共利益，这与传统商事仲裁的秘密性相比是有利于东道国的。目前的国际投资现实显示出，发展中国家和欠发达国家往往作为东道国，在投资争端解决中处于劣势地位，而透明度规则的纳入将利于保护此类国家，中国作为发展中国家的大国，在世界上拥有一定的话语权，因此应当支持透明度规则，并积极推进国内外相关规则的制定。三是有影响力的区域投资协定均已纳入投资仲裁的透明度规则，这表明在区域间投资合作中透明度规则也已经成为一个常态规则，而不是作为当事方的例外约定。中国若想在区域合作中实现共赢，必然要关注自身投资仲裁规则的变革，只有积极应对透明度规则，才能在未来投资争端的解决中恰当地处理东道国公共利益和投资者私人利益，实现投资环境的稳定和谐。同时中国又是一个投资大国，透明度规则的纳入不仅能够平衡争端双方的利益，也能够一定程度上规范法律制度不健全国家的相关行为，将非政府组织引入进来提出更专业的意见，以利于争端的解决。

因此，支持国际投资仲裁透明度规则是中国当前及未来投资发展的需要，中国的这种支持应当贯彻中国投资实践的全过程。首先，中国在参与双边和区域投资协定中应当包含透明度规则。在以美国 2012 年 BIT 范本为基础开启的中美双边投资协定谈判中，新增了透明度磋商机制，磋商的内容包括制订足以对投资产生影响的法律法规以及采取的其他措施，同时也包括投资者与东道国间投资争端解决机制。[②] 中美双边投资协定的谈判表明，中国已经开始注意在投资协定中纳入透明度规则。中国可能需要在以后的投资协定谈判中积极考虑国际投资仲裁的透明度规则。其次，中国也可以在将来可能产生

---

① 罗熳．国际投资仲裁中透明度问题研究［D］．武汉：华中科技大学，2013：35.

② 梁开银．美国 BIT 范本 2012 年修订之评析：以中美 BIT 谈判为视角［J］．法治研究，2014（7）：89－98.

的投资争端中主动适用国际投资仲裁并坚持适用透明度规则。坚持国际投资仲裁是因为中国是《ICSID 公约》的缔约国，同时专业的投资仲裁机制在解决投资争端上更能兼顾公平和各方利益。坚持适用透明度规则可以使非政府组织参与到争端解决中，其能为仲裁庭提供更专业的知识和不同的视角，更能兼顾各方的利益。

令人欣慰的是，我国贸仲委 2017 年发布的《贸仲委投资仲裁规则》是我国首部国际投资仲裁规则。在投资仲裁透明度方面，该规则较为全面地规定了庭审和仲裁文件公开、第三方参与仲裁等内容，体现了极高的仲裁透明度。

（二）完善国内相关立法建设

中国目前针对透明度规则存在的问题，很大程度上是由于中国相关法律法规制度不健全。因此，为了未来国际投资的发展，中国政府应当不断健全完善国内相关法律制度，实现国内相关法律制度建设与国际接轨。法律制度的健全和与国际接轨分为两个层面，一是对内立法层面，二是涉外立法层面。

对内立法方面，应当积极推进中国信息公开法律制度不断健全完善。中国 2019 年修订版《信息公开条例》已经实施 5 年，虽然已经取得一定的成就，但是仍然缺乏配套制度，在具体落实过程中也存在不到位现象。因此，中国立法部门首先应当为信息公开制度建立起整套制度。如针对条例中规定的属于由国务院及有关主管部门制定的具体办法，积极敦促有关部门加快制定，以方便条例中的具体规定得到落实，为政府信息公开提供技术、信息和资金支持。同时也应当尽可能在法定不予公开的几种情形以及规制滥用政府信息公开申请权方面厘清边界，规范流程。中国各地区信息公开部门也应当互相配合协调工作，以促进我国地区之间信息公开制度的平衡。除了健全国内信息公开制度外，中国的立法和执法部门也应当相互配合，深入加强中国国内争端解决机制的透明程度。这主要涉及国内法院及仲裁庭透明度制度的建立。国内法院应当严格执行最高法院 2018 年 11 月 20 日发布的《关于进一步深化司法公开的意见》，切实做到立案、庭审、执行、听证、文书、审务的公开。通过不断提高公开透明的程度，努力做到“最大限度公开”，即公共机构具有发布信息的义务，每一位公众都有相应的接受信息的权利，信息包括公共机构掌握的全部记录，且不限于任何保存方式。[①] 国内仲裁机构，应当积极借鉴国际投资仲裁的透明度规则，在自身的仲裁规则中增加相应的透明度规则条款，尤其是涉及投资争端解决的条款；在仲裁实践中对于涉及公共事项的争端及时公开，以便于其他组织提出专业意见，促进争端公平公正解决。

涉外立法方面，中国应当尽快建立起更为完善的《外商投资法》。无论是投资前置程序的信息公开还是争端解决方面的透明度规则，该法都关注有限。同时，面对中国与日俱增的对外投资，也应当考虑尽快制定中国的双边投资协定范本或区域投资协定范本，并在范本中增加国际投资仲裁的透明度规则，以便于中国企业在海外投资产生摩擦时可以直接诉诸国际仲裁机制而非东道国救济本身。同时透明度规则的引入也将争端事项公开透明化，有助于争端的公平公正解决。

（三）进一步促进非政府组织的发展

中国非政府组织的发展在国际上仍然处于低水平，这意味着中国民间在国际上的话语权仍然较弱。加大中国非政府组织的发展，不仅能够在非政府组织间增强中国地位，而且在未来可能面对的投资纠纷中，非政府组织也能出面保护公共利益。非政府组织在国际舞台上发挥着重要的作用，如国际法制中涉及环境保护的改革很多都是由非政府组织助力推动的。中国政府积极推动国内非政府组织的发展不仅有利于自身法制发展的完善，也有助于加深中国民间组织在国际社会上的参与程度，增强话语权，维护国家公共利益。

中国应当为国内非政府组织提供更多的优惠政策。当前国内非政府组织面临着管理乱、税收优惠落实难的困境。当前中国对非政府组织的监管是由登记部门和主管单位共同进行，这样的双重管理体制将会限制非政府组织的发展。中国的主管部门应当简化非政府组织的管理制度，为非政府组织划归同一的管理部门，这样有助于非政府组织开展活动。当前中国的非政府组织发展还面临着资金少的困境。虽然中国有相应的捐赠、税收优惠政策，但是该政策在中国的执行却十分复杂，没有统一透明的机制。中国税收部门应当

---

① 高一飞. 国际准则视野下的司法公开［J］. 河南财经政法大学学报，2014，29（2）：99－107.

为非政府组织增加更多的税收优惠政策，同时政府也可以为涉及需要着重发展的公共事项的非政府部门提供财政资金支持。除了国家支持，中国的非政府组织若要得到大发展还需从自身内部突破。我国的非政府组织与国际社会的非政府组织相比在自身管理和能力上都有很大差距。因此我国非政府组织应当制定科学可行的组织章程，严格依照组织章程办事。积极寻找和利用社会资源，因为政府给予财政支持有限，寻找相应的社会资源往往会实现资源的整合，也更有利于为相关公共事项所涉及的企业、团体和个人服务。提升组织成员的专业素养。非政府组织通常致力于某个领域，对于该领域有着深入的研究和全面的了解，因此才能在社会上提出更为专业的意见。非政府组织提升成员的专业素养将加深整个组织对某领域的研究程度，提升组织在本土乃至国际社会上的知名度。

第四章

国际投资仲裁中紧急仲裁员制度的适用问题

第一节　紧急仲裁员制度概述

紧急仲裁员制度产生于商事仲裁实践，并在商事环境下运行良好，仲裁机构一般都以商事仲裁规则中紧急仲裁员制度规定为蓝本，使其经过调整后适用于投资仲裁领域，甚至有的仲裁机构商事仲裁与投资仲裁适用同一个紧急仲裁员程序。因此，研究商事仲裁中紧急仲裁员制度的基本规定，是研究其在投资仲裁中适用问题的前提。

一、紧急仲裁员制度的基本内容

（一）紧急仲裁员制度的概念

紧急仲裁员制度是产生于国际商事仲裁领域的一项新兴制度。英文一般表述为“Emergency Arbitrator”，也有称紧急仲裁庭制度、应急仲裁员制度。虽然国际仲裁机构都相继将紧急仲裁员制度引入其仲裁规则中，但对于该项制度的定义，并没有统一的规定，仅简单加以描述。ICC 将其描述为：一方当事人在仲裁庭组成之前具有急迫的紧急临时救济的需求，可以求助于紧急仲裁令；SCC 将其描述为：一种为争议双方在仲裁庭组成之前提供救济的方式。国际仲裁机构通过对该制度中相关程序的规定，如紧急仲裁员的申请与指定、紧急仲裁员的权限、临时措施作出方式等，体现出紧急仲裁员制度的设立目的与价值取向。从紧急仲裁员制度的设立目的来看，它是为了解决在仲裁庭组成前当事人向仲裁庭寻求临时措施救济的障碍，避免由法院在仲裁庭组成前发布临时措施时间过长、保密性差、成功率低、担保负担较重等可能产生的问题。其成立的前提是仲裁庭具有临时措施的发布权，对仲裁庭发布临时措施是一种必要补充。因此，本书将该制度定义为：以解决仲裁庭组成前一方当事人的紧急临时措施需求为目的，在仲裁庭组成前根据一方当事人的申请，由被委任的紧急仲裁员作出临时保全措施的制度。

（二）紧急仲裁员制度的特征

1. 制度设计具有高效性

高效性是该制度的应有之意。紧急仲裁员制度就是为了对即将被破坏或消失的证据、即将被侵犯的财产、即将被侵犯的权益提供保护，“急迫性”是紧急仲裁员据此评价是否同意临时措施申请的一个重要指标。因此，在紧急仲裁员程序中，各国际仲裁机构都对时限作出了明确的要求，以及时保护当事人的权利，不能让任何当事人的权利因为法律程序的冗长而受到不应有的损害。①

高效性体现在紧急仲裁员的任命时间、紧急临时措施决定或裁决作出时间上。如《SCC 仲裁规则 2023》附件二第 4 条第 1 款、第 8 条第 1 款规定，理事会指定应急仲裁员的时间为收到申请后 24 小时之内；② 应急决定应当在申请移交应急仲裁员之日起 5 日内作出，此时间可在应急仲裁员请求或理事会认为有必要的情况下延长。③《SCC 仲裁规则 2023》是目前各国际仲裁机构中对时限要求最严格的规则，指定紧急仲裁员的时间限制精确到小时，作出决定或裁决的时间为 5 日内。很多仲裁机构都将指定应急仲裁员的时间规定在 1 日或 2 日内，伦敦国际仲裁院（London Court of International Arbitration, LCIA）规定时间相对较长，为 3 日内，并且有的机构区分工作日与非工作日；决定或裁决作出时间普遍规定为紧急仲裁员接受任命后 15 天内。据国际

---

① GARY B B. International Commercial Arbitration: Commentary and Materials [M]. Netherlands: Kluwer Law International, 2001: 919.

② 《斯德哥尔摩商会仲裁院仲裁规则 2017》附件二第 4 条第 1 款。

③ 《斯德哥尔摩商会仲裁院仲裁规则 2017》附件二第 8 条第 1 款。

争议解决中心（International Centre for Dispute Resolution，ICDR）统计，紧急仲裁员程序平均用时为21天。高效性还体现在紧急仲裁员的任命方式上，紧急仲裁员由理事会指定，排除了一般仲裁规则中由当事人协议选择的情况，这就避免了一方当事人采取各种拖延组庭的措施导致争议迟迟不能解决。

2. 采用“约定排除”（Opt－Out）的适用方式

“约定排除”，即如果当事人在仲裁协议中没有明确排除紧急仲裁员制度的适用，那么在产生争议时可以自动适用该制度。紧急仲裁员制度的适用方式经历了由“约定适用”（Opt－In）到“约定排除”的过程。正是由于采用“约定适用”方式的紧急仲裁员制度前身——仲裁前公断程序在适用中的障碍，国际社会经过反思总结出“约定排除”模式更能适应现实情况。据统计，在2012年ICC取消仲裁前公断程序之前的20多年里，该程序仅被适用了12次。如此低的使用频率使该制度收效甚微。国际商会仲裁院副主席Antonias Dimolitsa也指出：采取“约定排除”的方式，可以避免“约定适用”模式可能会导致的极大限制紧急仲裁员程序启动可能性的问题。因为大多数当事人很少会在订立合同时想到对紧急仲裁员程序进行约定。《ICC仲裁规则2012》第29条明确规定了“约定排除”模式：凡约定由ICC仲裁且在2012年1月1日后达成的仲裁协议，紧急仲裁员制度在协议中没有明示排除适用，或者没有明示适用另一种保全措施的仲裁前程序情况下自动适用。该规则在其2017年和2021年的修订版中也被沿用。《SCC仲裁规则2023》不仅采用“约定排除”的适用方式，还对当事人在仲裁规则生效前订立的、指明适用SCC规则的仲裁协议具有溯及力。《SCC仲裁规则2023》在这一规定上沿用《SCC仲裁规则2012》和《SCC仲裁规则2017》的规定，即对于当事人指明适用SCC规则的仲裁协议，视为当事人同意适用仲裁开始之日或指定紧急仲裁员申请提交之日开始生效的本规则或其修订本，除非当事人另有约定。然而在《SCC仲裁规则2012》生效之前，当事人想到排除适用紧急仲裁员制度的可能性几乎为零，因为当时世界范围内最早明确适用紧急仲裁员制度的ICDR规则也才实施几年，即使当事人想到该制度，也不会考虑到溯及力的问题。因此，该规定使得只要在仲裁协议中指明适用SCC仲裁规则的，都自动适用紧急仲裁员制度，SCC这种溯及力规定与“约定排除”适用模式的结合，进一步扩大了该项制度的适用范围，也是其在投资仲裁适用中出现适用版本争议的一大原因。

3. 不排除当事人司法救济权利

紧急仲裁员制度只是为当事人在仲裁庭组成前向仲裁机构寻求临时措施救济提供了渠道，并没有排除法院在仲裁庭组成前发布临时措施的权力，也没有妨碍当事人在仲裁庭组成前向法院寻求临时措施救济的权利。《SCC 仲裁规则 2023》规定，向司法机关申请临时措施的一方当事人行为，并不被视为与仲裁协议或本规则相抵触的行为。[①] 《ICC 仲裁规则 2021》第 29 条第 7 款也对此进行了规定，向司法机关提起临时措施申请的时间甚至可以延至提起紧急仲裁员程序申请之后。这种规定：一是在于仲裁规则由仲裁机构制定，其并没有权力否定由国内立法所授予的法院的临时措施发布权；二是由于仲裁本身的特性给仲裁解决方式带来的限制，如仲裁庭不具有发布针对第三人的临时措施的权力，也没有强制执行力。

（三）紧急仲裁员制度的产生与发展

1. 紧急仲裁员制度雏形：仲裁前公断程序

20 世纪 90 年代，ICC 仲裁前公断程序（Pre - arbitral Referee Procedure）可以看作最早的为解决仲裁庭组成前临时措施问题的规则，它可以视为紧急仲裁员制度的雏形。该规则规定，在对案件有管辖权的仲裁庭或法院受理案件前，公断人有权下达某些指令。[②] 其目的在于保证在仲裁庭组成前申请人可以通过公断程序获得救济。但公断人程序各方面规定略显单薄，并且存在着一些问题：首先，表现在适用方式上，只有当事人在仲裁协议中明确约定适用仲裁前公断程序，该规则才予以适用。这也是其在存在的 20 多年里仅被适用 12 次的一大原因，因为很少有当事人在仲裁协议签订时就考虑到争议发生时可能会适用该程序。另外，仲裁前公断程序没有规定在 ICC 仲裁规则中，而是自成体系，这就大大降低了其被适用的可能性。其次，表现在公断人的指定上，公断人可以由秘书处主席选定，也没有排除由当事人协商确定，这就可能产生一方当事人为隐匿证据、转移财产而恶意拖延时间的情况，而仲裁庭组成前当事人申请的临时措施具有紧迫性，任何拖延时间的行为都可能会使之后的裁决没有任何救济意义。最后，公断人所作裁决完全依赖当事人

---

① 《斯德哥尔摩商会仲裁院仲裁规则 2017》第 37 条第 5 款。

② 《仲裁前公断程序》第 1 条。

自觉履行，没有强制执行力。虽然在之后对实体争议裁决时，仲裁庭会将当事人履行指令的情况作为参考，对当事人产生了一定威慑力，但这种威慑力始终不能保证指令的执行。另外，该规则也没有提及是否需要法院协助等问题。但无论如何，仲裁前公断程序作为紧急仲裁员制度的前身，为其提供了很多经验教训，为后来紧急仲裁员制度的形成奠定了基础。

2. 紧急仲裁员制度的发展

国际社会在反思总结仲裁前公断程序的经验与教训的基础上，相继在仲裁规则中引入了紧急仲裁员制度。ICDR 于 2006 年最早确定紧急仲裁员制度，其仲裁规则第 37 条对该制度作了规定，该条共有 9 项。2010 年 SCC 第一次比较系统地以附件的形式阐释了该制度，附件内容涵盖紧急仲裁员制度从申请到决定作出的一系列问题，现行版本于 2023 年 1 月 1 日生效，紧急仲裁员制度规定在附件二，共 10 条；同年新加坡国际仲裁中心引入该制度，现行版本为经 2016 年修改的第六版；ICC 于 2012 年引入该制度；我国仲裁机构顺应实践需求，与国际接轨，HKIAC 于 2013 年引入该制度；我国上海国际仲裁中心（Shanghai International Arbitration Center，SHIAC）于 2014 年 5 月 1 日开始施行该制度，并创新性地引入了仲裁员开放名册制度，对临时措施范围进行明确，其采用的体例不同于国际主要仲裁机构的附件形式，而是在临时措施一章融入该制度，规定在第 21 条；① 为适应贸仲委香港仲裁中心管理案件的需要，贸仲委也将该规则以附件的形式于 2015 年 1 月 1 日引入实施，规定在附件三。紧急仲裁员制度是仲裁规则发展的新趋势之一，将在仲裁领域越来越频繁地被使用。

上述发展仅限于国际商事仲裁领域，紧急仲裁员制度在国际投资仲裁中的发展目前还处于起步阶段。除 SCC 仲裁机构明确紧急仲裁员程序适用于商事与投资仲裁两个领域外，SIAC 与我国贸仲委都以单独订立投资仲裁规则的形式对其规定。不难看出，紧急仲裁员制度不管在商事仲裁领域还是投资仲裁领域，都在强烈的实践需求下不断发展，是国际仲裁积极、必然的发展趋势。

---

① 《中国（上海）自由贸易试验区仲裁规则》第 21 条。

二、紧急仲裁员制度的运作模式

（一）紧急仲裁员的申请和指定

1. 紧急仲裁员的申请

（1）申请形式与内容

国际仲裁机构一般都要求，存在着有效仲裁协议的当事人以书面的形式提出申请。《ICC 仲裁规则 2021》与《ICDR 仲裁规则 2021》对此都有明确规定。① 随着电子技术的发展，产生了多种与书面方式效果相同但效率更高的方式。一些仲裁机构与时俱进，将多元化的送达方式规定在申请人可采取的申请方式中，提高了效率，便捷了当事人。如香港国际仲裁中心机构仲裁规则 2018 版本（以下简称《HKIAC 机构仲裁规则 2018》）规定，提交申请的方式可以采取本规则第 3 条第 1 款和第 3 条第 2 款的规定，② 该条款规定了多种送达方式供当事人选择，如传真、电子邮件、在线存储系统等。

各仲裁规则虽然对申请具体内容规定的表述有所差异，但大都包括相似的要求。首先，必须存在有效的仲裁协议或条款。这可以初步证明仲裁机构对该争议具有管辖权，同时也能证明当事人双方是同意仲裁这种争议解决方式的；其次，当事人需要说明提出申请的理由，并且其所依据的事实可能会被紧急仲裁员用来考虑是否同意申请；再次，当事人要提供已经合理地通知了对方当事人的证明，这既是紧急仲裁员制度不支持单方原则的体现，也是程序正当性的要求；最后，当事人应当如实提供包含其基本信息的材料。不难看出，申请具体内容的规定是对当事人权利的规制，可以避免当事人滥用权利、恶意损害被申请人权益的情况发生。③

（2）申请时间

对于申请紧急仲裁员程序的时间限制，毫无疑问是仲裁庭组成前。但是否需要满足“当事人提交仲裁申请书之后”这一要求，各机构存在不同的规

---

① 2017 年版《国际商会仲裁院仲裁规则》附件五第 1 条第 1 款和《美国仲裁协会国际争议解决中心仲裁规则》第 6 条第 1 款。

② 2018 年版《香港国际仲裁中心机构仲裁规则》附录四第 2 条第 1 款。

③ 王宁．试论我国紧急仲裁员制度的构建［D］．宁波：宁波大学，2017：7.

定。有的仅简单规定为移交仲裁庭之前，如《SCC 仲裁规则 2023》附件二第 1 条第 1 款对此作了明确规定；而《SIAC 仲裁规则 2016》却对此作出限制，要求在仲裁申请提交之时或之后提起紧急仲裁员申请，[①]《SIAC 投资仲裁规则 2017》对提出申请的时间规定也沿用了此种限制，[②]《HKIAC 机构仲裁规则 2018》同《SIAC 仲裁规则 2016》规定一致。《ICC 仲裁规则 2021》对此问题的规定更具体完善，ICC 并没有要求紧急仲裁员程序申请应在提交仲裁申请之时或之后提出，但是却作出了限制措施：如果在秘书处收到紧急仲裁员程序申请请求书后 10 日内，当事人并没有提交仲裁请求书，紧急仲裁员程序应被终止。[③] 这样就能避免被申请人因申请人滥用权利而利益受损，对当事人及时解决纠纷也起到了督促作用。

2. 紧急仲裁员的指定

仲裁程序中，组成仲裁庭的三名仲裁员或者独任仲裁员可以由当事人协商确定，协商不成时，由仲裁委员会主任指定。而紧急仲裁员制度在仲裁员的选任上限制当事人意思自治，直接由"仲裁委员会主任""理事会"或"主席"指定。如《SCC 仲裁规则 2023》附件二第 4 条规定，应急仲裁员由理事会在收到申请后 24 小时内指定；《ICC 仲裁规则 2021》附件五第 2 条第 1 款对此也有规定，要求院长在尽可能短的时间内指定。[④] 这样规定可以防止一方当事人恶意拖延仲裁程序的进行，也体现了程序高效性的要求。

对于紧急仲裁员应从哪些人中指定，各仲裁机构并没有明确的规定。紧急仲裁员由于要在较短的时间内作出是否授予临时措施的决定，所作措施会对双方当事人权益产生较大影响，因此特别考验其专业性程度与仲裁经验的丰富性。一些仲裁机构也特别准备了紧急仲裁员名册，如《美国仲裁协会仲裁规则》（以下简称《AAA2009 仲裁规则》）第 37 条第 3 款规定，由仲裁管理人在仲裁名册中选定。[⑤]《SIAC 仲裁规则 2014》也引入了紧急仲裁员名册的先进做法。

关于紧急仲裁员任命的时间，各仲裁机构都有具体的规定。《ICC 仲裁规则 2021》规定，紧急仲裁员的指定一般在秘书处收到申请书后两日内；

---

① 《SIAC 仲裁规则 2016》。

② 《SIAC 投资仲裁规则》第 1 条第 1 款。

③ 《ICC 仲裁规则 2017》附件五第 1 条第 6 款。

④ 《ICC 仲裁规则 2017》附件五第 2 条第 1 款规定，院长应在尽可能短的时间内，通常在秘书处收到请求书起两日内任命紧急仲裁员。

⑤ 2009 年版《美国仲裁协会仲裁规则》第 37 条第 3 款。

《ICDR 仲裁规则 2014》规定为收到申请一个工作日内；《SIAC 仲裁规则 2016》规定为收到申请一个营业日内；《SCC 仲裁规则 2023》更为精确，为收到申请 24 小时内。以上仲裁规则中，ICC 规则规定时间相比较长，但其后又要求，“在尽可能短的时间内完成任命”，既规定了任命时间的上限，又催促院长及时指定紧急仲裁员；SIAC 和 ICDR 表述虽略微差异，但可以看出二者都是区分工作日和休息日的；SCC 的指定规则又称为“24 hour rules”，相比于前两种规定方式，24 小时的表达更为精确，时间更为紧凑，可以避免因为不同国家对于工作日与休息日的不同规定而产生争议，也可以避免 ICC 规则所规定的“尽可能短的时间内”可能带来的困扰。SCC 采用了“will seek to appoint”的表述来缓解“24 小时规则”过于刚性的问题；《HKIAC 机构仲裁规则 2013》将紧急仲裁员的指定时间限定在收到申请与预付款后两日内，但是在《HKIAC 机构仲裁规则 2018》中采纳了 SCC“24 小时规则”的规定，由此可以窥见仲裁规则对于紧急仲裁员制度高效性的要求。各大仲裁机构对紧急仲裁员制度的基本规定如表 2－1 所示，可看出机构间该制度的细微差异。

表 2－1　各大仲裁机构紧急仲裁员制度规定

仲裁机构	ICDR	SCC	SIAC	ICC	HKIAC	LCIA
引入时间	2006	2010	2010	2012	2013	2014
现行紧急仲裁员条款仲裁版本	ICDR Rules 2021	SCC Rules 2023	SICA Rules 2016	ICC Rules 2021	HKIAC Rules 2024	LCIA Rules 2020
提交申请时间	提交仲裁通知书同时或之后	案件提交仲裁庭前	提交仲裁通知书同时或之后，仲裁庭组成前	递交仲裁申请书前 10 日内	提交仲裁申请之前、同时或之后，仲裁庭组成前	仲裁庭组成前
紧急仲裁员的指定时间	收到申请一个工作日内	收到申请后 24 小时内	收到申请 1 日内	通常在收到申请书后两日内	收到申请和预付款两者后 24 小时内	接到申请 3 日内或此后尽快
决定或裁决作出的时间	没有规定	卷宗移交紧急仲裁员之日起 5 日内（可延长）	仲裁员接受任命后 14 日内（可延长）	卷宗移交紧急仲裁员之日起 15 日内（可延长）	卷宗移交紧急仲裁员之日起 14 日内（可延长）	仲裁员接受任命后 14 日内（可延长）

（二）紧急仲裁员的权限

1. 发布其认为必要的临时措施

（1）范围

紧急仲裁员具有同仲裁庭一样的发布临时措施的权力，可以作出其视为必要的任何临时措施命令，所作决定或裁决一般被称为紧急临时措施决定或裁决、紧急临时救济措施决定或裁决。《SIAC 仲裁规则 2016》附件一第 8 条对此也有明确规定。紧急仲裁员在当事人提出合理要求并说明理由时，或者紧急仲裁员认为有充分理由时，还可以对其作出的命令进行修改和废止。一些仲裁机构为明确紧急仲裁员享有的权力，在仲裁规则中规定其享有权力的范围同仲裁庭相同，如《SIAC 仲裁规则 2016》规定紧急仲裁员具有本规则赋予仲裁庭的各项权力,[①] SIAC 规则下紧急仲裁员权力最广；而有的机构相对保守，仅规定其拥有仲裁庭的部分权力，如 ICDR，仅将规则第 15 条项下的权力赋予紧急仲裁员。对于这一问题，SCC 和 ICC 并没有明确说明。对于紧急临时措施决定的效力，各规则都明确规定，紧急临时措施决定或裁决一经作出对当事人立即生效，当事人应毫不迟延地履行。

各主要机构仅赋予紧急仲裁员发布其认为必要的临时措施的权力，对于如何判断案件达到了发布临时措施的实质要件——“紧急性”的标准，国际上并没有形成统一的认识。采用“认为必要的”“适当的”措辞，给予了紧急仲裁员极大的自由裁量权。[②] 在《SCC 仲裁规则 2010》起草的过程中，仲裁院曾经拒绝为临时措施的发布创建一个负面清单，这种态度也表明仲裁院对这一问题规制的意愿并不强烈，更寄希望于紧急仲裁员发挥自由裁量权来保障个案当事人的权利。对于“紧急性”的考量，目前大致有三点标准：迟延的危险（Danger in Delay），即如果不发布临时措施可能会使申请人受到无法弥补的损害；初步推断（Prima Faice），从当事人提交的材料可以初步判定当事人具有胜诉可能性；损害衡量（Balance of Inconvenience），即申请人所受损害实质大于临时救济会给被申请方带来的损害。而澳洲国际商事仲裁中心（Australia Centre for International Commercial Arbitration，ACICA）仲裁规则

---

① 《SIAC 仲裁规则 2016》附件一第 7 条。

② 薛东玉. 国际商事仲裁中紧急仲裁庭制度初探［D］. 上海：华东政法大学，2015：23.

在这方面的规定较为详细，[①] 从是否满足紧急的标准以及是否会导致无法挽回两个方面加以考虑。[②]

（2）时间限制

在仲裁庭组成前紧急临时措施才能发布，仲裁庭组成之后，紧急仲裁员不再行使权力，几乎各大机构对此都有规定。紧急临时措施决定对仲裁庭没有约束力，仲裁庭可以选择考虑、修改或废止。[③] 紧急仲裁员不得在之后的仲裁庭中担任仲裁员。《SCC 仲裁规则 2023》规定，紧急仲裁员不能在以后与争议有关的仲裁程序中担任仲裁员，除非当事人另有约定。[④] ICC 在这一问题上并不允许当事人意思自治。[⑤] 紧急仲裁员在处理临时措施申请时，虽然不对案件实体争议作出处理，但是除了考量情况紧急不授予临时措施是否可能使申请人遭受不可挽回的损失这一因素，还要考虑申请人是否有胜诉可能。因此，不管有没有授予临时措施，都会产生先入为主的印象，甚至会有偏见，影响了仲裁的独立公正价值。[⑥] 所以，在正式的仲裁程序中，应尽量避免紧急仲裁员重新作为案件的审理者。

2. 要求当事人提供担保

紧急仲裁员在作出临时措施决定时，可以要求申请人提供担保。临时措施虽然对于维持现状、保障仲裁程序顺利进行具有重要作用，其发布前提也是建立在紧急性、胜诉可能性和不可弥补性的基础上。但正如前文所说，紧急临时措施决定的发布并没有统一的可供执行的标准，紧急仲裁员在实践中具有较大的自由裁量权，即使当事人需向紧急仲裁员证明如果不采取临时措施会给其带来不可弥补的损害且损害大于给被申请方带来的实质损害，但在有些情况下，紧急仲裁员还是有必要要求当事人提供担保，以避免给被申请方带来不应有的损害。《SCC 仲裁规则 2017》规定，紧急仲裁员可以以其认为适当的条件为前提作出裁令，包括要求当事人提供担保。[⑦] 该规则对要求

---

① 2011 年版《澳大利亚国际商事仲裁中心仲裁规则》第 28 条第 3 款。

② 王雨．国际商事仲裁紧急仲裁员制度研究［D］．重庆：西南政法大学，2016：17.

③ 《SIAC 仲裁规则 2016》附则一第 10 条。

④ 《SCC 仲裁规则 2023》附件二第 4 条第 4 款。

⑤ 朱占锋．国际商事仲裁中的紧急仲裁员制度之探究［J］．安徽警官职业学院学报，2015，14（03）：25 – 30.

⑥ 崔明坤．国际商事仲裁中紧急仲裁员制度研究［D］．北京：外交学院，2013.

⑦ 《斯德哥尔摩商会仲裁院仲裁规则 2017》附件二第 6 条第 7 款。

当事人提供担保的措辞使用的是“可以”，不同于当事人提起诉讼前或申请仲裁前向法院提出临时措施申请，法院一般都要求当事人必须提供担保，并且要求等额担保，这对于商事仲裁当事人来说往往是一种负担，提高了申请临时措施的门槛，使得申请临时措施成功率与自身财力相挂钩。实践情况也表明法院在审查是否应授予临时措施时，仅审查当事人是否提供了担保，这种形式主义对当事人利益保护极为不利。相比而言，给予紧急仲裁员自由裁量权，使其根据案件情况判定是否需要担保就更符合现实需要。

3. 保证公正并独立于各方当事人

国际仲裁机构一般都要求紧急仲裁员在获得任命前，披露可能会对其独立性和中立性产生怀疑的任何情况。如《SIAC 仲裁规则 2016》附件一第 5 条、《ICC 仲裁规则 2021》附件五第 2 条第 4 款等都对此作了规定。当事人对其公正性产生怀疑时还可以提出回避申请，回避申请提出时限以及作出回避决定时限都规定在较短的时间内，以符合紧急仲裁员制度高效性的要求。如《SIAC 仲裁规则 2016》附件一第 3 条规定为“一个营业日内提出”。保持公正独立的要求还表现在制度设计上，紧急仲裁员制度不支持单方原则，而给予双方当事人合理陈述案件的机会，申请人提出申请时也应当证明其已经合理地通知了对方当事人，这既是对紧急仲裁员权力的限制，也是程序正当性的要求。即使瑞士商会仲裁院在某些情况下允许单方面的申请，也在制度中明确规定，最迟在初步命令作出时通知对方当事人，给予其充分的申诉机会。

三、紧急仲裁员制度适用于国际投资仲裁的必要性

（一）仲裁庭分享法院临时措施发布权的必要性

1. 临时措施的概念

各国立法和仲裁机构并没有将临时措施的名称进行统一。《国际商事仲裁示范法》（以下简称《示范法》）将其称为“临时措施”,[①] 也有称为“临时性保护措施”，我国在命名时区分为财产和证据保全措施。临时措施的定义一般涉及发布主体、发布时间与措施种类。一般认为临时措施是指，为保

① 《国际商事仲裁示范法》第 17 条。

证仲裁程序顺利进行和保障仲裁裁决执行力，一方当事人在仲裁程序开始之前或进行之中申请的，由法院或仲裁庭应当事人申请作出的临时救济措施。在分类上，学术中有二分法、三分法和四分法，主要从证据的保全、避免标的物的损失、维护程序尊严和维持现状等方面加以考量，这也是其功能所在。临时措施多为“非金钱救济”，即要求当事人为一定行为或者不为一定行为。

2. 仲裁庭行使临时措施发布权的法理依据

仲裁庭临时措施发布权主要在国内仲裁立法、仲裁机构规则与当事人协议中加以规定。仲裁庭具有发布临时措施的权力得到大多数国家承认，只是一些国家给予其广泛的发布权，另一些国家仅将其发布权限制在小范围内。仲裁机构规则与当事人协议虽然也能授予仲裁庭临时措施发布权，但是这种授予应当符合当地法律，否则不能获得执行。

关于仲裁庭发布临时措施的法理依据，目前存在不同的说法。仲裁员固有权力或隐含权力说认为，仲裁员是发布临时措施的“自然法官”，其权力隐含在双方当事人达成的仲裁协议中。① 这一学说的理论依据是当事人意思自治原则，即当当事人将其协议下争议提交仲裁解决时，仲裁庭就有权为保证程序的顺利进行采取其认为必要的措施，包括临时措施。一些国家法院甚至在当事人有仲裁协议时拒绝当事人的临时措施申请，要求其向仲裁庭寻求救济。这一学说充分尊重了当事人意思自治在仲裁协议中的作用，但是应当看到其局限性。当事人可以约定仲裁所适用的程序，但是必须符合仲裁协议所依据的国内法，当国内法规定临时措施发布权排他的由法院享有时，这种协议并不能授予仲裁庭临时措施发布权。

我们或许可以从仲裁性质的学说中找到仲裁庭发布临时措施权力的正当性。司法权论是仲裁性质的一种学说，其还分成几个派别，其中代表论认为：仲裁员的任务是评判当事人之间的争议，也就类似于法官的判案，仲裁员实际是代行法官审判职责，是临时法官，是国家为了公共利益需要而将国家独有的判案的司法权力部分授予仲裁员的结果。② 而仲裁员为了行使此种“判

---

① KlAUS P B. International Economic Arbitration [M]. Netherlands: Kluwer Law and Taxation Publishers, 1993: 331.

② 刘晓红，林艳萍，刘宁元. 国际商事仲裁专题研究 [M]. 北京：法律出版社，2009: 303 - 305.

案”权力，保障程序的顺利进行，需要其具备一定的司法权力，如发布临时措施。国家通过国内仲裁立法的方式赋予仲裁庭临时措施发布权即是对其此种权力的分享与确认。

3. 仲裁庭分享法院临时措施发布权的优势

最初各国都由法院享有临时措施发布权，随着仲裁的发展，不少国家逐渐认识到仲裁庭在分享法院临时措施发布权上的优势，由此产生了不同国家以及同一国家不同阶段管辖权分配模式的不同选择。纵向上，管辖权分配模式由法院专属模式逐渐向兼顾二者优势的法院与仲裁庭权力并存模式转变；横向上，不同国家立法对此规定不尽相同①，国家根据本国仲裁发展情况采取相应的模式。临时措施的管辖权分配模式影响到一国是否承认仲裁庭有发布临时措施的权力，仲裁庭的这种权力又是紧急仲裁员制度所默认的前提，因此有必要对临时措施管辖权分配模式进行分析，指出仲裁庭分享法院临时措施发布权的优势，以揭示紧急仲裁员在仲裁庭组成前给予当事人临时措施保护的必要性。

（1）法院专属模式

由法院排他性的享有临时措施的发布权，不管是在仲裁庭组成之前或之后，法院都是唯一、排他的发布主体，仲裁庭没有权力发布临时措施。采用这种模式的国家有阿根廷、意大利以及我国等。如我国《中华人民共和国民事诉讼法》（2023 年修正）第 104 条规定了当事人在提起诉讼与申请仲裁前申请财产保全应向法院提出；《中华人民共和国仲裁法》（2017 年修正）第 28 条第 2 款、第 46 条、第 68 条分别规定了当事人申请财产保全、证据保全及涉外当事人申请证据保全的程序，即当仲裁庭接受当事人申请后，要将当事人申请移交有管辖权的法院来发布临时措施，仲裁庭只充当“二传手”的角色，并不能真正处理当事人的临时措施请求。法院享有临时措施的发布权具有合理性与必要性，但是在临时措施的发布权上排除仲裁庭的权力，不仅违背了当事人的仲裁意愿，而且也存在一些效率问题。

（2）仲裁庭专属模式

由仲裁庭排他的享有临时措施发布权的模式目前并没有任何一个国家采用。因为仲裁具有契约性，对第三方不产生效力，仲裁庭无权作出针对第三

---

① 郭益智．论国际商事仲裁临时措施的执行［D］．上海：华东政法大学，2016：9.

方的临时措施；另外，仲裁庭没有强制执行力，即使作出了临时措施也不会产生强制力，并不能保证临时措施的实施效果。但是，美国一些州法院的司法实践认为，法院审理仲裁协议事项的权力，只有在仲裁协议无效、失效或者不能实施时才能享有。

（3）法院与仲裁庭权力并存模式

目前国际上大部分国家都采用法院与仲裁庭权力并存模式，因为它汲取了法院和仲裁庭各自发布临时措施的优势，使二者互相配合，完善了对当事人权益的保护。具体二者权力应该怎么分配又有不同的做法：有些国家根据临时措施的性质及法院和仲裁庭的特性作出分类，如将强制性的临时措施授予法院，将非强制性的临时措施授予仲裁庭；有些将临时措施的具体分配权授予当事人，由当事人自由选择，《示范法》第9条、《UNCITRIL仲裁规则》等采取这种方法；有的根据临时措施的申请时间来分配，仲裁庭组成之前由法院发布，仲裁庭组成之后只能由仲裁庭发布。

权力并存模式充分发挥了法院和仲裁庭的各自优势。首先，当事人选择仲裁解决争议是当事人自由意志的表现。如果当事人采用仲裁方式解决争议时，还要通过法院来获得临时措施救济，不仅降低效率，而且会与当事人当初选择仲裁的目的背道而驰，即看中仲裁尊重当事人意思自治、公正独立、保密性强这些特点，使当事人产生排斥心理，影响裁决的执行；其次，仲裁庭相比于法院具有更强的专业性。仲裁员大多是具有较强专业性和成熟经验的法律界、经济界专家，能够对仲裁争议作出较专业的决定。但同时，仲裁具有契约性，仲裁员的权力来源于对他们作出委任的当事人，来源于当事人在仲裁协议中的合意，而合意仅对当事人双方有约束力，对协议之外的第三人没有约束力，所以仲裁员也就没有权力发布针对第三人的临时措施；另外，仲裁庭发布的临时措施依赖当事人的自觉履行，没有强制执行力，或者仲裁庭采用不利推断等极为有限的手段促使当事人履行，在当事人不履行的情况下只能借助国家强制力。因此，由仲裁庭分享法院临时措施发布权更能发挥各自优势，弥补各自缺陷。

（二）仲裁庭组成前投资者紧急临时措施需求的现实性

权力并存模式只是明确仲裁庭同法院一样具有发布临时措施的权力，在仲裁庭组成前，当事人还是只有向法院申请临时措施这一种渠道。而对于当事人来说，向法院申请临时措施救济是他们选择仲裁解决方式所想避免的：一是法院处理临时保全措施时间较长，效率较低。相比于仲裁庭，法院工作繁杂，不具有处理临时措施救济的专业性，对仲裁事项了解不够。即使有的法律限制了法院对当事人在申请仲裁前提出的临时措施的裁决作出的时间，能较快给予当事人救济，但同时都会要求提供担保。如我国《民事诉讼法》（2023 年修正）第 104 条第 1、2 款规定，对于当事人在提起诉讼前和申请仲裁前申请的临时措施，法院接受申请并且情况紧急的，应当在四十八小时之内作出裁定。同时第 1 款规定了“申请人应提供担保，不提供担保的，裁定驳回申请”。实践中也存在法院对申请不注重实质审查，仅审查是否能提供等额担保的情况。而且法院可以依据单方面申请作出裁定，可能引发重复担保问题。二是当事人对于法院的公正性存在质疑。特别是在国际投资仲裁中，投资者很难相信东道国法院在审理关于本国政府的案件时不会有任何偏袒行为。①

据 ICSID 数据统计，在 2012 年提交 ICSID 仲裁的 19 个投资仲裁案件中，最快的耗时 29 个月，平均每个案件耗时 59 个月，耗时长主要归因于仲裁庭组成时间过长，从登记到仲裁庭组成一般花费 211 天（近 7 个月），最慢的花费了 470 天（近 39 个月）。② 投资仲裁中仲裁庭如此漫长的组成时间可能会使当事人的利益在这一过程中慢慢被消耗殆尽，甚至即使仲裁庭作出了同意发布临时措施的决定，当事人权益已经没有保护必要。更为重要的是，法院一般规定“申请仲裁前”可提出临时措施申请，而不是仲裁庭组成前，但在国际投资仲裁中，如 ICSID 数据显示，由于投资者已经提起了仲裁申请，在至少 7 个月的时间里，如果其权益遭受无法弥补的损害，则可能不能寻求任何救济。因此，有必要弥补当事人在仲裁庭组成前的权利真空。

总之，由于国际投资仲裁中投资者在仲裁庭组成前具有临时措施需求，如果将这份需求诉诸东道国法院又会有一定弊端，甚至在一些时间段里还存在权利真空，因此在仲裁庭还未组成时，设计紧急仲裁员程序，以独立的紧急仲裁员代行仲裁庭发布临时措施同样的权力，以延伸仲裁庭分享法院临时

① GUILLAUME L，PAUL Q. The ICDR's Emergency Arbitrator Procedure in Action ［J］. Dispute Resolution Journal，2008，63（4）：145.

② SWEE YEN K. The Use of Emergency Arbitrators in investment Treaty Arbitration ［J］. ICSID Review，2016，31（3）：534－548.

措施发布权的优势，实现临时救济措施为当事人避免财产或者精神损失的保护性作用。①

第二节　紧急仲裁员制度在国际投资仲裁中的适用现状与产生的争议

紧急仲裁员制度产生于国际商事仲裁领域，自2006年发展至今，在国际商事仲裁中越来越频繁地被当事人适用，对保护当事人在仲裁庭组成前的权益起到了重要作用。然而，国际商事仲裁与国际投资仲裁调整不同的法律关系，即使近年来有不断融合的趋势，但二者仍然在管辖权、裁决预见性、保密性等问题上存在不同的价值取向与制度安排。与商事仲裁几个世纪的历史相比，投资仲裁只能从1959年第一个BIT签订和1965年ICSID的成立谈起。商事仲裁一般只涉及《纽约公约》的适用，而对于投资仲裁来说，除众多BIT外，多边国际协定如ECT、《ICSID公约》、区域性国际协定，都成为其法律框架，同时也决定了其适用的复杂性。如商事仲裁中仲裁地的程序法、实体法一般都能得到适用，而在投资仲裁中，投资者与东道国一般约定适用东道国实体法。除此之外，二者对管辖权的规定差异较大。在投资仲裁中，首先，一国对投资仲裁是否表达了同意，不仅涉及对BIT中争端解决条款的明确，还要对“合格的投资”“合格投资者”等问题进行解释；其次，如果BIT中对同意仲裁的表达模糊不清时，或没有包含争端解决条款时，投资者是否可以通过该BIT中的最惠国待遇条款援引另外一个包含仲裁解决方式的BIT？另外，国际商事仲裁以其保密性获得当事人青睐，而国际投资仲裁更加注重透明度。国际商事仲裁与国际投资仲裁诸多差异的存在，要求将适用于商事仲裁中良好运行的紧急仲裁员制度引入投资仲裁领域时要更加谨慎。下面结合投资仲裁中适用紧急仲裁员程序的案例讨论该制度在投资仲裁中涉及的问题，为我国国际投资仲裁中紧急仲裁员制度的完善提供思路。

---

① GARY B. B. International, Commercial Arbitration in the United States [M]. Netherlands: Kluwer Law and Taxation Publishers, 1994: 754.

一、国际投资仲裁中紧急仲裁员制度的适用现状

（一）ICC、SCC、SIAC 与 CIETAC 相关仲裁规则的不同适用方式

如前所述，紧急仲裁员制度在国际投资仲裁领域内的适用还处于起步阶段，甚至在国际投资仲裁中广泛适用的《ICSID 公约》也没有引入该制度。关于紧急仲裁员制度在投资仲裁中的适用，目前仅有《ICC 仲裁规则》《SCC 仲裁规则》《SIAC 投资仲裁规则》和我国《贸仲委投资仲裁规则》《SHIAC 仲裁规则》《北京仲裁委员会投资仲裁规则》《深圳国际仲裁院仲裁规则》等作出了相应规定。这些仲裁机构采用不同的方式来处理紧急仲裁员制度在投资仲裁中的适用问题。

1.《ICC 仲裁规则》

目前，大约 18% 的投资保护协定规定投资者与东道国之间发生的争议可适用《ICC 仲裁规则》。根据《ICC 仲裁规则 2021》第 29 条第 5 款，ICC 明确规定了紧急仲裁员制度仅适用于提出申请的一方是仲裁协议签字人或者签字人的继任者。[①] 国际投资仲裁条款一般由国家在与他国的双边或多边条约中协商规定，或在国内法中予以规定，或通过与投资者签订投资合同的方式予以规定，后两种类型占少数。ICSID 的实践也表明，以投资条约提起仲裁的比例达到一半以上，以独立仲裁协议或条款提起仲裁的情况很少。由于投资者不属于投资条约的“签字人或签字人的继承人”，这就基本排除了根据《ICC 仲裁规则》将紧急仲裁员制度适用于投资仲裁领域。

2.《SCC 仲裁规则》

SCC 是继 ICSID 之后世界排名第二的处理投资争议的仲裁院，其仲裁规则是投资争端中第三大普遍被适用的仲裁规则。在 SCC 仲裁规则下，国际投资仲裁与商事仲裁案件适用同一套紧急仲裁员程序。SCC 仲裁规则中该制度的适用具有溯及力，一方投资者在东道国没有明确表明同意适用紧急仲裁员制度时，也可以启动该程序。据 SCC 网站公布，自 1993 年以来，SCC 已经管理了大量投资争端，在这些案件中，大多数投资争端基于 BIT 或者 ECT 提

① 《ICC 仲裁规则 2021》第 29 条第 5 款。

出。目前在 121 项 BIT 和 ECT 中，虽然只有 61 项投资协议将 SCC 规则列为投资者与东道国争端解决仲裁规则，但目前只有 SCC 仲裁机构产生了国际投资仲裁中适用紧急仲裁员程序的实践。

3.《SIAC 投资仲裁规则》

紧急仲裁员制度的快速发展代表了现代仲裁领域的主要创新，特别是亚洲，一些仲裁机构已经走在了创新的前列。SIAC 不仅是引入紧急仲裁员制度的先驱之一，对该规则适用于投资仲裁领域的理论探索也走在了前列。2017 年 1 月 1 日，《SIAC 投资仲裁规则》开始生效，规定其适用于投资仲裁，该规则将紧急仲裁员制度以附件的形式单列，紧急仲裁员制度内容绝大多数依照 SIAC 商事仲裁规则制定。[①] 相比《SCC 仲裁规则 2023》，《SIAC 投资仲裁规则 2017》显得不那么“激进”（Aggressive）。[②] 考虑到投资仲裁中东道国一方地位的特殊性，规则适当放宽了程序中各阶段的时间。与《SIAC 商事仲裁规则》不同的是，《SIAC 投资仲裁规则》采用“约定适用”方式，[③] 即只有双方明确表示同意，该规则才能适用。这也是 SIAC 将在国际商事仲裁中适用广泛的紧急仲裁员制度引入国际投资仲裁领域所做的最大改进创新。

4.《贸仲委投资仲裁规则》

《北京仲裁委员会投资仲裁规则 2018》《深圳国际仲裁院仲裁规则 2022》《SIAC 仲裁规则 2024》关于紧急仲裁员制度的规定与《贸仲委投资仲裁规则 2017》的相关规定，大同小异，下面以《贸仲委投资仲裁规则 2017》的相关规定为依据，进行分析和说明。

该规则于 2017 年 10 月 1 日生效，由中国国际经济贸易仲裁委员会（以下简称贸仲委）颁布，目的在于解决一方为投资者、另一方为国家当事人的投资争议，这是我国顺应时代趋势、创新仲裁规则的表现。早在 2015 年 1 月 1 日开始实施的《贸仲委仲裁规则 2015》中，贸仲委就将紧急仲裁员制度引入，规定在规则附件三。《贸仲委仲裁规则 2024》关于紧急仲裁员制度的规定沿用了《贸仲委仲裁规则 2015》的做法。《贸仲委投资仲裁规则》将紧急

---

① CHRISTOPHER B，PHILIP W. The SIAC IA Rules：A New Player in the Investment Arbitration Market［J］. Indian Journal of Arbitration Law，2017，6（1）：73－89.

② JAMES H，ERIN V. Pre－arbitral Emergency Measures of Protection：New Tools for an Old Problem［EB/OL］.（2011－10－01）［2024－04－04］. http：//www.chaffetzlindsey.com/wp－content/uploads/2011/10/000954671.PDF.

③ 《SIAC 投资仲裁规则》第 27 条第 4 款。

仲裁员制度规定在附件二，共 8 条，依据所适用法律或双方约定适用紧急仲裁员制度。该规则内容与贸仲委仲裁规则中相关规定基本一致，很多规定与国际上主要仲裁机构（如 SIAC）的仲裁规则保持一致，可以说充分借鉴了国外先进的规定。这不仅为该制度的实践提供了法律依据，而且由于《香港仲裁条例》明确了紧急仲裁员所作裁决的效力，依据《贸仲委投资仲裁规则》及《贸仲委仲裁规则》提起的紧急仲裁员程序申请就能在中国国际经济贸易仲裁委员会香港仲裁中心获得肯定与执行，使它也能为我们带来很多实践经验。①

（二）国际投资仲裁中适用紧急仲裁员制度的实践

SCC 于 2010 年引入紧急仲裁员制度，2014 年产生了紧急仲裁员制度适用于投资仲裁的第一案，截至 2017 年底，SCC 投资仲裁中申请紧急仲裁员程序的案例主要有 6 个。2018 年，SCC 共接收了 152 件新案件，其中有 76 个案件是国际投资争端案件，提出紧急仲裁员程序申请的案件有 4 个，裁决于 2018 年 2 月 5 日的 Mohammed Munshi vs. Mongolia 案是目前可公开查阅的关于在国际投资仲裁中申请该程序的案件。与以往案件不同的是，该案紧急仲裁员仅大篇幅详细论证了授予紧急临时措施决定的实质要件，即不可避免的损失、必要性、紧急性、适当性等概念。因此，本书将详细讨论与适用普遍问题相关的 6 个案件。② 紧急仲裁员制度在这 6 个案件中的适用基本信息如表 2 - 2 所示。

表 2 - 2 国际投资仲裁中紧急仲裁员制度适用案例

案件名称	所涉国际投资条约	诉求	适用版本问题	冷却期问题	裁决结果	被申请人是否参加
TSIKv. Moldova③	摩尔多瓦 - 俄罗斯（1998）	暂停限制措施的实施	涉及	涉及	支持	否
Griffin Group vs. Poland	BLEU - 波兰（1987）	暂缓法院判决执行	涉及	不涉及	不支持	是
JKX Oil vs. Ukraine	ECT	暂时停止提高对投资者征税	涉及	不涉及	支持	否

① JAMES R，MATTEW T. New HKIAC，Administered Arbitration Rules In The Works [J]. International Arbitration Law Review，2013：15 - 17.

② 陈潇. 国际投资仲裁中紧急仲裁员制度研究 [J]. 北京仲裁，2017 (4)：148 - 165.

③ Emergency Arbitration，TSIK LLC vs. Moldova，SCC Case No. EA 2014/053，29 Apr.，2014.

续表

案件名称	所涉国际投资条约	诉求	适用版本问题	冷却期问题	裁决结果	被申请人是否参加
Evrobalt vs. Moldova①	摩尔多瓦－俄罗斯（1998）	暂停限制措施	涉及	涉及	不支持	否
Kompozit vs. Moldova②	摩尔多瓦－俄罗斯（1998）	暂停限制措施	涉及	涉及	支持	否
Puma Energy vs. Benin	BLEU－贝宁（2001）	暂缓法院判决执行	不涉及	涉及	支持	否

以上6个案件中，由于所涉BIT都签订于2010年之前，紧急仲裁员程序申请提起时间在2010年后，产生了国家是否对《SCC仲裁规则2010》表明过同意的问题，投资者是否有权提起紧急仲裁员程序的问题，即应该适用条约签订时的版本还是申请提起时包含紧急仲裁员制度的新版本。已经有5个案件涉及适用版本问题，由于案件都产生于SCC，紧急仲裁员对这一问题的态度是统一的。而其他仲裁机构，如ICC对这一问题有不同的规定。由于这一问题的产生也与紧急仲裁员制度的适用方式有关，《SIAC投资仲裁规则》对于适用方式的修改值得讨论与借鉴。

随着用尽当地救济原则的衰亡，缔约国普遍习惯在双边投资条约中加入“冷却期”条款，即在争端发生后，要求争端双方通过努力协商以友好解决争端，一般限制在一定期限内。由于多数案件中投资者都未遵守“冷却期”规定，在争端通知书发出后未满指定期限就提起紧急仲裁员申请，引发投资者与东道国关于“冷却期”未满是否可以提起紧急仲裁员程序申请的争论。SCC紧急仲裁员一般认为“冷却期”不构成申请紧急仲裁员程序的阻碍，但理由有略微差异。Evrobalt vs. Moldova案与Kompozit vs. Moldova案案情相似，都涉及俄罗斯投资者在摩尔多瓦投资权益受侵犯事项。摩尔多瓦通过其国家银行NBM发布了“43号决定”，决定内容为暂停股东权益的分享，要求投资者在三个月内处置其在银行的权益，否则其股东权利将会被取消。申请人提

① Award on Emergency Measures, Evrobalt LLC vs. The Republic of Moldova, SCC Case No. EA 2016/082, 30 May., 2016.

② Emergency Award on Interim Measures, Kompozit LLC vs. Moldova, SCC Case No. EA 2016/095, 1 Jun., 2016.

出请求，要求紧急仲裁员阻止 NBM 采取任何进一步落实该项决定的行为，使其不再干预投资者在当地银行的股东权益。2016 年 5 月 24 日，Evrobalt 提出申请，5 月 30 日紧急仲裁员作出驳回申请的决定，紧急仲裁员认为没有找到满足授予临时措施的条件，认为 Evrobalt 所遭受的损失是纯粹经济性的、限定在一定范围内的、并且能够通过金钱补偿的。2016 年 6 月 9 日，Kompozit 提出同样的申请，6 月 14 日，紧急仲裁员作出授予临时措施的裁定，但 Moldova 拒绝履行。两个案件虽然得到支持与驳回的不同结果，但紧急仲裁员对“冷却期”是否适用与可适用仲裁版本的态度基本一致。

由于紧急仲裁员多根据投资者申请发布非金钱救济措施，可能会涉及东道国主权保护的问题。这不仅影响到案件进行中东道国的参与度，也影响到裁决作出后的执行阶段。6 个案件中，仅有 Griffin Group vs. Poland 一案被申请国家一方当事人参与了仲裁，在执行方面，仅有乌克兰案中投资者诉求得到乌克兰法院的肯定与执行，这可以说是国际投资仲裁中执行紧急临时措施决定的第一案。

二、SCC 投资仲裁实践中适用紧急仲裁员制度的争议

由于目前仅有 SCC 出现了在投资仲裁中申请紧急仲裁员程序的案件，本文将以 SCC 这些案例为素材，讨论案件中普遍出现的适用问题并为东道国提供应对策略。

（一）“冷却期”与“最惠国待遇条款”争议：Moldova 案

2012 年 TSIK 拥有摩尔多瓦 Victoria 银行 4.16% 的股权。2014 年 2 月 5 日，摩尔多瓦国家银行 NBM 发布了“19 号决定”，认为 TSIK 及其他投资者实际获得了超过 10.43% 的股权，违反了摩尔多瓦关于银行所有权的法律规定，暂停 TSIK 行使在 Victoria 银行的股东投票权，并要求其在三个月内处置其股份（即 2014 年 5 月 5 日之前）。TSIK 在 2014 年 3 月 31 日发出争议解决通知书，直到 2014 年 4 月 14 日（TSIK 在争议通知书中所要求的时间）摩尔多瓦都没有回应，于是 TSIK 在 4 月 23 日提出紧急仲裁员程序申请。

申请人提出，被申请一方非法征收其财产，违反其在 1998 年摩尔多瓦－俄罗斯 BIT 中承诺给予投资者的保护，实际是为了阻止股东为 Victoria 银行的

错误经营行为行使合法投票权。被申请人认为，申请人没有严格遵守 1998 年摩尔多瓦 - 俄罗斯 BIT 中第 10 条第 1、2 款关于“冷却期”的要求，该条第 1、2 款分别指出，争端双方应该尽可能以友好协商（amicable）的方式努力（endeavor）解决争端。若按照前述款项送达争议通知书之日起 6 个月内争议仍没有解决，可以将争议提交 SCC。自投资者发出争议通知书之日起至申请紧急仲裁员程序之日还未满足 6 个月的要求，因此紧急仲裁员无权管辖。

申请人提出：第一，将“冷却期”条款适用于紧急仲裁员程序对申请人不公平，也是一种程序非正义；第二，Moldova 并没有试图友善地解决争议，而在这一点上申请人付出了努力；第三，在 1998 年摩尔多瓦 - 俄罗斯的 BIT 中，可以通过位于第三部分的最惠国待遇条款排除“冷却期”的适用。[①] 紧急仲裁员 Kaj Hober 仅肯定了申请人的第一条理由，认为如果将“冷却期”适用于紧急仲裁员的任命在程序上会对申请人不公平，使申请人在“冷却期”期间可能会因为无法提起临时救济申请而受到无法弥补的损害，这有违紧急仲裁员制度的价值与目的。

申请人提出的第三条理由，即以摩尔多瓦 - 俄罗斯 BIT 中存在的最惠国待遇条款，援引摩尔多瓦与第三国签订的没有包含“冷却期”条款的 BIT，直接提起紧急仲裁员程序申请。紧急仲裁员在认定“冷却期”不构成申请紧急仲裁员程序障碍时回避了这一点理由，但是从最惠国待遇条款扩展适用的趋势来看，这种争议在以后还有可能发生，因此有必要详细讨论。

（二）适用版本争议：Poland 案

申请人 Griffin 是位于卢森堡的一家公司，其认为波兰政府剥夺了其位于中心区 Lazienki 公园周边的一些房屋所有权，Griffin 于 2013 年 10 月发出了争议通知书，波兰政府没有作出回应，于是 Griffin 在提出仲裁申请的同时申请紧急仲裁员程序，请求暂缓法院关于没收其位于上述地址的房屋所有权判决的执行。

被申请人基于签订于 1987 年的 BLEU - Poland BIT 否认紧急仲裁员具有管辖权。被申请人认为，在条约签订时，其所同意的管辖权是先前版本，即不包括紧急仲裁员制度的版本，不会预见到将会适用之后的版本；即使对适

---

① Emergency Arbitration, TSIK LLC vs. Moldova, SCC Case No. EA 2014/053, 29 Apr., 2014.

用之后版本的可能性有所预见，也不能认为同意适用紧急仲裁员制度，因为该制度是对 SCC 之前规则的“异常的质的改变”（extraordinary qualitative change），这种改变授予除了仲裁庭之外的第三人以裁判功能（adjudicative function）。紧急仲裁员对被申请人的反驳指出以下四点：第一，根据《维也纳条约法公约》第 31 条，如果一项条约术语所阐释的内容可以接受或允许随着时间改变，那么设想缔约方意图使他们的条约内容也随之改变就是公平的，除非有证据表明存在相反的意图；第二，就如这个案件所呈现，当一个协议指向的是一个机构而不是一个仲裁规则时，被认为是指向 SCC 之后的新版本是很有可能的；第三，从另一个角度来考虑，该案仲裁协议实质上是在投资者接受仲裁要约，选择 SCC 作为适用的机构时达成。严格来说，选择可适用版本的时间是双方协议达成的时间。因此，应当适用 SCC2010 版本；第四，提到“异常的改变”，之前 SCC 规则也存在很多次“异常的改变”。①

（三）执行争议：Ukraine 案

在国际商事仲裁与投资仲裁中，紧急临时措施决定的执行都面临着缺乏国内立法明确、司法实践态度不一、没有可适用的公约等障碍。在国际投资仲裁领域，由于国家一方当事人身份的特殊性，可能还会讨论执行临时措施是否违反东道国公共政策和公共利益等问题。

乌克兰案是紧急临时措施决定在国际投资仲裁领域获得法院强制执行的第一案。在 JKX Oil vs. Ukraine 案中，申请人 JKX 是一家油气公司，请求紧急仲裁员抑制乌克兰政府将 JKX 在当地油气生产的税率提高到 28% 以上。2015 年 1 月 14 日紧急仲裁员作出同意申请的临时措施。2015 年 6 月 9 日申请人向法院申请执行。

Pechersk 区法院支持强制执行紧急仲裁员的裁决。被申请方乌克兰政府提出抗辩称：①其在紧急仲裁员获得任命时没有被合理地通知，因此否认紧急仲裁员的正当存在；②由于争端的通知是无效的，紧急仲裁员没有资格接受申请，且投资者没有遵守 ECT 中规定的 3 个月的“冷却期”；③在乌克兰政府 1998 年批准 ECT 时，紧急仲裁员条款并没有在 SCC 规则中出现，因此

---

① LOTTA K. SCC Practice：Emergency Arbitrator Decisions Rendered 2014［EB/OL］. SCC，(2014)［2024-04-04］. http：//sccinstitute. com/media/62020/scc-practice-emergency-arbitrators-2014_final. pdf.

不能视为乌克兰同意接受 SCC 新规则；④强制执行紧急仲裁员的裁决将会侵犯乌克兰的公共政策，侵犯其提高税率的权力和税法体系的基本原则。Pechersk 区法院认为：①基于证据，乌克兰政府已经被给予了任命紧急仲裁员的合理通知，乌克兰政府有机会参加仲裁而选择不参加；②“冷却期”条款仅仅是一种程序障碍，并不是国家一方同意的条件；③乌克兰政府已经在条约中同意了将争端提交 SCC 仲裁；④紧急仲裁员裁决旨在制止侵犯申请人利益的行为，没有建立任何规则。[①] 上诉法院同意 Pechersk 区法院的前三点意见，否定其第四点意见。在 2015 年 9 月 17 日推翻了区法院的裁判，并认为这种强制执行违反了国家税收体制，并对乌克兰国家利益造成了威胁。

令人意外的是，2016 年 2 月 24 日乌克兰民事与刑事案件高级专门法院（Ukraine's Higher Specialised Court for Civil and Criminal Cases）裁决上诉法院的主张有误，紧急仲裁员的裁决并没有违反乌克兰公共政策。首先，法院指明，公共政策被限定在国家的法律和决定方面，这种限制原则和要素形成了现存体系的基础，它涉及独立、公正、自由等基本的宪法权利；其次，紧急临时措施决定没有改变争端双方权利义务的范围，仅仅是暂时要求乌克兰政府抑制油气税率超过 28%；最后，紧急仲裁裁决没有改变乌克兰税法体系，也没有对《乌克兰税法》进行修改。

第三节　紧急仲裁员制度适用于国际投资仲裁的问题分析及东道国之应对

从裁决来看，紧急仲裁员对案件中普遍存在的部分问题仅表明态度，并没有充分解释，甚至对最惠国待遇条款适用与否问题持回避态度。因此，从裁决出发，深入分析“冷却期”问题、适用版本问题、最惠国待遇条款问题与执行问题，探讨东道国应对策略，有利于增强投资者与东道国适用该制度的预见性，进一步推动紧急仲裁员制度的发展。

---

① Decision of Pechersk District Court, JKX Oil & Gas plc, Poltava Gas B. V. and Poltava Petroleum Company JV vs. Ukraine, Pechersk District Court Case, 8 Jun., 2015.

一、“冷却期”在紧急仲裁员制度中的适用问题

（一）“冷却期”在紧急仲裁员制度中的适用情况

在 TSIKv. Moldova 案、Evrobalt vs. Moldova 案与 Kompozit vs. Moldova 案中，申请人在向摩尔多瓦送达争议通知书后 40 天内都向 SCC 提出了紧急仲裁员程序申请，[①] 甚至在 Kompozit vs. Moldova 案中，争议通知书的送达时间与紧急仲裁员程序申请的时间只相差 7 天。被申请人都以“冷却期”的存在为由提出抗辩，认为六个月的“冷却期”过后申请人才能申请紧急仲裁员程序，但是都得到了紧急仲裁员的否定回答，认为“冷却期”条款仅是一种程序性规定，并不能对申请人申请紧急仲裁员程序构成阻碍。

Kompozit 案中，紧急仲裁员对这一问题的解释着眼于被申请人，他认为主要是由于被申请人拒绝对争议的解决进行友好的交谈讨论，使得“冷却期”失去了原本的意义与作用，在磋商没有进展或明显不能成功时，对“冷却期”的不遵守并不会对仲裁庭的管辖权造成影响。

Puma Energy vs. Benin 案也涉及“冷却期”争议。Puma 公司与贝宁一家石油公司签订了收购后者的合同，合同达成后，石油公司股东向当地法院起诉，要求认定合同无效，回归合同订立之前状态，并要求 Puma 公司进行赔偿。法院同意了该股东的诉求并规定 Puma 公司在很短的期限内履行判决，如不履行将进入执行程序。

Puma 公司申请紧急仲裁员程序以延缓法院判决的执行得到了支持。与 Moldova 案不同的是，Puma 公司根本没有送达争议通知书，而是直接向 SCC 提出紧急仲裁员程序申请。不仅如此，Puma 公司在 2017 年 6 月 8 日得到紧急仲裁员支持申请的裁决后，在 2017 年 7 月 6 日提出了仲裁申请。我们知道，虽然 SCC 对于提出紧急仲裁员程序申请的时间没有具体限制，仅要求案件移交仲裁庭前即可，但是《SCC 仲裁规则 2023》附件二第 9 条第 4 款第

---

① DAHLQVIST J. Emergency Arbitrators in Investment Treaty Disputes［EB/OL］. Kluwer Arbitration Blog.（2015－03－10）［2024－04－04］. http：//arbitrationblog. kluwerarbitration. com/2015/03/10/emergency－arbitrators－in－investment－treaty－disputes/. ion. com/2015/03/10/emergency－arbitrators－in－investment－treaty－disputes/.

（三）、（四）项明确了紧急临时措施决定失效的两种情况，[①] 即紧急临时措施决定作出之日起30日内仲裁程序还未启动，或90日内案件未提交仲裁庭时，紧急临时措施决定失效。Puma公司在获得支持的裁决后一个月内提出了仲裁申请无疑是为了避免紧急临时措施决定失效，但是“冷却期”不构成申请紧急仲裁员程序的障碍，是否也同时不构成申请仲裁的障碍呢？Puma公司的这种行为是否同样不构成对“冷却期”的违反呢？紧急仲裁员Christer Soderlund仅提出，以“冷却期”的存在来阻碍紧急仲裁员程序的申请违背了制度本质，也与SCC规则宗旨相悖。对于Puma公司提出仲裁申请的行为，其并没有评判，而是交由仲裁庭裁决。

从目前紧急仲裁员制度适用于投资仲裁的实践来看，发生的六起案件中，四起都涉及“冷却期”应不应该适用的问题。尽管Kompozit案涉及不同的理由，但总体来看，紧急仲裁员都认为如果适用“冷却期”会对申请人不公平，“冷却期”不应成为申请紧急仲裁员程序的障碍。

（二）“冷却期”与用尽当地救济原则的比较分析及东道国之应对

1. “冷却期”来源于用尽当地救济原则

很明显，国际商事仲裁中几乎不涉及“冷却期”问题，争议双方当事人直接达成仲裁协议以表明想要避免向法院提起诉讼。[②] 但据OECD统计，大约90%的国际投资争端条款都要求投资者在提出救济申请前遵守“冷却期”的规定，这种期限一般规定为6个月。“冷却期”产生于用尽当地救济原则，是东道国在用尽当地救济原则在国际投资仲裁领域日渐“衰亡”背景下所作出的改良。

《奥本海国际法》一书认为，国家对其领土内外国人的行为违反其国际义务，但是还有机会对这种违反在之后的行为中予以弥补，以满足其要求时，该外国人就只有在该国内用尽其可以利用的一切法律手段之后，才能向国际法庭寻求救济。用尽当地救济原则强调，只有投资者在东道国内用尽一切救济手段仍不能解决争议时，才能向国际层面提出救济，体现了对东道国主权

---

① 《SCC仲裁规则2023》附件二第9条第4款第（三）项和第（四）项。

② DAHLQVIST J, Emergency Arbitrators in Investment Treaty Disputes [EB/OL]. Kluwer Arbitration Blog. (2015－03－10) [2024－04－04]. http://arbitrationblog.kluwerarbitration.com/2015/03/10/emergency－arbitrators－in－investment－treaty－disputes/.

的尊重。但用尽当地救济原则往往耗时较长，如在印度 2015 年 BIT 范本中，用尽当地救济期限从投资者知道争议时起至少会花费 5 年。另外，诉诸东道国国内法院或行政机关都是投资者所想极力避免的，因为投资者往往认为这种救济方式只是一种形式保护，并不能真正保护投资者利益，而由独立于缔约双方的第三方对争议进行评判更易保证公正。

随着投资自由化理论的发展及国际投资仲裁体制的盛行，东道国为消除外国投资者的戒备心态以吸引外资，也纷纷在条约中接受国际投资仲裁机制的管辖。ICSID 的出现，可以说极大地削弱了用尽当地救济原则的使用。ICSID 为促进和保护投资，在其仲裁规则中采用了“要求需明示”“放弃可默认”的适用方式，这与国际法中传统的用尽当地救济原则是不同的。当事人是否用尽当地救济可以作为缔约国是否同意提交 ICSID 仲裁的一个条件或前提，若双方当事人同意依据 ICSID 进行仲裁，即视为对其他任何补救方法的排除。但投资仲裁实践频繁出现过分偏袒投资者一方，不能平衡投资者与东道国利益，使得东道国利益严重受损的现象。东道国开始对用尽当地救济原则进行改善，寻求一种既对国家经济主权予以尊重，又能充分保护投资者利益的方式，“冷却期”条款应运而生，可以说是东道国对用尽当地救济原则的改良，有学者指出它是处于完全放弃当地救济与完全不放弃当地救济之间的一种条款。

投资仲裁条款中关于“冷却期”一般规定，一缔约国与另一缔约国投资者在该国领土内发生的投资争议应当通过友好协商的方式解决，如果从争端提起之日起 6 个月内不能以此种方式解决，则争议可以提交至该缔约国司法或仲裁实体，或者提交给国际仲裁。从用语来看，“冷却期”条款与用尽当地救济原则的目的一脉相承，都是期望投资者将其与东道国的争端在东道国国内解决，避免东道国动辄陷入被动局面，给予东道国主权以尊重。但是从性质来看，“冷却期”是否继承了用尽当地救济原则强制性的特点？是否构成管辖权要求？

2. “冷却期”不同于用尽当地救济原则的管辖权性质

“冷却期”的性质仍然是个充满争议的问题，实践中对其是属于程序要求还是管辖权要求态度不一，而这种性质的判定影响到申请人是否可以不遵守“冷却期”规定直接提起仲裁，此时仲裁庭是否具有管辖权。

用尽当地救济原则是一项古老的国际法原则，东道国无须明示即构成国际救济管辖权的前提，即使在 ICSID 中，在东道国明确适用的情况下，用尽当地救济原则可以成为东道国同意将争议提交 ICSID 仲裁的一个条件，在投资者不满足用尽东道国司法、行政救济等一切可救济手段时，用尽当地救济原则排除了仲裁机构的管辖权。而“冷却期”是否构成仲裁管辖的前提却是存在争议的。

一种观点认为，“冷却期”不构成申请仲裁的阻碍。Biwater Gauff vs. TanZania 案中，仲裁庭认为，6 个月的“冷却期”在性质上是程序性的和指导性的，而不是管辖权性质的，也不是强制性的，[①] 它潜在的目的是促进友好解决争端，当以此种方式解决争议明显不可能时，这种规定并不能阻碍仲裁程序的进行。而在 ICSID 仲裁庭所审理的 Enron vs. Argentina 案中，仲裁庭却认为“冷却期”阻碍了仲裁庭的管辖权，使申请人不可以不遵守“冷却期”而提出仲裁申请。“冷却期”完全是一种管辖权要求（very much a jurisdicational one）。[②] 关于“冷却期”性质的争议目前并没有一个统一的结论。SCC 仲裁庭一般认为“冷却期”条款是一种“协商条款”，是“指导性的和程序性的”，不是“管辖权性的和强制性的”。本书赞同此种观点。从“冷却期”条款本身来看，它并没有像用尽当地救济原则一样要求投资者用尽东道国司法、行政救济作为提交仲裁的前提，仅表明当事人在 6 个月内有协商的义务，协商只是一种义务方式，而不是结果，当事人没有必须以协商方式解决争议的义务，而仅仅只有试图，努力协商的义务（“try to reach”），并且这种协商义务落在了当事人双方的身上。[③] 当一方当事人拒绝友好协商时，“冷却期”已经失去了意义，此时再坚持 6 个月的期限对另一方当事人不公平。

在 TSIK vs. Moldova 案、Evrobalt vs. Moldova 案与 Kompozit vs. Moldova 案中，东道国都提出，投资者只有在 6 个月过后才能提起紧急仲裁员程序，否则仲裁机构没有管辖权。显然，东道国将 6 个月的“冷却期”条款等同于用

---

① CRINA B. Not Hot Enough：Cooling - off Periods and the Recent Developments under the Energy Charter Treaty［J］. Indian Journal of Arbitration Law，2017，6（1）：190 - 196.

② RICHARD D. An ICSID Tribunal Denies Jurisdiction for Failure to Satisfy BIT's Cooling - Off Period：Further Evidence of a Sea Change in Investor - State Arbitration or a Meaningless Ripple?［J］. Houston Journa - l of International Law，2011，33（3）：595 - 603.

③ CRINA B. Not Hot Enough：Cooling - off Periods and the Recent Developments under the Energy Charte - r Treaty［J］. Indian Journal of Arbitration Law，2017，6（1）：190 - 196.

尽当地救济原则的作用。然而，“冷却期”条款产生于用尽当地救济原则，却不同于用尽当地救济原则，后者强调投资者正确且充分地使用东道国国内的一切法律救济手段,[①] 并不要求争端必须在东道国停留一段时间，而是投资者具体应采取何种方式在东道国寻求救济。[②]“冷却期”要求争端在东道国停留一段时间，目的在于寻求投资者在东道国顺利解决争端的可能性，并不强迫投资者用尽东道国一切法律救济方式。因此，不能将“冷却期”等同于用尽当地救济原则，也不能以提出了6个月的“冷却期”来表明对用尽当地救济已经作出明示。从“冷却期”的名称“cooling - off”中也能看出其希望争议双方在争议发生后首先考虑在东道国内友好解决，使东道国最大限度地保留对争端的主动权，以达到尊重其主权的目的。从期限的规定与措辞来看，并不是为了避免投资者寻求国际救济，正如 TSIK vs. Moldova 案的紧急仲裁员所说，“冷却期”只是一种程序性规定，如果严格遵守可能会导致投资者遭受无法弥补的损害，将不利于投资者权益的保护，也有违“冷却期”的目的。另外，即使申请了紧急仲裁员程序，由于其并非正式的仲裁程序，并不影响当事人继续以友好的方式对争议进行协商谈判。

3. 东道国的应对策略

由于“冷却期”不构成仲裁管辖的前提，也不构成申请人申请紧急仲裁员程序的障碍，这使得东道国在申请人申请紧急仲裁员程序时常常落入被动地位，缺乏对案件的预见性，针对这种情况，东道国可在以下方面作出应对：对于未签订的 BIT，在与一国签订条约时根据对方情况重新重视用尽当地救济原则的作用，必要时应对用尽当地救济原则作出明示；对于已签订的 BIT，考虑到“冷却期”的“指导性、程序性与非强制性”，东道国在争议发生时要做好两手准备，一方面应以积极友好的态度与投资者尽力协商，力求争议在国内获得解决；另一方面应提早做好应对措施与准备，以保护本国利益。

---

① 王海浪．ICSID 体制内用尽当地救济原则的三大挑战及对策［J］．国际经济法学刊，2006，13（03）：238－267．

② 刘颖，封筠．国际投资争端中最惠国待遇条款适用范围的扩展：由实体性问题向程序性问题的转变［J］．法学评论，2013，31（04）：45－51．

二、紧急仲裁员制度适用版本问题

（一）仲裁庭与东道国适用版本争议焦点

投资仲裁实践中，仲裁庭与东道国适用版本的争议焦点在于，东道国在其所签订的 BIT 中指明“适用 SCC 仲裁规则”的用语是否可以解释为包括《SCC 仲裁规则 2010》，即包含紧急仲裁员制度的规则。

东道国认为，即使他们对仲裁规则会在之后更新、有预见性，也不能预见到紧急仲裁员制度这一对仲裁规则“异常的改变”。紧急仲裁员认为，当缔约方在条约中约定适用 SCC 仲裁规则时，可以公平合理地设想到，他们会预见到 SCC 仲裁规则在将来会被修改完善，“适用 SCC 仲裁规则”而不指明适用哪一版本就为适用新版本提供了可能性。由于紧急仲裁员申请都产生于 2010 年之后，此时就能适用 2010 年规则所规定的“适用的是仲裁开始日或提交应急仲裁员申请日开始生效的版本”。

在 Evrobalt vs. Moldova 一案中，紧急仲裁员对这一问题的阐述更充分具体：被申请人认为其不能预见到将会适用 SCC 之后的仲裁版本是站不住脚的。因为虽然缔约双方 BIT 签署于 1998 年，但是在俄罗斯 2001 年批准该条约时，条约所涉及的 SCC 仲裁规则的 1999 年版本已经生效，并且 1999 年版本有了“异常的改变”，自 1999 年版本就开始规定，仲裁协议指明适用 SCC 仲裁规则但没有明确适用哪一版本规则的，均视为当事人同意适用的是仲裁开始日或提交应急仲裁员申请日开始生效的版本。缔约方应当预见到这种改变很大可能在之后的版本中沿用，如果缔约方不同意此种制度，应该在条约中予以明确；且缔约国在签订条约时知道 SCC 仲裁规则在之前曾经改版过几次，并且在以后也有可能再改版，他们明明可以选择在条约中直接加入一款、甚至一项来确定可适用的版本，但是他们并没有这么做，而是仅表明将仲裁指向 SCC 仲裁机构。紧急仲裁员认为，将其解释为对仲裁规则的“动态适用”（Dynamic reference）符合条约促进和保护投资的目的与宗旨，条约在第 14 条第 2 款中指出，条约在 15 年内都是有效的，即到 2016 年，除非或直到其中一缔约方在意图终止它 12 个月前给予对方通知。那么我们可以推出，投资条约所包含的长期有效的要约可以被投资者在条约的有效期内接受。在这种背景下，我们可以合理地认为，条约中所规定的“适用SCC仲裁规则”的意思表示可以被解释为“动态适用”在仲裁开始时实际有效存在的SCC仲裁规则，即当缔约国在投资仲裁条款中仅指明适用某一仲裁机构或未指明某一版本仲裁规则时，投资者有权在之后的仲裁中适用该仲裁机构的新规则。

（二）争议缘由：“无默契仲裁”与仲裁规则更新的固有矛盾

以上对适用版本问题的争议焦点在于，国家是否同意适用紧急仲裁员制度。国际商事与投资仲裁中，当事双方对仲裁的同意都构成仲裁庭或者紧急仲裁员初步管辖的基础。但国际投资仲裁中国家一方同意仲裁的方式有些特殊。

国家对投资仲裁的同意一般通过三种方式表达：第一，在条约如BIT或区域性多边条约中进行约定；第二，通过投资合同进行约定；第三，通过国内法进行规定，一般规定在投资法中。[①] 基于以上案例，在此详细讨论第一种。BIT是东道国与投资者母国达成的有关保护外国私人投资的条约。条约中一般都会对争端解决方式进行约定，很多条约将可适用的仲裁规则指向ICSID，ICSID仲裁规则是目前国际上第一大普遍被适用的仲裁规则。随着各大国际仲裁机构的发展完善，投资者有了越来越多的选择，如SCC规则已经成为在投资争端中第三大普遍被适用的仲裁规则。一些区域性多边条约如ECT、USMCA也对争端解决规则进行了规定。

国际投资条约仲裁被称为无默契仲裁，投资仲裁合意的达成有先后之分，即缔约国在双边条约中同意将与在其领域内的另一缔约国投资者之间发生的投资争议提交仲裁解决，这种同意视为提交仲裁的要约。在争议发生后，投资者提出仲裁时，可以视为承诺，因此仲裁协议才算达成。[②] 缔约国在条约中明确争议发生时适用的仲裁机构与仲裁规则版本，投资者只能在该范围内作出承诺，一般不会产生争议。而现实情况是，条约中一般这样表述：每一缔约国以此种方式表示同意将一缔约国同另一缔约国国民或公司产生于前一缔约国领土内的任何投资法律争议提交ICSID/SCC/……调解或仲裁。缔约国

---

① JANICE L. Is the Emergency Arbitrator Procedure Suitable for Investment Arbitration [J]. Contemporary Asia Arbitration Journal, 2017, 10 (1): 71-112.

② 张建. 对无默契仲裁管辖权正当性的反思：以中国参与国际投资争议解决的实践为视角 [J]. 西部法学评论, 2017 (5): 110-118.

一般仅表明将有关投资争议提交某一仲裁机构，甚至有的仅概括表明投资者可以提起国际仲裁，投资者具有选择仲裁机构的权利，这些情况都会产生紧急仲裁员制度适用与否的争议。BIT 与紧急仲裁员制度产生的时间差异是可适用仲裁版本争议产生的一大背景。自 1959 年第一个 BIT 产生以来，到 20 世纪 90 年代，BIT 的签订呈指数增长样态从 385 增长到 1857 份。目前，国际上已有 3000 多份 BIT 存在。紧急仲裁员制度作为一种仲裁中新兴的程序，于 2006 年才被 ICDR 引入，而 SCC 适用就是 2010 年之后的事了。也就是说，大量的 BIT 产生于紧急仲裁员制度产生之前，所以很多国家在签订 BIT 时紧急仲裁员制度并不存在，若国家并没有明确仲裁机构与仲裁规则版本，缔约国"要约"的解释与投资者是作出了"承诺"还是一个"新要约"就会产生争议。国家以其并不能预见到会有这样一种程序适用为由，主张紧急仲裁员制度不应适用的情况就很容易预见到。

（三）SCC 与 ICC 对适用版本争议的不同态度及东道国之应对

1. SCC 与 ICC 对适用版本争议的不同态度

以下通过对比 SCC 与 ICC 对这一问题的不同回应，思考在目前状况下东道国应作出何种对策。

在《SCC 仲裁规则 2010》生效后不久，由 Honourable Charles N Brower，Ariel Meyerstein 与 Professor Stephan M Schill 等专家联合发表了一项注释，以回应东道国试图避免适用紧急仲裁员制度的行为：东道国辩称，其在投资条约中同意适用 SCC 仲裁的表述被固定在条约达成时存在的版本，之后任何对这一规则的更改将被视为对"适用 SCC 仲裁规则"这一条约用语的更改，这一观点是站不住脚的。因为在指明适用某仲裁机构仲裁规则时每一方都应当意识到这种规则会随着仲裁实践需要而一次次更新，"适用 SCC 仲裁规则"应当被认为是"动态适用"SCC 机构之后更新的版本。

而 ICC 仲裁机构对可适用仲裁版本的看法却不同于 SCC。在 Komplex vs. Voest – Alpine Stahl 一案中，讨论在 1998 年之前达成的仲裁协议是否可以适用《ICC 仲裁规则 1998》。联邦仲裁庭（Federal Tribunal）提出应按照修改的重要程度区分不同的情形。当对规则进行实质性（Essential）的修改时，应当适用仲裁协议达成时存在的版本；当仅仅涉及提高仲裁程序效率的修改时，这一新版本也能适用，即使它是在当事人仲裁协议达成之后产生的。

由此不难看出，不同的机构对这一问题可能会有不同的回答。SCC 仲裁机构紧急仲裁员几乎一致认为应适用 SCC 规则新版本，而 ICC 相对保守地区分了不同的情况。各仲裁机构都肯定只有投资者提起仲裁时，仲裁协议才算达成，仲裁机构态度差异的缘由在于对东道国在投资仲裁条款中“要约”的解释，即紧急仲裁员制度是否超过了缔约国所同意的“适用 SCC 仲裁规则”用语的范畴。SCC 认为即使这一制度是对仲裁规则的实质性更改，紧急仲裁员制度也能因“动态适用”的解释思路被解释为投资者可做的承诺；而 ICC 则认为若紧急仲裁员制度是对规则的实质修改，应当认为缔约国签订条约时的“要约”并不含该内容，投资者也就不能提起申请，因为这种申请超过了缔约国“要约”的范围，构成一个“新要约”，而不是可与缔约国之前投资仲裁条款形成仲裁协议的“承诺”。加之仲裁机构对紧急仲裁员制度的适用采取“约定排除”方式，使得只要双方在仲裁协议中指明适用 SCC 仲裁规则而没有明确具体版本时，不管其仲裁协议签订于规则生效之前还是之后，都能适用紧急仲裁员制度，在国际投资仲裁中就会使仅在投资仲裁条款中约定仲裁机构的国家与投资者争议适用 SCC 新规则的效果。这种适用方式扩大了紧急仲裁员制度的适用范围，为投资者提供了在仲裁庭组成前向仲裁机构寻求临时救济的途径，但对于国家一方当事人来说，可能是一种负担。

《SIAC 投资仲裁规则》采用“约定适用”方式，要求紧急仲裁员程序的启动前提是当事双方的明确同意。在上述争议中，即使投资者可以根据包含紧急仲裁员制度的新规则提起申请，也会因为缔约国没有对该制度作出过明确的同意而不能适用。这种做法虽然降低了紧急仲裁员程序的启动可能性、减少了其适用频率，却避免了适用版本争议的再次发生，使得东道国变被动为主动，将同意适用紧急仲裁员制度作为其给予投资者的一项优惠待遇。由于 SCC 仲裁规则中该制度的规定最初主要针对商事仲裁领域，商事主体仲裁合意一般同时达成，不会产生投资仲裁中关于如何解释东道国一方仲裁要约是否包含该制度的问题，因此较少会遇到适用版本争议，针对这一问题的出现，SCC 或许会在将来调整制度规则，以更好地适用于投资仲裁中。

2. 东道国的应对策略

由于不同的仲裁机构对这一问题有不同的规定，对于已签订的 BIT，在仲裁中出现仲裁规则适用版本争议时，仲裁庭要根据个案进行讨论。在讨论一个国家是否对争端解决中的一个特殊程序表明同意的态度时，应当考虑双方在达成协议时的共同目的。最重要的是，每一个案件都是不同的，应当结合特定的语境来给予合适的解释。不管如何，对于任何公约，以及投资条约，都应当以善意的原则进行合理合法地解释。对于未签订的 BIT，实践中出现的争议也提醒国家应在签订新的 BIT 时注意这个问题，在 BIT 中明确同意适用的版本是最简单便捷的方式，毕竟仅是在条约中插入几个词语的事。[①] 如此既可以避免对仲裁规则适用版本发生争议，又可以提高预见可能性，以便及时作出应对准备。

三、最惠国待遇条款在紧急仲裁员制度中的适用问题

TSIK vs. Moldova 案与 Kompozit vs. Moldova 案中申请人都曾提出，可以利用摩尔多瓦与俄罗斯 BIT 中的最惠国待遇条款跳过“冷却期”，直接提起紧急仲裁员申请。虽然紧急仲裁员最终还是认可了“冷却期”的存在不构成适用紧急仲裁员制度的障碍，但是紧急仲裁员所给理由却不涉及最惠国待遇问题。[②] 但不可回避的问题是，申请人在仲裁中援引最惠国待遇条款的情况必然会随着紧急仲裁员制度的广泛适用不断出现。正如申请人通过母国与东道国之间最惠国待遇条款来援引东道国与第三国之间存在的争端解决方式，而提交 ICSID 仲裁一样，今后也会遇到申请人通过母国与东道国最惠国待遇条款来主张适用东道国与第三国之间约定的其他仲裁机构，如 SCC、ICC 或 SIAC，并主张适用其中的紧急仲裁员制度。那么投资者是否可以基于最惠国待遇条款主张适用东道国与第三国之间的争端解决程序？争端解决程序与投资者在 BIT 中所期待的投资保护密切相关吗？

（一）ICSID 对最惠国待遇条款的发展

最惠国待遇条款在国际投资领域一般指，东道国给予外国投资和投资者的待遇，不得低于其给予或将来给予任何第三国投资和投资者的待遇。[③] 一

---

① Award on Emergency Measures, Evrobalt LLC vs. Moldova, SCC Case No. EA2016/082, 30 May., 2016.

② SWEE YEN K, The Use of Emergency Arbitrators in investment Treaty Arbitration [J]. ICSID Review, 2016, 31 (3): 534 – 548.

③ 史晓丽，祁欢. 国际投资法 [M]. 北京：中国政法大学出版社，2009：109.

般规定在条约中，对有关投资者的实体性权利提供保护。但是随着投资活动的发展，投资争端不断增多，在 ICSID 中不断出现投资者要求援引最惠国待遇条款以适用 ICSID 争端解决程序的案例。Maffezini 案是将最惠国待遇条款适用于争端解决的第一案，此案仲裁庭作出了支持申请人请求的决定。目前，ICSID 针对这一问题存在肯定派与否定派之争，肯定派观点是多数观点。虽然最惠国待遇条款在不同条约中有不同的措辞与适用范围，需要根据具体的条文进行解释，但是我们可以根据仲裁庭对于某一类型最惠国待遇条款的看法来总结出普遍观点。①

1. 支持适用的实践

（1）Maffezini vs Spain 案②

来自阿根廷的投资者 Maffezini 在西班牙投资时与当地政府发生争议，1997 年 6 月 18 日，Maffezini 向 ICSID 提起了仲裁。Maffezini 认为，其可以根据阿根廷与西班牙之间 BIT（以下简称阿西 BIT）中规定的最惠国待遇条款，来援引西班牙与智利之间 BIT（以下简称西智 BIT）的规定，即投资者在 6 个月的协商期过后即可将争议提交仲裁，以避免阿西 BIT 中要求其在提交仲裁前需先将争议提交东道国法院至届满 18 个月。投资者认为西智 BIT 较短的时间规定提供给了投资者更好的待遇。

被申请人西班牙政府认为，第一，申请人没有遵守 BIT 第 10 条规定的用尽当地救济原则；第二，不管是从最惠国待遇条款中“事项”的范围来看，还是从最惠国待遇条款消除歧视的目的来看，这种“事项”或者“歧视”都只与实体或物质方面的利益有关，与程序或管辖权方面的利益无关；第三，投资者需要证明在西班牙法院提起诉讼相比在 ICSID 仲裁更不利。首先，仲裁庭从条约用语进行解释，认为基础条约中所使用的“本协议项下的所有事项”范围要宽于西班牙与其他国家 BIT 中所限定的最惠国待遇条款的范围，可以对其进行扩张解释，将争端解决事项包含在内；其次，仲裁庭从缔约原意考虑，基础条约和第三方条约都旨在促进和保护投资，而本案第三方条约中所包含的 ICSID 仲裁相比诉诸国内法院对投资者更有利，可以防止政府对

① 陈安．国际投资法的新发展与中国双边投资条约的新实践［M］．上海：复旦大学出版社，2007：183－204．

② Award, Emilio Agustín Maffezini vs. The Kingdom of Spain, ICSID Case No. ARB/97/7, 13 Nov., 2000.

争端的干涉，有利于保护投资者利益，所以可以扩展于受惠国；最后，仲裁庭从缔约实践考察，认为相比 18 个月的国内诉讼要求，西班牙更倾向于在 6 个月协商期之后直接提起仲裁。此外，仲裁庭还提出了一些例外规定以限制最惠国待遇条款的使用，认为其不能违背缔约国公共政策，以“包括但不限于”的方式规定了四种例外情况，但没有详细论述。

（2）Siemens vs. Argentina 案①

德国投资者 Siemens 与东道国阿根廷发生争议，投资者认为其通过阿根廷与德国 BIT（以下简称阿德 BIT）中的最惠国待遇条款可以援引阿根廷和智利的 BIT（以下简称阿智 BIT），不必经过 18 个月的国内诉讼即可提交仲裁。被申请人阿根廷政府认为，即使存在 Maffezini 案对当事人申请予以支持的先例，也不能否认先例对第三方是没有约束力的，即使仲裁庭想要引用其中的观点，也要谨慎对待。被申请人指出：首先，Maffezini 案中仲裁庭只是基于形式分析，并没有对当事人的意图进行详细分析；其次，争端解决事项与实体事项是不同的，如果缔约国想要把最惠国待遇条款扩展至争端解决事项，一定会另外加以说明；最后，缔约国是否同意将争端提交仲裁是一项公共政策，且阿智 BIT 中“岔路口条款”的规定不容忽视。②

仲裁庭认为，基础条约中规定了最惠国待遇条款的适用范围，并且明确规定了排除事项，适用范围采用任何“待遇”的措辞，以及从最惠国待遇条款的排除事项中没有包含争端解决事项来看，争端解决事项也属于任何“待遇”的范围，并且不属于排除领域；从条约的目的来看，是为投资者提供良好的投资条件以促进和保护投资，而争端解决与投资者保护密切相关；③ 从其他法院的判决和仲裁裁决来看，如英伊石油案，国际法院的态度也表明争端解决事项是否可以通过最惠国待遇条款以援引的问题是值得讨论的，说明对这一问题呈开放态度，可以在个案中根据具体情况进行判断；最后，从被申请人所提出的公共政策层面来考虑，从其之后的 BIT 签订情况来看，阿根廷并没有在所有 BIT 中坚持适用 18 个月的国内诉讼规定，这表明 18 个月的国内诉讼要求并不是像阿根廷所主张的那样关系本国公共政策。

---

① Award, Siemens A. G. vs the Argnetina Republic, ICSID Case No. ARB/02/8, 17 Jan., 2007.

② Award, Siemens A. G. vs the Argnetina Republic, ICSID Case No. ARB/02/8, 17 Jan., 2007.

③ Award, Siemens A. G. vs the Argnetina Republic, ICSID Case No. ARB/02/8, 17 Jan., 2007.

2. 反对适用的实践

（1）Salini vs. Jordan 案①

来自意大利的申请人 Salini 想要适用约旦－美国与约旦－英国 BIT 中规定的直接将争议提交 ICSID 仲裁的规定。仲裁庭首先从基础条约出发，认为基础条约并没有像 Maffezini 案中规定的，最惠国待遇适用于“本协议项下所有权利或事项”等类似表述，所以并不能对最惠国待遇条款作扩张解释；从缔约方的共同意图来看，条约第 9 条第（2）款不仅不能看出缔约方有将合同争议提交 ICSID 仲裁的意图，反而明确规定了法院作为合同争议的管辖场所，排除了最惠国待遇条款适用于 ICSID 管辖；仲裁庭还指出这种“一篮子条款”（Basket of Provision）和“自我选择（Self－adaptation）最惠国待遇条款”使投资者可以在众多不同的 BIT 中挑选条款，② 会引发“挑选条约的风险”（Risk of Treaty Shopping），使东道国面临着大量的其已经签订但是没有具体同意的条约中的争端解决条款，这种混乱的状态不是缔约国缔约时所追求的目的。

（2）Plama vs. Bulgaria 案③

本案也涉及对“待遇”的解释，Siemens 案仲裁庭根据基础条约中的“任何待遇”的措辞，直接认为应适用争端解决事项，而本案仲裁庭给出了完全相反的态度：首先，“待遇”措辞并不能表明涵盖了争端解决事项；其次，基础条约中的排除适用领域明确规定了不适用于“第三国投资者因为缔约国与第三国共同参加经济共同体或联盟、自由贸易区、关税同盟而获得的特权”。这种排除适用条款使用“特权”（Privilieges）的措辞，就意味着最惠国待遇条款只涉及实体利益而非程序利益；再次，针对支持派从条约目的出发的解释方式，反对派也得到了完全相反的结论。仲裁庭认为，目的解释方法在极端的情况下可能会忽视缔约方的原意，即使本案中缔约双方在条约中都表示了促进和保护投资的目的，也不能由此说明缔约方同意将最惠国待遇

① Award，Salini Costruttori S. P. A. and Italstrade S. P. A. vs. The Hashemite Kingdom of Jordan，ICSID Case No. ARB/02/13，31 Jan.，2006.

② JANICE L. Is the Emergency Arbitrator Procedure Suitable for Investment Arbitration [J]. Contemporary Asia Arbitration Journal，2017，10（1）：71－112.

③ Award，Plama Consortium Limited vs. Republic of Bulgaria，ICSID Case No. ARB/03/24，27 Aug.，2008.

条款适用于争端解决,[①] 并且条约的目的也不仅有保护和促进投资，东道国签订双边投资协定的根本目的是为了通过促进和保护投资以达到发展本国经济的目的；最后，投资者母国塞浦路斯与东道国保加利亚在1998年试图对争端解决条款进行修改，也表明双方并没有想将最惠国待遇条款适用于争端解决事项。[②]

（二）最惠国待遇条款扩展适用应注意的问题及东道国之应对

将投资条约中的最惠国待遇条款扩展适用于争端解决程序是ICSID近年来的“创新”，但是从目前来看，这种扩张会引发不少争议。首先，使争端解决机构的管辖权扩大。[③] 如基础条约中没有规定适用某一仲裁机构管辖的，可能最终会通过当事人援引最惠国待遇条款而适用，这种扩张适用可能会给资本输入国带来一些不利因素与不确定性。虽然资本输入国为吸引外资逐渐在扩大将争议提交仲裁的范围，但同时也规定了许多例外条款来维护本国的公共政策。而如前文所述，很多仲裁庭即使提出了公共政策例外这一概念，也并没有对其进行详细的解释阐述，这在个案中很有可能导致不公正；其次，条约挑选（Treaty Shopping）或条约搭配（Treaty Matching）现象可能会导致缔约国处于一种被动状态。投资者在东道国对外签订的条约中任意选择条约中的争端解决程序，或者任意选择第三方条约中对自己有利的部分。这些情况的出现都需要我们认真对待将最惠国待遇条款扩展适用于争端解决程序的问题。司法救济方式有时候可能会影响到投资保护的效果，争端解决程序也确实与投资者利益保护有关，所以应该有条件地将最惠国待遇条款适用于争端解决程序。[④]

1. 应注意的问题

按照《维也纳条约法公约》第31条的规定，条约按照其用语并参照条约目的及宗旨的通常含义善意解释。文意解释方法应该是首先被考虑的，只

---

① Award，Plama Consortium Limited vs. Republic of Bulgaria，ICSID Case No. ARB/03/24，27 Aug.，2008.

② Award，Plama Consortium Limited vs. Republic of Bulgaria，ICSID Case No. ARB/03/24，27 Aug.，2008.

③ 赵丽. 论最惠国条款在ICSID仲裁中的扩大适用［D］. 北京：中国政法大学，2011：29.

④ 刘颖，封筠. 国际投资争端中最惠国待遇条款适用范围的扩展：由实体性问题向程序性问题的转变［J］. 法学评论，2013，31（4）：45－51.

有在文意解释方法无法作出判断时，才采用目的解释方法，目的解释方法与约文解释不相容。[①] 如前文所述，过分依赖目的解释极端情况下可能会曲解缔约方原意，所得解释结果可能与条约精神相反，Plama vs. Bulgaria 案与 Siemens vs. Argentina 案都提到条约的目的在于促进和保护投资，但是从目的却推出了完全相反的结论，这说明目的解释只是一种补充解释方式，并不是最主要的条约解释方法，应谨慎使用。另外，在目的解释基础上产生的发展解释方法（In the developing way to explain）[②]，即以在条约签订后缔约方声明来解释缔约目的，在大多数理论与判例中都逐渐被否认，因为这种声明很有可能违背另一缔约方在与之缔约时的原意，造成随意解释条约的现象。最后，条约解释都应秉承善意原则。在很多案件中仲裁庭都倾向于投资者利益保护，因为东道国可以通过法律法规形式对投资者利益产生影响，而投资者只有在利益受损时才能寻求仲裁救济，在投资者与东道国的关系中，投资者处于相对弱势的地位。以这种观念为指导使得仲裁庭频繁同意投资者将最惠国待遇扩展至争端解决程序，实际上强加给了东道国超过其条约意图的责任。

2. 东道国对最惠国待遇条款扩展适用趋势的应对

TSIK vs. Moldova 案与 Kompozit vs. Moldova 案中，紧急仲裁员对当事人是否可以通过援引最惠国待遇条款而适用紧急仲裁员制度不置可否的态度，更证明了将最惠国待遇条款适用于争端解决程序的争议性。虽然实践中有支持适用的趋势，但是就目前而言，东道国不应被动期待仲裁庭作出不能扩展适用的裁决，而是应从争议案件中吸取经验与教训，形成自己的对策。

最惠国待遇条款约文一般以四种方式表现出来，明确约定适用或者不适用争端解决程序的表达方式都不会产生争议。使用“待遇”一词但没有明确其适用范围、使用“所有事项、权利”等模糊用语，或并没有明确是否将争端解决包含在最惠国待遇条款使用范围的表述，都会产生不确定性。对于东道国来说，针对未签订的 BIT，首先要避免这些可能会引起争议的模糊用语的使用，根据具体与之签订条约的国家情况，明确规定是否给其投资者此项

① 李浩培. 条约法概论［M］. 北京：法律出版社，2003：346－351.

② YANNICK R. The Application of the Most－Favoured－Nation Clause to the Dispute Settlement Provisions of Bilateral Investment Treaties：Domesticating the Trojan Horse［J］. European Journal of International Law，2007，18（4）：757－774.

优惠待遇，并详细列明优惠待遇的范围。① 如英国与其他国家的 BIT 都明确规定最惠国待遇条款是否适用于争端解决事项。另外，公共政策例外虽然已经得到各仲裁庭的认同，但是对于公共政策的内涵与具体内容，仲裁庭仅以不完全列举的方式简单说明，为避免由于公共政策模糊性所可能导致的不公正问题的出现，东道国在签订条约时应尽量对本国公共政策范围作出解释；对于已签订的 BIT，除依赖仲裁庭依据《维也纳条约法公约》的善意解释外，东道国也应积极作出说明与解释，力求结果符合缔约原意。

四、紧急仲裁员制度的执行问题

紧急仲裁员具有与仲裁庭一样的发布临时措施的权力，其在仲裁庭组成之前发布临时措施是对仲裁庭发布临时措施权力的补充，紧急仲裁员制度所遇到的执行问题，可参照仲裁庭发布的临时措施所遇到的执行问题。执行问题自紧急仲裁员制度产生至今一直存在。虽然目前来说，国际商事仲裁领域中大多数紧急临时措施决定都能得到当事人的主动履行，如果不履行在仲裁庭组成前发布的临时措施，在之后的仲裁过程中可能会得到不利推断，对于当事人来说是一种威慑力。但是一项制度的执行不能仅靠当事人自觉，这也是仲裁前公断程序不能长久发挥作用的一大原因。而且，国际投资仲裁领域中，当事人一方较少主动履行的实践情况也表明必须给执行以强制力。紧急临时措施决定的执行主要依靠三种途径：一是以国内立法的形式予以确认；二是以国际公约予以规定；三是依靠国家间的互惠安排。然而这三种方式目前都存在不同程度的障碍。

由于法院具有强制执行力，法院发布的临时措施在域内直接获得执行力，即使在域外，法院发布的临时措施通常也可以根据国际公约和互惠原则获得执行，如《洛迦诺公约》与《布鲁塞尔公约》。对于实行法院与仲裁庭权力并存模式的国家，仲裁庭发布的临时措施在域内通常也能获得执行。目前有三种常用的执行模式，包括澳大利亚的执行裁决模式、瑞士法院的协助模式

① 赵丽. 论最惠国条款在 ICSID 仲裁中的扩大适用［D］. 北京：中国政法大学，2011：29.

和德国的转化模式。[①] 存在较大问题的就是仲裁庭所发布临时措施的域外执行，特别是随着国际仲裁机构的不断发展，越来越多的当事人会主动选择位于标的物之外的口碑较好的仲裁机构，这时候就涉及仲裁机构发布的临时措施在域外执行的问题。而各国仲裁立法对临时措施的规定差异很大，临时措施的分类范围不一且标准不一，甚至有的国家仲裁庭根本没有发布临时措施的权力，这就很可能出现域外仲裁庭所发布临时措施的种类在域内并不存在的窘境。执行地也会考虑到若错误执行这一非终局的临时措施会给当地法院带来的不良效应。[②] 另外，执行地所在国公共利益问题等，也是阻碍国家对其进行明确规定的因素。所以在国内范围，很少有国家明确规定法院应对域外仲裁庭发布的临时措施予以协助。国际层面上，目前并不存在一部专门用来规范仲裁庭所发布的临时措施域外执行的国际公约，在国际仲裁执行问题上发挥重要作用的《承认及执行外国仲裁裁决公约》（以下简称《纽约公约》）也存在很多适用争议。

紧急临时措施决定也面临着以上问题，并且执行障碍更为明显。首先，在国内立法方面，如果说仲裁庭发布的临时措施面临的域外执行问题更明显的话，紧急临时措施决定则面临着域内与域外执行的双重问题。原因在于目前已有一些国家对仲裁庭临时措施的域内域外执行问题作出规定，如德国第一个明确规定在德国境内与境外的仲裁机构所做临时措施能够获得法院执行。而对于紧急临时措施决定域内域外执行力进行规定的仅有新加坡和中国香港地区。对于没有以法律形式接受紧急仲裁员制度的国家，如中国，国内仲裁机构如贸仲委作出的紧急临时措施决定在国内也不能获得执行。其次，紧急临时措施决定也面临着在《纽约公约》下的执行问题。最后，由于紧急仲裁员制度是一项新兴制度，并没有被所有国家引入，国家间关于执行紧急临时措施决定的互惠安排也相对较少。

（一）对不履行临时措施的制裁

仲裁具有契约性，紧急仲裁员的权力来源于当事人在仲裁协议中的合意，仲裁不同于法院本身具有强制执行力。相反，对于紧急仲裁员作出的临时救

① 郭树理. 民商事仲裁制度：政治国家对市民社会之妥协［J］. 学术界，2000（6）：190－195.

② 顾程. 国际商事仲裁中的临时措施研究［D］. 苏州：苏州大学，2016：25.

济，很多时候只能依赖于当事人的自觉履行。由于仲裁庭对紧急仲裁员所作的临时措施有复审、修改和废止的权力，对于当事人不遵守紧急仲裁员发布的临时措施的情况，很可能会在最终阶段对其产生连锁反应（"Knock - on - effect during the Main Event"）。[①] 仲裁庭可以针对当事方的不合作行为作出不利推断，这种不利推断往往督促着当事人及时履行。除此之外，不少仲裁机构还规定了将不履行紧急仲裁员所作决定的行为视为违约行为，给予申请人在之后的仲裁程序中申请损害赔偿的权利。

1. 不利推断

仲裁庭能作不利推断的范围是有限的，对于涉及证据的、旨在保证仲裁程序顺利进行的临时措施，仲裁庭可以作出不利推断。《英国仲裁法》对不履行行为作出不利推断的情况需要给出正当理由。[②] 紧急仲裁员作出的临时措施的种类很多，甚至可以说对传统的临时措施范围进行了扩张，而不利推断的范围仅限于涉及证据的临时措施，如针对当事人隐匿证据的行为、对证据的毁灭行为，要求当事人提交或保存。不利推断一般不能对一方当事人不遵守维持现状、保证仲裁裁决有效执行行为作出。[③] 因为对不利推断的过分使用可能会损害当事人的实体权利，不能因为当事人程序瑕疵而否认其实体权利的归属。

2. 申请损害赔偿

仲裁庭对不履行紧急临时措施决定的另一种制裁方式是，将其认定为违约行为，给予申请人在之后的仲裁程序中申请损害赔偿的权利。如《ICC 仲裁规则 2021》第 29 条第 4 款规定，对于包括程序费用在内的当事人针对任何在紧急仲裁员程序阶段所产生的请求，以及在紧急仲裁员程序阶段，针对对方当事人不履行决定或裁决而产生的请求，由仲裁庭作出裁定。另一种可以要求对方当事人负赔偿责任的情况产生在对方当事人不履行针对维持现状的措施的情形。一方当事人不履行维持现状的行为可能会导致损失或损害进一步扩大，甚至产生难以弥补的损害，其应该对这部分额外的损失负赔偿责

---

① TIJANA K. Court Enforcement of Arbitral Decisions on Provisional Relief—How Final is Provisional? [J]. Journal of International Arbitration, 2001, 18 (5): 33.

② 《英国仲裁法》第 411 条第 7 款。

③ 林一飞. 国际商事仲裁法律与实务 [M]. 北京: 中信出版社, 2001: 338.

任。《英国仲裁法》规定，可裁定不遵守行为而产生的仲裁费用的支付。①

不管是不利推断还是要求当事人作出损害赔偿的制裁方式都没有强制执行力，且范围有限。即使目前来看，当事人基于不利推断的威慑力都会对临时措施予以执行，但是随着紧急仲裁员制度的适用频率不断加快，出现当事人拖延时间不履行紧急临时措施决定的情况是可以预见的。因此，讨论更有效的执行方式很有必要。

（二）《纽约公约》的适用性分析

目前对于紧急临时措施决定的执行，国际上并没有统一可以适用的公约，唯一具有适用可能性的《纽约公约》，不管是在理论上还是实践中都产生了较大争议。《纽约公约》作为国际商事仲裁中的里程碑式公约，在国际仲裁领域具有重要地位。但是《纽约公约》产生于 1958 年，而临时措施特别是紧急临时措施决定的发展实践较晚，公约对临时措施是否属于公约第 5 条所表述的“仲裁裁决”并没有规定。理论上，对临时措施是否属于《纽约公约》所涵盖的范围有肯定说与否定说；实践中，不同法院在具体个案中也出现了不同的解释。

1. 理论分歧

理论上，之所以会对临时措施决定到底属不属于《纽约公约》所规定的“仲裁裁决”产生分歧源于临时措施本身的两个特性，即临时措施具有非终局性、其未对案件实体争议作出处理。紧急仲裁员在仲裁庭组成之前应申请人要求，命令被申请人作出证据保全、财产保全或行为保全等行为，是一种程序性的指令，要求当事人为或不为一定行为，对于当事人之间权利义务关系的确认与分配留待之后组成的仲裁庭进行解决。

法国法院曾对裁决、命令等进行区分，以判断名称背后是否为真正意义上的裁决，需要满足三个要件，即要求仲裁员作出、对案件实体争议进行处理、具有终局性但并非必然针对整个仲裁案件。很明显，紧急临时措施决定并不符合法国法院对裁决的认定。但是，是否不具有终局性与不涉及实体争议的处理就一定不属于《纽约公约》中所规定的“仲裁裁决”范围？对此，有两种不同的观点。

---

① 《英国仲裁法》第 41 条第 77 款。

（1）肯定说

持肯定说的学者们理由一般有三点：首先，从《纽约公约》第 5 条第 1 款 C 项来看，公约并没有对“终局性”做强制性要求，反而仅要求裁决对当事人有效力，而各大仲裁机构都规定紧急临时措施决定一经作出对当事人立即有效；其次，在考虑“终局性”时，不能仅局限于表面含义，紧急临时措施决定并不仅仅是一种程序指令，它不仅实质上保障了当事人权益，也对当事人在仲裁开始前的关系加以规制，并且为保障仲裁裁决的执行甚至起到了决定性作用。所以紧急临时措施决定可以说具有“终局”效果；[①] 最后，肯定说从公约目的出发，将“仲裁裁决”扩大解释为包括临时措施，指出将临时措施的执行解释为受公约规制是有利于公约目标实现的。

（2）否定说

首先，否定说也从各大仲裁机构的条文出发，指出仲裁规则一般都规定，对于紧急临时措施决定，仲裁庭可以变更、撤销、中止，因此其不具有终局性；其次，各大仲裁机构都对紧急仲裁员所发布临时措施的称谓有不同的规定，如《SCC 仲裁规则 2023》第 8 条以 3 款的形式规定了临时措施的应急决定；《ICC 仲裁规则 2021》附件五第 6 条赋予了紧急仲裁员所作决定以“命令”的称谓；《SIAC 仲裁规则 2016》将紧急仲裁员所发布临时措施视为命令或裁决。[②] 各大仲裁机构都对紧急临时措施决定的名称进行明确，但即使以裁决的形式命名也并不能保证如《纽约公约》所称的“仲裁裁决的执行”，因为会出现为适用公约而强行以裁决命名的情况。总之，紧急临时措施决定并不涉及案件实体争议，仅是一种程序性命令。

2. 实践争议

对《纽约公约》是否能用于临时措施的执行主要有两国典型的实践，可以从中洞察各地司法实践对紧急临时措施决定在《纽约公约》中适应性的一般态度。

（1）澳大利亚司法实践

在 Resort Condominiums International Inc. vs. Ray Bolwell and Resort Condominiums（Australasia）Pty. Ltd. 一案中，申请人要求法院对仲裁员所发布的

---

① 沈婷婷．论国际商事仲裁临时措施制度［D］．上海：华东政法大学，2016：24.

② 《SIAC 仲裁规则 2016》附件一第 9 条。

临时性禁令进行执行，法院拒绝执行，并指出：一项裁决若想在《纽约公约》下获得执行力，其必须是有效的、终局的。而本案仲裁员发布的临时措施裁决不同于仲裁庭发布的仲裁裁决，它仅仅是一种程序性裁令，因为其可以被仲裁庭改变、废止，所以并不具有公约所要求的终局性。并且它也没有对当事人的实体争端进行裁决，即使它在一定期间内对当事人是有效的，但是有效并不等于终局性。①

（2）美国司法实践

在 Sperry Int'l Trade Inc. vs. Government of Israel 一案中，美国法院表现出了与澳大利亚法院不同的看法。法院对于仲裁庭发布的一项禁止以色列政府使用信用证的临时措施裁决予以执行。以色列政府认为即使临时措施以裁决的形式作出，它仍然不同于真正意义上的仲裁裁决，不具有终局性，不能获得执行。法院驳回其主张，认为这项裁令实质上解决了案件实体争议，保证了裁决的顺利进行，应当予以执行。实践中只有少数国家将临时措施纳入仲裁裁决予以执行。在 True North 一案中，法院认为，如若仅仅根据名称是“裁决”或是“命令”来判断是不是应该获得执行是“极端和站不住脚的形式主义”。在判断是不是该按照《纽约公约》执行时，我们应着眼于决定的实质内容，而不是形式内容。

3.《纽约公约》的适用可能性

虽然目前国际上的普遍观点是临时措施及紧急临时措施决定的执行在《纽约公约》下不具有适用性。但是从理论和司法实践来看，在目前对于临时措施及紧急临时措施决定的执行缺乏统一的国际公约以适用的情况下，适用公约解决临时措施及紧急临时措施决定的执行问题可以作为一种权宜之计，而美国法院对于“仲裁裁决”扩张解释的实践也为解决其执行困境提供了一种思路。

首先，一些仲裁机构把某些临时措施视为一项裁决，明确规定在仲裁规则中，并且赋予了其明确的约束力。ICC 将中间裁决、终局裁决和部分裁决包含在“裁决”内，并且指明仲裁庭在合适的情况下可以采取裁决的方式作出临时措施，并说明理由，② 对于以临时措施作出的裁决具有与其他裁决书

---

① 任明艳．国际商事仲裁中临时性保全措施研究［D］．上海：上海交通大学出版社，2007：77－89．

② 《ICC 仲裁规则 2021》第 2 条第 5 款和第 28 条。

一样的效力。同样地，部分仲裁机构也表明紧急临时措施决定可以以裁决的形式作出；其次，实际上公约并没有对裁决的内涵及终局性作出明确的规定，公约仅仅对裁决的效力作出了要求。对于临时措施及紧急临时措施决定的效力，即使其不是对实体争议问题的解决，各大仲裁机构也都明确规定一经作出对当事人立即有效，当事人应立即执行；最后，从该公约目的出发，临时措施的执行对于保护当事人权益、确保仲裁程序的顺利进行、及时有效地解决纠纷具有重要意义。但是，《纽约公约》并不能解决临时措施及紧急临时措施决定执行的所有问题，因为公约主要针对仲裁裁决的执行，与临时措施必然有不适应的地方。因此，及时修订公约或者订立新的国际公约，来调整临时措施及紧急临时措施决定的执行问题才更可行。

（三）各国（地区）立法与司法实践对执行问题的不同态度

目前，对临时措施的执行问题以国内立法的形式明确规定的很少，主要有德国、荷兰、澳大利亚、英国、新加坡和中国香港地区。德国作为第一个对仲裁机构所作临时措施执行问题进行明确规定的国家，在《德国民事诉讼法》第 1041 条规定了临时措施执行的法院协助模式，并且国内国外仲裁机构作出的临时措施都能获得执行；荷兰给予临时措施与仲裁裁决一样的执行地位。更值得借鉴的是，新加坡和中国香港地区不仅对临时措施的执行问题加以明确规定，还在引入紧急仲裁员制度之后，及时修改立法，对紧急临时措施决定的执行也予以明确。从各地的司法实践来看，法院对紧急临时措施决定的执行态度不一，JKX Oil vs. Ukraine 案是首例国际投资仲裁中紧急临时措施决定获得法院执行的案例，对投资者来说无疑是种鼓励。

1. 各国（地区）立法规定

（1）新加坡

新加坡在仲裁领域的态度是开放的。1994 年新加坡《国际仲裁法案》（*International Arbitration Act*，IAA）就积极采用了《示范法》的规定，但此时《示范法》并没有对临时措施的执行问题进行明确规定，新加坡国内法也没有任何执行外国仲裁机构临时措施的规定。实践中出现的申请人要求法院予以执行临时措施的案例都被法院以不存在执行依据为由加以否决。在 2006 年《示范法》对临时措施的执行问题进行重大改革之后，新加坡在 2009 年 IAA 的修改中，确认国内外仲裁机构所作临时措施都能同等获得法院的执行。在对临时措施的执行问题进行明确之后，新加坡在《SIAC 仲裁规则 2010》中引入紧急仲裁员制度，及时修改 IAA 中的相关条款，规定"仲裁庭包括由双方当事人根据仲裁规则选定的紧急仲裁员"①。虽然没有明确指明紧急临时措施决定具有强制执行力，但以扩展仲裁庭定义的方式将紧急仲裁员纳入仲裁庭范围，紧急仲裁员所作临时措施决定纳入仲裁庭所作临时措施范围，实质上紧急临时措施决定等同于仲裁庭发布的临时措施，而临时措施在国内国外的执行力早在 2009 年 IAA 的修改中已经明确。自此，国内外仲裁机构所作紧急临时措施决定都能获得新加坡法院执行。

（2）中国香港地区

早在 2000 年《香港仲裁条例》中就明确规定，在得到法院或法官许可的情况下，域内外仲裁庭所作临时措施具有同法院判决一样的强制执行力。2013 年 HKIAC 在仲裁规则中引入紧急仲裁员制度后的一个月内，为明确紧急临时措施决定的执行力，香港采用了比新加坡更为明确的方式，在该条例第三部分指出，任何紧急临时措施决定，无论是在香港内还是香港外在相关仲裁规则下作出，该决定同法院判决效力相同。②

2. 域外国家司法实践

（1）美国

美国关于紧急临时措施决定执行的司法实践目前仅限于国际商事仲裁领域，法院对此态度并不统一。在 2010 年 Blue Cross Blue Shield of Michigan vs. Medimpact Healthcare Systems 一案中，仲裁员在商事仲裁规则下以命令的形式发布了一项紧急临时措施，法院判决这种临时措施是终局的，并且有资格获得确认。认为它最终且决定性地解决了独立的请求，这种法院所许可的、旨在维持现状的预判性救济对于确保程序进行、保障仲裁员最终裁决的价值具有重要意义，因此有资格获得强制执行力。但在 2011 年的 Chinmax Medical Systems Inc. vs. Alere San Diego 案中，法庭却作出了相反的决定。北方地区加利福尼亚法院拒绝执行一项依照 ICDR 规则任命的紧急仲裁员所作裁决，认为经过司法审查的裁决，必须是终局的且具有约束力的，考虑到临时措施决定的实质特征和影响，其并不是终局的，因为它具有临时性的特征，并且之

---

① 新加坡《国际仲裁法案》第二部分第 2 条。

② 《香港仲裁条例 2013》第二部分第 22B 条。

后的仲裁庭也能对它修改。而在同年的 Draeger Safety Diagnostics vs. New Horizon Interlock 案中，法院确认执行紧急临时措施决定。法院认为尽管这项决定不是终局的，但是如果不执行此项决定可能会给申请人造成无法弥补的损害，法官引用了 Medimpact Healthcare Systems 案中法官的看法，即“它最终且决定性地解决了独立的请求”。法官还更进一步思考了以下三个要素：如果该项申请被否决，申请人在此程序阶段的艰难性；申请人所宣称的损害发生的可能性；这种事实是否足够使得申请人获得一个公正的判决。

（2）乌克兰

在 JKX Oil vs. Ukraine 案中，申请人 JKX 是一家油气公司，不满乌克兰政府向其征收过高的天然气生产许可费，请求紧急仲裁员要求乌克兰政府将 JKX 在当地油气生产的税率维持在原法律规定的 28% 之内（提起申请时税率为 55%），乌克兰政府没有参加仲裁。紧急仲裁员依据 ECT 成立。2015 年 1 月 14 日，申请人获得了紧急仲裁员支持申请的裁决。2015 年 6 月 9 日，申请人申请法院予以执行。在经历上诉法院及乌克兰民事与刑事案件高级专门法院的判决后，紧急临时措施决定得到了执行。乌克兰案法官在决定是否执行该项裁决时，并没有详细地对紧急仲裁员所作裁决的性质进行分析论证，区法院与上诉法院的争议焦点也仅在于紧急临时措施决定是否违反了乌克兰的公共政策。这也反映出紧急临时措施决定除了其本身“非终局”性质所带来的困境之外的另一执行困境，即下文所提及的国际投资仲裁中紧急仲裁员所作裁决可能会产生影响东道国主权的争议。

（四）国际投资仲裁中东道国国家主权属性对执行的影响

1. 东道国执行困境

在大多数双边投资条约中仍然没有规定紧急仲裁员制度，这和国家对其的态度有关。国家认为紧急仲裁员制度不公平地保护了投资者，国家不是该制度的受益方。虽然在 SCC 的统计中，大多数当事人支持这项制度，但是国家一方主体仍将紧急仲裁员制度视为一种威胁，认为其扩大了 SCC 的实质权力。从前述分析的 6 个申请紧急仲裁员程序的投资仲裁案件来看，仅在 Griffin Group vs. Poland 案中波兰政府参与了仲裁。由于紧急仲裁员程序时间安排很紧凑，决定作出的时限很短，特别是 SCC 规则要求紧急仲裁员在收到文件后的 5 日内作出决定，拥有庞杂机构体系的国家很难在短时间内快速反应，一些小国没有精通英语的法律工作人员、缺少应对国际投资仲裁的专门程序和相关专家意见都是国家一方当事人参与度低的原因，国家的这种低参与度可能对之后的执行阶段有些不利。另外，国际投资仲裁不同于国际商事仲裁，后者在紧急仲裁员作出紧急临时措施决定后，若被申请人在期限内没有履行，由申请人在标的物所在地法院申请执行，法院地国并不总是当事人一方母国。而在国际投资仲裁中，争端发生在一国与他国投资者间，涉及东道国对外国投资者在本国投资活动的管理与监管关系、东道国对外国投资者的投资保护关系等。如前所述，申请人的请求为延缓法院判决的执行、暂停限制措施等，这些紧急临时措施决定的执行地一般都在东道国。当东道国拒绝履行时，投资者只能向东道国法院申请执行，在这种情况下，投资者很容易对东道国法院的公正性产生怀疑。

2. “非金钱”救济的执行困境

国际投资仲裁中的紧急仲裁员制度还会涉及一种在商事仲裁中不存在的冲突，即紧急临时措施决定与国家主权之间的冲突。紧急仲裁员所发布的临时措施，一般都要求被申请方实施一定行为或不为一定行为。TSIK vs. Moldova 案、Evrobalt vs. Moldova 案与 Kompozit vs. Moldova 案中被申请人一方被要求暂停限制措施的实施，Griffin Group vs. Poland 案、Puma EnergyHoldings vs. Benin 案要求暂缓法院判决执行，这种具体行为或指令式的救济方式很容易被认为是侵犯国家主权。正如 JKX Oil vs. Ukraine 案中所出现的争议一样，可能会讨论紧急临时措施决定是否违反一国公共政策，是否改变了一国的法律体系等涉及国家主权的问题。

ICSID 虽然没有对仲裁庭所作临时措施的形式进行限制，但是却明确要求，缔约国遵守公约所作裁决，同履行法院判决一样履行裁决中的金钱义务。ICSID 在这里仅强调金钱义务，表明其对涉及缔约国国家主权的临时措施的谨慎态度。在 Caratube vs. Kazakhstan 一案中，ICSID 授予一项临时措施，仲裁庭指出，仲裁庭需要作出符合一方当事人目的的合适的措施，这关系到如何平衡投资者与东道国的利益。诚然，任何一方当事人都应当善意履行程序责任与义务，一方当事人也能期待国家至少以相同的原则和标准最大限度地遵守义务，特别是停止实施与另一方善意履行不相符的行为，以避免争端的扩大。但是，仲裁庭在处理临时措施时必须警惕，不要不当地对国家主权和服务公众的活动造成侵犯。可见，ICSID 倾向于鼓励仲裁庭作出金钱义务性质的救济,[①] 认为其能更好获得执行，对于非金钱救济形式持谨慎态度。美国《双边投资条约范本2012》第34条第1款第（一）项明确了以金钱赔偿和适当的利息作为主要的赔偿方式。该范本第34条第1款第（二）项规定，在需要返还财产的情况下，裁决允许被申请一方以提供金钱赔偿和适当的利息作为替代方式。ICSID与美国双边投资条约的实践都表明，即使“非金钱”救济是紧急临时措施决定的主要形式，紧急临时措施决定仍应将国家主权尊严放置重要地位，为其提供可替代的救济方式。

紧急仲裁员多应申请人要求作出“非金钱”的救济措施，特别是这种非金钱救济与一国的法律法规相违背时，在执行问题上可能会引发争议。具体的救济行为，即使有可能实现，也应谨慎对待。如在国家通过国有化或者合同终止了投资者的特许权时，要求国家对外国投资者的特许权予以恢复，相比于金钱赔偿，可能会对国家主权构成干涉,[②] 更不容易获得国家一方主动执行，这也是多数国家排斥紧急仲裁员制度的一大原因。因此，特定情况下可能要考虑替代性的救济方式。

（五）执行困境下东道国的应对策略

如前所述，紧急仲裁员制度的执行面临着国内与国际层面的双重阻力，各国缺乏对其予以明确的国内立法、司法与实践态度不一；国际层面《纽约公约》执行受阻、缺乏新的国际公约予以规定。这些现实情况对于东道国来说似乎是有利的，因为东道国常常作为被申请人被要求执行某些行为。但是，由于国际投资往来的日益频繁，很多国家逐渐在投资实践中兼具资本输入国与资本输出国双重身份，如果东道国局限于这种短期利益，既不利于本国投资者的海外投资活动，也会使进入该国投资的他国投资者丧失信心。因此，针对这种情况，国家应首先从完善本国国内立法出发，对紧急仲裁员制度在国际投资仲裁中的执行问题作出规定，如借鉴中国香港地区与新加坡的规定。同时，积极开展以互惠为原则的相关谈判或订立新的公约，以不断推动该制度在国际范围内的执行。

---

① 张生．国际投资仲裁中的紧急仲裁员制度：适用及困境［J］．西安交通大学学报：社会科学版，2018，38（4）：89－96.

② Award，Occidental Petroleum Corporation Occidental Exploration and Production Company vs. The Republic of Ecuador，ICSID Case No. ARB/06/11，5 Oct.，2012.

第四节 我国国际投资仲裁适用紧急仲裁员制度的完善建议

目前，我国《北京仲裁委员会投资仲裁规则》《深圳国际仲裁院仲裁规则》《贸仲委仲裁规则》《贸仲委国际投资仲裁规则》、《中国（上海）自由贸易实验区仲裁规则》（以下简称《上海自贸区仲裁规则》）和《SHIAC 仲裁规则》已经引入了紧急仲裁员制度，但是我国在法律层面还没有肯定紧急仲裁员发布临时措施的权力，这在实践中会产生很大争议。在《贸仲委国际投资仲裁规则》等所带来的经验基础上，完善我国法律层面的紧急仲裁员制度，以指导紧急仲裁员程序在投资仲裁中的适用既是现实所需，又是完善我国仲裁体系的必要一步。

一、我国适用紧急仲裁员制度的现状与问题

（一）SHIAC 与贸仲委仲裁规则的新发展

1. 2014 年《上海自贸区仲裁规则》和 2024 年《SHIAC 仲裁规则》

第一个《上海自贸区仲裁规则》由上海国际仲裁中心在 2014 年 4 月 8 日颁布。该规则是中国第一次引入紧急仲裁员制度的规则，以适应自贸区日益纷繁复杂的交易模式和潜在纠纷。① 该规则第 21 条对临时措施进行了完善，第一次明确了当事人可以申请获得“紧急临时救济”。该规则中紧急仲裁员制度的相关规定与国际主要仲裁机构相关规则有几点不同之处：第一，紧急仲裁员制度各项时限都较国际仲裁机构一般规定有所拓宽，如指定紧急仲裁员的时限为 3 天、当事人申请紧急仲裁员回避的时限为 5 天、紧急仲裁员作出决定的时限为 20 天；第二，规则形式不同于国际社会一般规定，该规则并没有以附件的形式对紧急仲裁员制度作专门规定，而是规定在第 21 条，并以第 22 条至第 24 条临时措施决定的规定作补充。《上海自贸区仲裁规则》第 21 条第 1 款规定了提出紧急仲裁员程序申请的依据为执行地国家/地区有关

① 袁杜娟. 上海自贸区仲裁纠纷解决机制的探索与创新 [J]. 法学，2014（9）：28－34.

法律的规定，但由于我国在临时措施的发布权上采取法院专属模式，所以当执行地为我国时，向仲裁机构提出紧急仲裁员程序申请的可行性为零。《上海自贸区仲裁规则2015》沿用了《上海自贸区仲裁规则2014》关于紧急仲裁员制度的规定。

2024年《SHIAC仲裁规则》也基本沿用了《上海自贸区仲裁规则2014》关于紧急仲裁员制度的规定，只是进一步对紧急仲裁员作出临时决定的最短时限进行了压缩，力求使当事人能够尽快获得紧急仲裁员作出的临时措施决定。

2. 2015年和2024年《贸仲委仲裁规则》

2015年1月1日，贸仲委在其颁布的仲裁规则中引入了紧急仲裁员制度，相比于《上海自贸区仲裁规则2014》，该规则与国际各仲裁机构的一般规定更接近。规则以附件的形式将紧急仲裁员制度规定在附件三，共八条，详细地对紧急仲裁员的申请、指定、回避及紧急临时措施决定效力等问题进行了规定。紧急仲裁员的指定时限为1天，决定作出时限为15天，相比于《上海自贸区仲裁规则2014》，时间更紧凑。当事人依据所适用的法律或双方约定申请紧急仲裁员程序，相比于《上海自贸区仲裁规则2014》，《贸仲委仲裁规则2015》虽然不能在国内获得执行，但有提出申请的可能。① 尽管贸仲委引入紧急仲裁员制度的目的在于使在中国大陆提出的紧急仲裁员程序能够在香港获得执行，但仍对推动紧急仲裁员制度在我国的适用作出了贡献。《贸仲委仲裁规则2024》沿用了《贸仲委仲裁规则2015》关于紧急仲裁员制度的规定。

（二）2017年《贸仲委国际投资仲裁规则》

为解决投资者与东道国一方投资争议，贸仲委借鉴了新加坡国际仲裁中心的做法。2017年10月1日实施的《贸仲委国际投资仲裁规则》第一次明确了紧急仲裁员制度在国际投资仲裁领域的适用，并以附件的形式规定在该规则中。该规则与《贸仲委仲裁规则2015》中紧急仲裁员制度的规定基本一致，其附件二共分为八条，紧急仲裁员的指定时限为收到申请书及程序费用后1日内，决定作出时限采取国际普遍时限15日，当事人应当在收到紧急仲

---

① 林骥．论国际商事仲裁中的紧急仲裁员制度［D］．上海：华东政法大学，2015：29.

裁员书面披露后2日内提出回避申请。在紧急仲裁员的适用方式上,《贸仲委国际投资仲裁规则2017》沿袭了《贸仲委仲裁规则2015》的规定,采取“约定适用”方式,这一点也同《SIAC投资仲裁规则2017》保持一致,在国际投资仲裁领域采用“约定适用”方式有利于减少适用争议,也有利于国家一方当事人权利的维护。

(三)我国适用紧急仲裁员制度的障碍

尽管上海自贸区与贸仲委紧跟仲裁规则发展趋势与实践要求,分别在2014年与2015年引进该制度,《贸仲委国际投资仲裁规则2017》《北京仲裁委员会投资仲裁规则2019》《深圳国际仲裁院仲裁规则2022》《SHIAC仲裁规则2024》也是紧急仲裁员制度适用于国际投资仲裁为数不多的实践。但是我国目前既缺乏上位法的确认,又缺乏相应的配套措施,使从国外引进的先进仲裁经验不能在中国充分发挥实效。

1. 立法缺失成因与表现

追溯我国仲裁机构的发展历史可以发现,仲裁机构在产生初期归属于行政系统内,依靠政府财力物力支持,在较长时期内具有浓厚的行政色彩。仲裁立法不统一,法律、行政法规和地方性法规繁杂,仲裁在法律上和客观上都不能获得独立地位。在这种情况下,即使仲裁机构获得了临时措施发布权,当事人也会对仲裁机构是否有保障当事人权利的能力产生质疑。直至1995年《仲裁法》实施,仲裁机构才获得独立地位。《仲裁法2017》明确规定,仲裁委员会独立于行政机关。① 虽然不能忽视仲裁机构产生于行政系统内的历史背景,但也应当看到在《仲裁法》实施的20多年里,仲裁机构独立性不断增强的现实状况,适时将临时措施发布权授予仲裁庭,以适应不断发展的贸易投资实践。

我国2012年对《民事诉讼法》的修改使得当事人可以在仲裁庭组成前寻求临时救济,这是一个很大的进步,但是2023年9月1日对《民事诉讼法》的第五次修正及在2017年修正、2018年1月1日实施的《仲裁法》仍然没有赋予仲裁庭发布临时措施的权力。我国《民事诉讼法》第84条、第103~111条规定了当事人申请证据保全和财产保全的规则,指明当事人应当

① 《仲裁法2017》第14条。

向有管辖权的法院提出。《仲裁法》第28条、第46条与第68条，针对当事人提出临时保全措施的申请，仲裁委员会应当将申请移交有管辖权的法院，仲裁庭只充当“传递员”的角色，并不对当事人申请做实质处理。由于我国在临时措施的发布权上采用法院专属模式，我国对于紧急临时措施决定的效力自然没有规定，国内与国外紧急仲裁员所作决定在我国大陆都不能获得强制执行力。

2. 立法缺失的影响

虽然《上海自贸区仲裁规则2015》、《贸仲委国际投资仲裁规则2017》等仲裁规则规定了紧急仲裁员发布临时措施的权力，但是这些规则，仅对双方当事人具有约束力。我国并未在立法层面确立紧急仲裁员制度，这从《民事诉讼法》和《仲裁法》的规定可以看出。在这种情况下，不仅缺乏对紧急仲裁员发布临时措施权力的确认，而且缺乏对其所作决定效力的确认，这同国际仲裁的发展趋势并不相符。

《上海自贸区仲裁规则2015》第20条规定，对于临时措施申请，仲裁委员会将根据临时措施执行地所在国家/地区的有关法律及本规则的规定，转交给具有管辖权的法院或仲裁庭或紧急仲裁庭作出裁定。上海自贸区这种灵活规定在中国仍采取法院专属模式的情况下没有适用性，实践中只能转交法院。即使《贸仲委仲裁规则2015》规定可以依当事人双方的约定申请紧急仲裁员制度，但在执行地是中国大陆的情况下，即使程序能够启动也得不到国家强制力的保障。这就有可能产生，当标的物涉外时，适用这些仲裁机构规则发布的紧急临时措施决定能在国外得到执行，而这种紧急临时措施决定在国内却是无效的，[①] 这显然很不妥。另外，《民事诉讼法》第104条规定了诉前保全，要求法院在48小时之内作出裁定，但是条文所限范围为“在提起诉讼或者申请仲裁前”，如果当事人在申请仲裁后，仲裁庭组成前这段时间内权益可能遭受无法弥补的损害，将不能根据《民事诉讼法》提出诉前保全。总之，为保护当事人权益，及时确立法院与仲裁庭权力并存模式，在立法层面完善紧急仲裁员制度的具体内容是现实所需。

---

① 顾程．国际商事仲裁中的临时措施研究［D］．苏州：苏州大学，2016：34．

二、完善我国相关规定的具体建议

（一）赋予紧急仲裁员发布临时措施的权力

如前文所述，考虑到法院专属模式的弊端，目前绝大多数国家在临时措施的发布权上都逐渐从法院专属模式转向法院与仲裁庭权力并存模式。法院专属模式不仅减损了仲裁的独立性、专业性，而且过分依赖等额担保，造成当事人行使权利的障碍，权力并存模式则较好地吸收了法院和仲裁庭在发布临时措施上的各自优势。但权力并存模式只是丰富了当事人在仲裁庭组成后寻求救济的渠道，当事人在仲裁庭组成前，仍只能向法院寻求救济。各大仲裁机构一般都肯定紧急仲裁员在发布临时措施上具有与仲裁庭相同的权力，以紧急仲裁员在仲裁庭组成之前代行仲裁庭权力，可以说延伸了权力并存模式的优势。

因此，可考虑在我国《民事诉讼法》或者《仲裁法》的修订中作出规定：首先，明确当事人可以在仲裁庭组成后向仲裁庭申请获得临时救济，即从立法上肯定权力并存模式。2024 年《仲裁法（修订草案）》采纳了该模式。其次，明确在仲裁庭组成前由紧急仲裁员发布临时救济措施。2024 年《仲裁法（修订草案）》对此加以明确。但是，由于我国仲裁机构发展历史的特殊性，由紧急仲裁员发布临时措施可能会受到当事人的质疑。有学者提出，由紧急仲裁员对当事人的申请进行初步审查并制订方案，由仲裁委员会核准方案决定是否采取临时措施，以此来平衡临时措施发布的效率与权威性之间的关系，这种建议也可以在立法时予以参考。

（二）明确紧急仲裁员所作决定的效力

1. 明确紧急仲裁员所作决定执行力

各国对紧急仲裁员所作决定的执行力态度不一。法国法院曾在判决中表明，由公断人作出的决定并不是仲裁裁决，因为其没有解决实体争议，既不能被法院废止也不能被执行。美国法院则认为应根据临时措施决定的内容而不是形式来判断其是否构成具有执行性的裁决。德国和英国仅对临时措施的可执行性作出肯定，并没有单独确认紧急仲裁员所作决定的可执行性。在这一问题上，规定最为明确的是中国香港地区和新加坡，二者均以法律形式明确规定紧急仲裁员所作裁决的效力。前者在2013年《香港仲裁条例》第609章第22B条中作了明确规定，紧急临时措施决定具有同法院判决相同的效力，以同样方式执行；后者以明确紧急仲裁员同仲裁庭具有同等地位的方式肯定紧急仲裁员所作决定的效力。明确紧急仲裁员所作决定的效力具有重要意义，只有对其可执行性进行肯定，才能使紧急临时措施决定真正落到实处，摆脱紧急临时措施决定只能依赖当事人自觉履行的不确定性状态。因此在这一问题上，我国可以借鉴香港地区的规定，在《仲裁法》修改中，明确紧急仲裁员所作决定具有同法院判决一样的效力。

2. 紧急临时措施决定的国内执行模式选择

目前，在我国临时措施的发布权还处在法院专属模式的背景下，我国应首先改变这一现状，采取法院与仲裁庭权力并存模式，但权力并存模式仅仅是紧急仲裁员所作决定获得强制执行的前提。因仲裁机构不具有同法院一样的强制执行力，所以紧急临时措施决定的执行需要法院协助，对于权力并存模式下的执行模式选择有执行裁决模式、法院协助模式和转化模式。

执行裁决模式是将仲裁庭发布的临时保全措施等同于最终裁决予以执行。以荷兰《仲裁法》为代表，但荷兰仅肯定了境内仲裁机构发布的临时措施的执行性，对境外发布的临时措施的执行性没有规定。美国司法实践中也将仲裁庭作出的“临时裁决”视为最终裁决予以执行。法院协助模式是指一方不履行紧急临时措施决定时，另一方当事人或者仲裁庭可以向法院申请执行，这种模式为大多数国家所采用。如瑞士法律规定，由仲裁庭在当事人拒绝履行临时救济措施时向法院提出协助请求，由法院协助强制执行。此处可以提出执行申请的主体被限定在仲裁庭，当事人无权提出请求。英国仲裁法在采用法院协助模式的基础上，对执行程序和申请人做相应变通。转化模式是指，将紧急临时措施决定转化成法院的临时措施予以发布，再按照法院执行临时措施的程序予以执行。典型代表如德国，《德国民事诉讼法》规定，法院将临时措施转化成其可以发布的种类予以执行。

权衡以上三种模式，本书认为我国以法院协助模式为原则，以转化模式为例外更为妥当。首先，转化模式可能会与紧急仲裁员制度所要求的高效性相悖。转化模式由于要将紧急仲裁员所作决定转化为法院的一种临时措施，必然涉及对决定的实质审查，这种实质审查不仅耗时耗力，而且减损了紧急仲裁员制度的价值。因此，单一采取转化模式并不妥；其次，法院协助模式一方面能够保障紧急临时措施决定的执行力，另一方面也更符合我国立法实践。法院协助模式由法院进行形式审查，减少了法院对仲裁的干预，更符合当事人意思自治，也更能够满足高效性的制度要求。我国现行立法虽然没有肯定仲裁庭发布临时措施的权力，但在仲裁裁决的执行上采用了法院协助模式，如《仲裁法》（2017 修正）第 62 条与《民事诉讼法》（2023 年修正）第 235 条，规定了一方当事人可以以对方不履行仲裁裁决而向法院申请执行。因此，在紧急仲裁员所作临时措施决定的执行模式上采取法院协助模式，既能保持立法统一，又能保障执行。但法院协助模式可能会产生某一紧急临时措施决定在法院程序法中并不存在的情况，如一国诉讼法中仅规定了财产保全和证据保全，而紧急仲裁员作出了行为保全的情况。虽然一些学者也指出被申请执行的临时措施决定只要没有违反法院地公共政策，法院都应执行，但是在此种情况下，由法院对临时措施“本土化”，转化为法律体系内已有的临时措施种类来执行可能更为妥当。

3. 紧急临时措施决定的国际执行保障

目前，紧急仲裁员制度并没有被世界范围内大多数国家采用。就单边层面而言，一些国家还没有肯定仲裁庭具有发布临时措施的权力，在这种情况下更不会对外国紧急临时措施决定在本国是否可以获得强制执行力作出规定。而双边与多边条约对此规定也较少。就我国而言，为保障紧急仲裁员制度建立后的执行问题，我国可以从以下方面着手。

首先，应当明确紧急临时措施决定的效力，明确其强制执行力。仅仅肯定紧急仲裁员具有发布临时措施的权力并不能解决其执行问题，如前所述，对于紧急临时措施决定的效力存在诸多争议，甚至一个国家内部的司法意见都不统一，借鉴新加坡与香港地区的仲裁规则，可以较好地解决执行力问题；其次，虽然目前对外国紧急临时措施决定在国内执行力问题进行明确规定的国家和地区很少，我国可主动提出优惠待遇，以保障我国公序良俗和公共秩序为前提，有条件地承认和执行外国紧急临时措施决定。这样随着紧急仲裁员制度的普及，外国以互惠为原则给予中国紧急临时措施决定以相同待遇的情况也会增加；最后，中国应积极与其他国家签订双边与多边条约，不断扩大紧急临时措施决定的域外执行范围。

（三）借鉴《SIAC 投资仲裁规则 2017》的某些特殊做法

SIAC 和新加坡国际调解中心、新加坡国际商事法院已经成功地为争端解决提供了广泛的服务。《SIAC 投资仲裁规则 2017》是第一部由仲裁机构发布的专门解决投资仲裁的规则，它以《SIAC 仲裁规则 2016》为基础，吸取了《SIAC 仲裁规则 2016》在适用中积累的大量丰富经验和其他投资仲裁机构如 ICSID、SCC 等的理论与实践经验。《SIAC 投资仲裁规则 2017》反映了新加坡继续致力于走在国际争端解决的前沿，将新加坡打造成投资仲裁的主要场所。该规则于 2017 年 1 月 1 日生效，调整产生于投资者与国家之间的争端，虽然以主要调整商事仲裁的《SIAC 仲裁规则 2016》为范本，但《SIAC 投资仲裁规则 2017》针对投资仲裁进行的部分修改是我们考虑将紧急仲裁员制度适用于投资仲裁领域时可以借鉴的，主要表现在适用于投资仲裁的“约定适用”方式与更宽松的时间安排。

1. 适用方式的选择

不同于目前国际仲裁机构对紧急仲裁员制度适用方式普遍采用“约定排除”的做法，《SIAC 投资仲裁规则 2017》采用“约定适用”方式，① 这也不同于《SIAC 仲裁规则 2016》。可见，SIAC 对适用方式的修改是深入思考商事仲裁与投资仲裁差异之后的结果。《SIAC 投资仲裁规则 2017》明确规定，一方当事人在仲裁庭组成前想要申请紧急仲裁员制度，需要当事人双方的明确同意。

（1）“约定适用”减少适用争议

21 世纪初，各大仲裁机构纷纷引入紧急仲裁员制度，并修改作为其前身的公断人诉讼程序“约定适用”的适用方式为“约定排除”，这是为了适应世界贸易不断发展而频繁产生的临时救济需求。紧急仲裁员制度自 2006 年由 ICDR 引入也才十几年的历史，特别是在制度建立之初，商事交易参与者可能对该制度不了解甚至不知道，即使知道该制度，鉴于紧急仲裁员制度短暂的实践经验也不敢贸然在仲裁协议中予以约定，如果采用“约定适用”模式就大大减损了紧急仲裁员制度的价值。但如果将国际商事仲裁领域的紧急仲裁员制度直接适用于投资仲裁领域，就会有一些不适应。商事仲裁领域的当事人同意仲裁协议一般同时达成，而投资仲裁领域中，国家对投资仲裁的同意一般规定在投资条约中，直到投资者根据投资条约提起仲裁时，合意才达成。如前所述，国家一方与投资者一方同意仲裁的时间相隔较大，多数 BIT 在签

---

① 《SIAC 投资仲裁规则》第 27 条第 4 款。

订时紧急仲裁员制度还没有出现，若采用“约定排除”模式，往往会产生很多争议，使国家对投资争端案件难以预见。此外，投资仲裁中紧急仲裁员的适用产生于近几年，而紧急仲裁员制度在商事仲裁中已经积累相当多的丰富经验，获得较多人知晓，紧急仲裁员制度在投资仲裁领域的发展，视其接受程度与发展状况在适用模式上做渐进式改变，可能更容易获得东道国的认可。

（2）“约定适用”更尊重国家主权

“约定适用”模式给了国家一种选择，因为每个 BIT 都是根据特定情况由双方共同博弈商定的，国家在签订 BIT 时可以考量与投资者母国的关系，在每个 BIT 中都能根据实际情况判断是否给予其外国投资者此项程序保护，而不是动辄陷入被动局面，这种方式更尊重国家主权。有学者认为，因为只有在双方包括东道国一方明确宣布同意适用时，紧急仲裁员制度才能适用，所以对于该制度在实践中是否能产生重要作用是不确定的。[①] 保守派观点认为，东道国可能会对紧急仲裁员制度有所保留，原因在于紧急仲裁员制度被认为是对其主权的侵犯与削弱，考虑到实践中国家常常被作为临时救济措施的实施对象，有理由相信国家几乎很少会同意适用紧急仲裁员制度。当然这种可能性是存在的，但随着国际投资的不断发展，“约定适用”模式作为一种吸引外资的程序保护会越来越多地被东道国在签订条约时认真考虑，而国家的这种明确同意也会使紧急临时措施决定更容易获得执行。

在我国紧急仲裁员制度的完善上，既要考虑我国仲裁环境，又要区别国际商事仲裁与投资仲裁中紧急仲裁员制度的不同特点，作出符合时宜符合实践的规定。如《贸仲委仲裁规则 2024》并没有采用国际仲裁机构普遍规定的“约定排除”方式，而是采用“约定适用”模式，这种相对保守的引入方式可能更符合我国目前的仲裁实践，未来可以根据我国仲裁立法与商事实践的发展最终由“约定排除”模式替代。而在 2017 年《贸仲委国际投资仲裁规则》中依旧采用“约定适用”模式，既可以减少投资仲裁实践中出现的适用版本争议问题，又能平衡投资者与国家间权益。贸仲委的做法既考虑到了我国商事仲裁实践，又兼顾了国际投资仲裁的特殊性。《UNCITRAL 仲裁规则 2021》在仲裁规则适用时间上的规定也值得借鉴，在当事人没有约定的情况

---

① CHRISTOPHER B，PHILIP W. The SIAC IA Rules：A New Player in the Investment Arbitration Market［J］. Indian Journal of Arbitration Law，2017，6（1）：73－89.

下，推定当事人在2010年8月15日之后订立的仲裁协议适用提起仲裁时的现行有效本仲裁规则版本，但排除2010年8月15日之后接受之前要约而订立的仲裁协议。

2. 紧急仲裁员制度的时间安排

前文所列的在SCC仲裁的6个投资仲裁案件中，仅Poland案中东道国政府参与了仲裁，东道国在投资仲裁中的低参与度也与仲裁规则严格的时间限制有关。在《SCC仲裁规则2023》下，紧急临时措施决定在紧急仲裁员收到相关材料后5天内作出，如此短的时间使国家很难突破庞杂的机构体系和程序限制及时作出反应，虽然紧急仲裁员作出了决定或裁决，但是能否得到东道国的自觉履行仍是个问题。相比而言，《SIAC仲裁规则2016》《SIAC投资仲裁规则2017》及其他仲裁机构所规定的14天内、15天内作出决定的规定更符合实际，也更能得到东道国的履行。另外，也可以借鉴一些机构专门给予发展中国家更宽裕时间安排的规定。

（四）提供替代救济方式与引入严格责任制度

《ICSID公约》和美国BIT范本都强调了在投资仲裁中“金钱救济”的主要地位，紧急仲裁员所作的“非金钱”救济措施，不仅可能侵犯东道国国家主权，而且很难得到东道国的自觉履行。提供替代救济方式与引入严格责任制度就是以金钱救济或惩罚的方式，来弥补在有些情况下“非金钱救济”不能实施或者不能发挥实效的困境。在制度设计上平衡投资者利益、保护与东道国国家主权之间的关系，才能使紧急仲裁员制度在投资仲裁领域得到充分适用。

1. 提供替代救济方式

投资者在仲裁庭组成前寻求紧急临时救济措施的目的往往是为了要求东道国暂停实施某些行为或者尽快实施某些行为，如果过于担心作出的紧急临时措施决定可能会损害国家主权、违背东道国公共秩序而刻意减少“非金钱”救济，往往使投资者利益得不到切实保护。一方面要保护投资者利益诉求，另一方面要尊重国家主权。在Goetz vs. Burundi①一案中，仲裁庭给了东

① Award, Antoine Goetz et consorts vs. Republique du Burundi, ICSID Case No. ARB/95/3, 10 Feb., 1999.

道国布隆迪“两个选择”：恢复原状或支付金钱赔偿。这种选择方式也是可以借鉴的。有学者提出“两步法”：首先，规定东道国在一定期限内履行具体行为，如果在该期限内东道国没有履行，就需要在未来很短的时间内支付金钱赔偿。当然，鉴于临时救济需求的紧急性，这两个期限应尽可能的短。“两步法”相比于“两个选择”而言，还略有价值取向上的不同。前者将“东道国履行”放在了首要位置，更有利于临时措施的实现。给东道国提供一种切实可行的替代方式以避免紧急临时措施决定侵犯国家主权、破坏公共秩序的情况发生，同时这种方式也更能获得东道国履行，避免投资者诉诸东道国法院来保障紧急临时措施决定的执行。从紧急仲裁员制度在国际投资仲裁中的适用情况来看，这种给出“两个选择”或者“两步走”的方式更能改善东道国在紧急仲裁员程序案件中的参与情况，也有利于投资者与东道国之间投资争端的解决。

2. 引入严格责任制度

考虑到东道国不履行紧急临时措施决定时投资者的利益保护问题，有学者提出，可以在紧急仲裁员制度中引入严格责任制度，即如果东道国不履行紧急临时措施决定时，会自动导致其在最终裁决中支付一笔损害赔偿金，而不管最终投资者请求事项是不是值得保护。这种损害赔偿金并不旨在对投资者的全部损失进行赔偿，而是对没有履行紧急临时措施决定的东道国一方的惩罚。① 更为便利的是，这种处罚因为在最终裁决中作出，能够在《纽约公约》下获得执行。替代救济方式与严格责任制度相结合，一方面，给予国家主权以充分尊重，在必要时由国家选择以“为或者不为一定行为”或支付金钱赔偿来履行裁决；另一方面，又对国家权力予以限制，用严格责任制度来约束国家不履行紧急临时措施决定的行为。

① JANICE L. Is the Emergency Arbitrator Procedure Suitable for Investment Arbitration [J]. Contemporary Asia Arbitration Journal, 2017, 10 (1): 71 - 112.

第五章

ISDS常设上诉机制构建的中国方案及适用研究

第一节　ISDS上诉机制构建的正当性问题

一、投资仲裁机制面临的现实困境

投资者与国家间争端解决机制（ISDS）设立的初衷是为了化解私人投资者与东道国二者之间的利益纠纷，用商事仲裁的手段来促进国际投资争端的“非政治化”解决，最终将其纠纷纳入到法治的运行轨道上来。同时，ISDS机制能够有效地将发展中国家与发达国家之间的矛盾转化为“公私冲突”，在国际投资领域内成功地缓和“南北矛盾”，实现两大利益集团之间的妥协与再平衡。[①] 然而，该机制的设计并非完美无缺，随着实践的发展，在运行过程中也逐步暴露出裁决结果的不一致、纠错机制难以有效发挥作用及利益保护不均衡等问题，这使得各成员国对其的信任度大为降低，ISDS机制也正面临着严重的“正当性危机”。

（一）一致性与可预测性严重不足

国际投资仲裁裁决的价值不仅在于为已经提交的案件给出明确的结果，

---

① 陈安．国际经济法学新论［M］．4版．北京：高等教育出版社，2017：421－433．

解决双方当事人眼下存在的利益纠纷，更重要的是为投资者和东道国未来的行为提供有效的指引，这种可期待性预防了潜在争议的发生，这便是裁决的可预见性价值。而只有一致性的裁决才能保证可预见性价值的实现，即在相同或相类似的情况下作出一致的裁决，其结果才能被双方当事人所信赖，从而对未发生的行为产生一种潜在的既定约束力，最终形成规则上的权威性与可信性。然而，在实践中仲裁裁决不一致的情形却比比皆是，类似的案情本应得到相同的结果，但仲裁庭的结论却是南辕北辙、大相径庭。这种情况不仅表现在不同的仲裁机构对类似案件的裁决中，更有甚者，在同一仲裁机构中其裁决结果居然也截然相反，随着“同案不同判”的情况愈演愈烈，ISDS机制的公信力也遭到了致命的打击。[①]

第一类情况的典型例子便是CME公司诉捷克共和国及Lauder诉捷克共和国案[②]（Lauder为CME公司的控股股东），在二者主体基本相同、针对相同的条约条款及同一征收行为的情况下，伦敦国际仲裁院和斯德哥尔摩商会仲裁院对于捷克共和国是否构成征收却得出了相反的结论，这就说明不同的仲裁机构针对类似的案情可能会得出不同的结论。而第二类情况的典型例子则是瑞士SGS公司系列案件，[③] 该公司由于合同履行的费用不能与东道国达成一致，故而分别将巴基斯坦与菲律宾政府状告于ICSID仲裁庭，然而针对瑞士与其他两个国家BIT中的类似表述，ICSID仲裁庭却采用了完全不同的解释尺度，最终对于东道国是否违反BIT中的义务也作出了不同的裁决，这就表明即使是同一个仲裁机构针对类似案情也可能裁决不一。[④]

造成该问题的原因是多方面的，但总体上说，法律渊源的模糊性、仲裁机构的独立性和仲裁员的公正性问题可能是导致仲裁裁决不一致的主要因素，可以从条约、制度和人为因素三个维度上加以解释。

从法律渊源的角度上来看，各国所缔结的《ICSID公约》多为争端解决的程序性事项，其内容并未涉及缔约各国在投资活动中应当遵守的具体规定。

---

① 刘笋. 国际投资仲裁裁决的不一致性问题及其解决［J］. 法商研究，2009（6）：139-147.

② Award, CME Czech Republic B. V. vs. The Czech Republic, 14 Mar., 2003; Award, Ronald S. Lauder vs. The Czech Republic, 3 Sept., 2001.

③ Decision, SGS Société Générale de Surveillance S. A. vs. Pakistan, ICSID Case No. ARB/01/13, 6 Aug, 2003; Decision, SGS Société Générale de Surveillance S. A. vs. Philippines, ICSID Case No. ARB/02/6, 29 Jan., 2004.

④ 丁夏. 国际投资仲裁中的裁判法理研究［M］. 北京：中国政法大学出版社，2017：26-119.

当各国发生纠纷时，其法律依据只能是各自签订的双边或多边投资条约，而各个投资条约的规定又千差万别，没有统一的权利义务规定，碎片化严重、缺乏统一的立法就导致了解决纠纷时法律渊源的不一致。另外，各个国家为维护自身的利益，往往在签订投资条约的过程中采用比较模糊的措辞，这就造成了约定的条款难以反映真实的缔约意图，也为投资活动中出现纠纷埋下了隐患。

从仲裁机构的角度上来看，它们之间相互独立，而不同的仲裁机构会组成不同的仲裁庭，一案一庭、临时仲裁的特点也在事实上使得争端解决机构始终处于一种分散化的状态中。况且，组成仲裁庭的不同仲裁员具有对条约解释的自由裁量权，其国籍背景、认知水平、实践经验不一，即使是针对相同或相似投资条约的实质性条款，也势必会导致其各自的观点有异。再者由于仲裁裁决的保密性难以形成有效的先例，其裁决也不受先例的约束，这更加使得仲裁庭的解释不一致。所以，仲裁活动的独立性、仲裁庭组成的随机性和仲裁解释的差异性也是造成裁决结果不确定的重要原因。

从仲裁员的公正性上来看：首先，其选任标准不固定，道德素养和职业素养参差不齐，性别比例也严重失衡，大多数为男性，并且多以欧美国家为教育背景，女性和发展中国家的仲裁员比例较低，存在同质化严重、多样性缺位的问题。其次，由于投资仲裁单向诉讼的特点，只有私人投资者才具有发起诉讼的权利，在选任仲裁员时必定会倾向于选择保护自身利益的仲裁员，而仲裁员是没有固定薪资的。这样一来，投资者就变相地控制了仲裁员的工作机会和薪资来源，而仲裁员为了个人利益与扩大案源的考虑，也往往会选择作出有利于投资者的仲裁裁决，这就为裁决的公正性蒙上了一层阴影。这种情况绝非个别现象，[①] 虽然在美国能源企业Burlington公司诉厄瓜多尔案中东道国也以仲裁员的倾向性为由提出过异议，但并未取得理想的效果。[②] 最后，仲裁员还深陷“身份混同”的困境，由于可以兼任代理律师，其可能在不同的案件中扮演不同的角色，面对相同的问题也会表达不同的观点，仲裁

---

① 如美国企业Amco公司诉印度尼西亚案、法国水务环境企业威望迪环球集团（Vivendi Universal）诉阿根廷案、法国企业苏伊士环境（Suez）诉阿根廷案、美国公民投资的企业乌克兰制造（Generation Ukraine）诉乌克兰案、爱尔兰企业珍瓦利开发（Zhinvali Development）诉格鲁吉亚案等仲裁员明显偏爱一方当事人而歧视另一方当事人，倾向性明显。

② Decision, Burlington Resources Inc. vs. Republic of Ecuador, ICSID Case No. ARB/08/5, 31 Aug., 2017.

员为了以后能够获得潜在的客户，其投资保护倾向也越发明显。在 Telekom Malaysia 诉加纳案当中，[①] 加纳政府就以其仲裁员正在另一起案件中担任代理律师为由提出了回避申请，确实这样的“人格分裂”和利益冲突也会有损裁决的公正性。[②]

不一致性会极大地破坏裁决的可信度与可预测性，也损害了投资者与东道国的合理预期。对于东道国而言，面对相似的案情，有的需要进行高额赔偿，有的却无需承担责任，东道国难以向其纳税人作出合理的解释，从而不能对自身管理行为是否合规合法进行有效地判断；对于投资者而言，虽然偏袒其利益的情况时有发生，但面对一个不具有稳定性和延续性的机制难免会心存顾忌，对该机制能否长期保障自身的利益也会产生怀疑，从而动摇国际投资的信心。长此以往，结果必然是双方都对 ISDS 机制产生信任危机。如果东道国不再信任该机制，其可能终止、退出投资条约或排除国际投资仲裁机制的适用；而如果投资者不再信任该机制，则可能会减少国际投资。

一旦 ISDS 机制不能对使用者的行为提供有效的指引，那么该机制主导法律规则的权威性与正当性势必会大大削弱，这将严重削弱国际投资法治的基础，对于投资法律秩序的稳定性与确定性而言，这样的破坏是具有根本性的。最终很可能导致双方不再以仲裁的方式来解决投资争端，转而寻求其他的解决方式，该机制便被束之高阁、形同虚设，彻底丧失公信力，这便与其促进投资争端解决和国际投资发展的初衷背道而驰了。

（二）准确性降低与纠错机制缺位

一个合理的仲裁裁决不仅要求该案件在结果上要具有一致性，还应该从双方当事人所签订的具体投资条约来考虑，结合个案的实际情况作出准确的裁决，从而实现案件结果的公正性。所以，案件的一致性并不能与准确性划上等号，具有一致性的裁决也未必就是准确的裁决，二者是从不同的角度去促进结果的公正性，一致性更侧重宏观层面，目的在于实现裁决结果的整体延续性。而准确性更侧重于微观层面，立足于实现个案正义，双方缺一不可。

---

① Decision，Telekom Malaysia Berhad vs. The Republic of Ghana，PCA Case No. 2003 - 03，18 Oct.，2004.

② 肖军. 规制冲突裁决的国际投资仲裁改革研究：以管辖权问题为核心［M］. 北京：中国社会科学出版社，2017：163 - 200.

它们虽有不同，但确实存在密切的联系，连一致性都不能保证的裁决是更妄谈其准确性。从某种程度上说，一致性为准确性的达成提供了前提条件，不过公正的裁决是两者相统一的结果，仲裁员应当根据案件的具体情况具体分析，在考虑一致性的基础上来实现个案正义，作出准确合法的裁决。①

一个成熟有效的纠错机制对于案件准确性的影响是不言而喻的，但 ISDS 的撤销机制由于受到商事仲裁的影响，仅允许当事人对案件的程序性事项提出申请。所以，撤销机制设立的目的，其实是在“一裁终局”的框架内对裁决结果进行有限的救济，从制度根源上来看，其始终是为裁决终局性服务的。这样的妥协貌似合理，实则不然，因为当前需要一个真正能对裁决结果起控制作用的纠错机制，而并非只是一个程序性的“附属品”。如果以牺牲裁决的准确性和公正性为代价，实现国际投资仲裁的高效性和终局性，其后果必然是案件公正与效率价值的同时丧失，况且 ICSID 的撤销机制弊病丛生，难以发挥预期的作用。②

首先，在范围上，撤销的原因是极其有限的，仅限于公约第 52 条的五项程序性事由。③ 对于仲裁结果的实体性错误，撤销机制束手无策，无论是法律适用错误还是事实认定错误，该机制均不能为当事人提供有效救济。ICSID 仲裁裁决具有最终效力，而撤销机制是当事人改变案件结果的唯一途径，但它却堵上了纠正实质性错误的道路，这无疑给仲裁双方增加了极大的法律风险，要承受结果可能有误且无法改变的压力来参与仲裁，这种无形负担本身不仅是对双方当事人的不负责任，也成为实现案件实体正义的阻碍。撤销机制着眼于程序的完整性，而对案件准确性缺乏相应的关照，可即便如此，其撤销委员会对撤销事由的认定也相当模糊，摇摆不定，适用标准不明确，当事人难以完全信服。所以，撤销机制顾此失彼，在明显的实体错误都不能进行纠正、程序上也难有建树的情况下，其公正性亦难以保证。

---

① 肖军．建立国际投资仲裁上诉机制的可行性研究：从中美双边投资条约谈判说起［J］．法商研究，2015（2）：166－174.

② MALCOLM L，MICHELE P，GABRIELLE，DANIEL B．UNCITRAL and Investment Arbitration Reform：Matching Concerns and Solutions：Introduction［J］．Journal Of World Investment & Trade，2020，21（2－3）：167－187.

③ 《ICSID 公约》第 52 条第 1 款规定，任何一方可以根据下列一个或几个理由，向秘书长提出书面申请，要求撤消裁决：（一）仲裁庭的组成不适当；（二）仲裁庭显然超越其权力；（三）仲裁庭的成员有受贿行为；（四）有严重的背离基本程序规则的情况；（五）裁决未陈述其所依据的理由。

其次，在效力上对于案件结果起到的作用有限。要么不予撤销，当事人也没有其他救济途径，只能接受案件结果；要么认定程序存在瑕疵，予以撤销，此时的结果是原裁决无效，但并不能产生新的裁决，双方当事人的争议仍然无法解决，反而空耗了大量的时间、精力和资源。所以撤销机制归根结底只是一种附着于原裁决之上的内部机制，只能对裁决进行“小修小补”，不能从根本上回应双方诉求、解决问题。面对被撤销的裁决，一方面当事人只能选择重新提起仲裁，继续“程序长跑”，这就使争议悬而未决，如此循环往复，最终只能费时费力。在 Victor Pey Casado 和基金会主席 Allende 诉智利共和国一案中就出现了这样的情况，① 双方当事人轮番提出撤销申请，双方缠斗近 20 年之久，二者的法律关系长期处于不稳定状态。另一方面，从理论上而言，撤销程序可以被反复提起，此机制漏洞如果被恶意滥用，很可能成为有心之人故意拖延审理程序、维护自身不正当利益、降低裁决效率与执行力的一扇方便之门。所以，撤销机制不仅没有能够解决争端、定纷止争，还可能逐步沦为利益拉锯的工具，其运行效率堪忧，最终与设立时的目的渐行渐远，事与愿违。

最后，在成本上撤销机制容易造成案件久拖不决，时间成本与经济成本耗费巨大。在当前的 ISDS 机制下，即使不启动撤销程序，其案件审理时间冗长、费用高昂也早已为当事人所诟病，撤销申请的提起无疑更加重了双方的担忧。② 从仲裁时间上来看，一般案件结案可能需要三四年，而将近三分之一的案件进入到撤销程序后，由于申请撤销的次数和仲裁庭的裁决时间不受限制，其所耗费的平均时间居然长达六、七年之久。巴塞罗那阿瓜斯社会总公司诉阿根廷共和国水服务特许权一案，更是从 2003 年就开始注册，直到 2017 年才结束诉讼，类似超过十年的案件更是不胜枚举。③ 如此长时间的程序使得仲裁机制自我标榜的“高效性”成为一句空话，效率低下也让当事人疲于奔命，而法律关系长期处于不确定性的状态，也加深了各方对该机制的

---

① Decision, Victor Pey Casado and President Allende Foundation vs. Republic of Chile, ICSID CASE NO. ARB/98/2, 8 Jan., 2020.

② 龚柏华，朱嘉程. 国际投资仲裁机制的问题与改革建议［J］.《上海法学研究》集刊，2019（17）：105 – 113.

③ Amco Asia Corp. vs. Indonesia 案因撤销程序的提起，整个案件从登记到结案的时间自 1981 年持续到 1991 年；而 Klockner Industrie – Anlagen GmbH vs. Republic of Cameroon 案于 1981 年登记，更是到 1988 年才结案。

质疑。从仲裁费用上来看，撤销机制的法律服务和仲裁员的费用不仅动辄以千万美元计，更为致命的是，最终败诉方所承担的赔偿费用更是高达数亿甚至数十亿美元,[①] 这就给一些东道国戴上了沉重的债务枷锁。对于败诉的发展中国家而言，不啻于祸从天降，深受其害的非洲与南美洲国家更是不堪重负，进而纷纷抛弃仲裁机制。

由此可见，ICSID 的撤销机制试图在仲裁终局性的视野下，以“一裁终局”原则为指导，对仲裁结果存在的程序性问题进行修补。不过，这样的做法终究无济于事，不以纠正案件实体性错误为准则，其程序设计虽有纠错之名，却无纠错之实，在难以维护案件结果准确性与实体正义的同时，其所谓高效率的“谎言”也在运行过程中不攻自破。

（三）双方利益保护的公正性失衡

国际投资仲裁设立的初衷是为了保护投资者的权益，平衡双方当事人之间的利益冲突，从根本上来说，是要公平公正地解决投资争端。然而，晚近以来一些仲裁庭却走向了极端，在裁决中故意偏袒投资者的行为已是屡见不鲜，全然不顾东道国的利益，利用仲裁的权力，限制甚至是否定东道国正当的公共管理行为。本来 ISDS 机制的实质是创设一种国际准司法体系，对东道国的行政管理行为进行合理的约束和监督，以防止其恣意妄为损害投资者的利益，并最终有碍国际资本的正常流动。但是，该机制作用的发挥应当被控制在一定的限度内，一旦超过了必要的界限，便有可能损害东道国的正当利益甚至对国家主权造成威胁。

仲裁庭的偏向性立场更是令投资者有恃无恐，在诉诸仲裁就可能达成自身目的并获得高额赔偿的思潮影响下，滥诉之风盛行。只要东道国的行为稍有不尽如人意的地方即提起仲裁，完全不考虑仲裁对该国公共政策和公共利益造成的影响。这也引发了东道国的“寒蝉效应”，为了避免成为仲裁的被申请方，只能选择让步，在一定程度上放弃了对外资的正常监管。这严重干扰了东道国正常的公共管理，甚至冲击了国家立法、行政及司法主权的行使，

---

① 在 Lauder vs. Czech Republic 案中，捷克政府被判赔偿 2.7 亿美元外加相关利息，而捷克政府为此案支付的仲裁员服务费用就高达 1000 多万元。而在 2011 年，Al－Kharafi 在起诉利比亚的案件中更是获得了 9.35 亿美元的赔偿金，这是历史上第二高的赔偿金额。该案仅次于 2012 年的 Occidental 诉厄瓜多尔案的 17.7 亿美元。

从而影响国家的长治久安。

双方利益保护的失衡在仲裁结果上的表现则是公正性的丧失。一方面，在一些实体性条款（如公平公正待遇条款、最惠国待遇条款、最低待遇标准等）规定较为模糊的情况下，仲裁庭往往利用自由裁量权对其适用进行解释从而达到其目的。特别是针对公平公正待遇的纠纷，东道国在遭遇时常常有苦难言，如 Occidental Exploration and Production Co. 诉厄尔瓜多案,① 即使厄瓜多尔政府对其行为尽可能地作出了合理的解释，仲裁庭还是认为法律和商业环境的改变违反了公平公正待遇条款。另一方面，仲裁庭对东道国公共政策干涉的范围极广。在环保问题上，印尼政府就曾被外国投资者以“间接征收”为由提起仲裁相威胁，最终被迫废除了禁止露天采矿的法令；在能源问题上，瑞典 Vattenfall 公司也以德国的公共政策影响其发电站的运行为由而向其提起仲裁;② 在健康问题上，阿根廷政府为了维护公民的生命健康，曾呼吁不要饮用安祖利克斯公司所提供的自来水，随即便遭被诉，最终面临巨额赔偿。③ 所以，仲裁庭的倾向性并非空穴来风，这些案件的裁决结果确实有失公允。

虽然近几年发达国家也曾作为东道国，其外资规制权亦受到了一些不小的冲击，但总体上来看，发展中国家作为东道国的情况仍然是主体。这实际上一定程度反映了国际资本的流向趋势，发达国家的投资者向发展中国家进行投资仍是当今主流，其凭借强大的优势地位仍能对 ISDS 机制施加影响力，进而保护本国投资者的利益。从发展中国家的角度而言，为了能够吸引外资，发展本国经济，从而为投资者制定优惠政策，放松管制，在环境保护、资源开发等领域大开绿灯，在协定条款上有所让步也属实情，其结果就是投资者能够有机可乘，最终东道国自身利益受损。

同时，ISDS 机制脱胎于商事仲裁，再加之投资者与东道国地位悬殊，这种天然的不平等就导致其在制度设计上为投资者进行了相应的倾斜，单向的诉讼结构也加大了东道国维权的难度。对于仲裁员而言，保护私人投资者往

---

① Award, Occidental Petroleum Corporation and Occidental Exploration and Production Company vs. Republic of Ecuador, ICSID Case No. ARB/06/11, 5 Oct., 2012.

② Award, Vattenfall AB, Vattenfall Europe AG, Vattenfall Europe Generation AG vs. Federal Republic of Germany, ICSID Case No. ARB/09/6, 11 Mar., 2011.

③ Award, Azurix Corp. vs. Argentine Republic, ICSID Case No. ARB/01/12, 14 Jul., 2006.

往是一种惯性思维，相较于庞大的国家政府，投资者自然而然地就被当成了所谓的“弱势群体”，要给予其更多的法律保护。仲裁员这种心理上对私权利益的偏向，很可能会导致判断的天平有所倾斜，对东道国公共利益和管理权力有所忽视。

不论是发展中国家与发达国家之间的利益纠葛还是仲裁员的心理偏向，最终的结果是导致案件公正性的丧失，而投资仲裁也被逐渐工具化，歪曲了原先的宗旨。这不仅对东道国规制权的行使造成了极大的干扰，掣肘公共政策的出台与执行，致使国家利益受损，还大大降低了该机制的信誉。随着东道国的耐心逐渐被消磨殆尽，继之而来的是越来越大的失望，一些发展中国家也决定不再信任裁决的结果，甚至走上了用东道国救济来代替国际投资仲裁的道路。①

二、引入上诉机制追求的价值目标

上诉机制可以重构和补强现存的争端解决机制，将司法性的结构与程序注入到具有当事人意思自治的投资仲裁体系中。上诉机制的引入绝不仅仅是简单的审级叠加，增加重新裁决的机会，更重要的是可以实现对原裁决的审查和对错误的纠正，解除对东道国管制权的不当限制，进而通过对条款的解释来实现裁决一致性、准确性与公正性的真正统一。

（一）有利于加强裁决的一致性

当前ISDS机制中存在的不一致问题已越发明显，这使得投资条约的解释与适用逐渐丧失了稳定性，甚至也影响了当事人在投资活动中的可预见性。而上诉机制的建立不仅能够使条款解释形成统一的标准，也能够为日后投资者和东道国的行为提供有效指引。②

在国际规则模糊的情况下，对不同案件中某一具体问题的处理结果不统

---

① 继2007年玻利维亚、尼加拉瓜和委内瑞拉退出《ICSID公约》后，阿根廷也于2013年宣布退出该公约，拉美国家比较倾向于国内救济。在2011年4月，澳大利亚政府宣布其未来签订的国际投资协定将排除ISDS条款。

② ARATO J，BROWN C，ORTINO F. Parsing and Managing Inconsistency in Investor – State Dispute Settlement［J］. Journal Of World Investment & Trade，2020，21（2 – 3）：336 – 373.

一时，就需要一个更高审级的机构对这种争议情况进行权威的解释。WTO 上诉机制的裁决有利于促进国际贸易法律规则的稳定性，其作出的巨大贡献都是有目共睹的，这就表明上诉机制可以在澄清规则适用、明确概念范围等方面发挥巨大的作用。同理，在国际投资领域引入上诉机制，有助于对国际投资条约的共性问题、基本原则和待遇标准按照统一的思路进行阐释，并使公平公正待遇等实体性条款的适用也能达成共识。这无疑能够在争端解决的关键问题上树立一致的准则，从而为扭转同案不同判的局面作出贡献，促进 ISDS 裁决的连贯性、一致性与可持续性。①

从更深的层次而言，一致的裁决代表着裁决结果的效力性，上诉机制也提升了裁决的可预测性。无论是东道国出于对自身国家利益的考虑，还是投资者对国际投资可期待性利益的关注，可预测性的裁决对双方的行为都有着决定性的作用。双方可以根据可信赖的裁决结果对自身的行为或政策进行合理的规划，进而重拾当事人对投资仲裁机制的信心，增强对 ISDS 机制的信任度。

同时，上诉机构的建立还有利于解决 ISDS 机制的碎片化问题。国际投资条约的碎片化是裁决不一致的根源，而案件结果的不一致更加剧了这种碎片化，进而导致整个国际投资法治分崩离析。虽然当前各国际条约的表述不一，但其核心条款的范围有限，只要上诉机构在当事人经常援用的权利义务上给出一致性的解释，就能够对条约解释失控和机制碎片化起到一定的控制作用，进而为国际投资领域的良法善治奠定基础。

（二）有利于加强裁决的准确性

上诉机制在促进裁决一致性的同时，亦对减少个案的裁决错误具有重要意义。无论是构建高效程序的理想愿景与现实功能的错位，还是受制于规定狭窄、权力过小的无奈境地，这些功能性的缺失都使得 ISDS 的撤销机制注定难有作为，最终沦为“鸡肋”。而新的上诉机制势必将在更大的范围内、以更加规范的程序和更高的效率对裁决发挥更加强有力的矫正作用。

一方面，在程序上，如果没有上诉机制，其仲裁庭的仲裁员作出初裁裁决完全不用考虑其他因素的影响，其自由裁量权不受限制，只需要保证该裁

---

① 张庆麟. 国际投资：实践与评析［M］. 武汉：武汉大学出版社，2017：35－48.

决符合程序即可，对于实质性结果不承担任何责任，仲裁员个人的声誉和利益也不会受到案件结果的影响。但建立了上诉机制之后，仲裁员在作出裁决时就不得不更加小心谨慎，因为他们知道自己的初裁裁决有可能面临上诉机制的二次审查，为了自身的裁决不被推翻或者改变，使自己的声誉受损，其说理会更加充分，最终能够提高裁决的质量。这便是建立上诉机制对初裁过程的控制作用，也在一定程度上制约了仲裁员的自由裁量权。

另一方面，在结果上，上诉机制可以在实体问题上对原裁决的错误进行纠正，并形成一个新的裁决，确定当事人之间的法律关系，真正解决投资者与东道国之间的纠纷，这就是上诉机制对原裁决的监督作用。相比于原先撤销机制久拖不决、效率低下，只要能够制订合理的裁决期限，优化裁决程序，则上诉机制对效率性的实现也是可以期待的。虽然二次审理也不能保证每个上诉案件的绝对准确性，但是与先前非常有限的机制相比，无疑更能保证案件裁决的质量，提高案件的准确性。

此外，上诉机制的构建也能促进裁决一致性与准确性之间的平衡。仲裁庭审理案件既不能忽略一致性，也不能盲目地追求一致性而完全不考虑个案情况的特殊性。对一致性的强调不能损害个案正义的实现，法律的准确性与稳定性必须结合起来考虑。正是通过纠正原裁决中的错误，才能够对合理的法律解释予以继承，在保证法律延续性的同时实现对案件准确性的促进。

（三）有利于加强裁决的公正性

在国际投资争端中，私人投资者的目的在于维护自身的合法权益，保证其利益不受东道国管理行为的非法侵害，而东道国的目的在于对私人投资者的行为进行合法管制，谨防其投资活动对本国的公共利益造成不当影响，所以一个公正的裁决必须要考虑双方的诉求，对任何一方的偏袒都会导致利益的失衡。将仲裁的灵活性与上诉机制的稳定性相结合，有利于缓解国际资本流动与东道国管理的张力，能够在去政治化与去商业化的前提下对私人投资者和东道国之间的利益进行再平衡。正是由于投资仲裁具有公私混合的范式特征，上诉机制的构建才能将投资者追求自由开放的营商环境与东道国的合理管制权相结合、对外开放与对内管理相结合、私人利益与公共利益相结合，最终以司法性来协调契约性，实现公正的裁决。

在程序正义方面，上诉机制裁决的公正性并不仅来自审裁人员水平的高低，更重要的是在于其机构的常设性。当前机制的仲裁庭被赋予了较大的自由裁量权，这主要体现在对条款和概念的解释上，间接影响了东道国国内政策的合理性。而仲裁机构与仲裁员具有不确定性，加之临时仲裁的设计，就造成了不同仲裁庭对条约的解释不一，最终容易造成不公正的结果。但人的问题归根结底是机制的问题，只有建立多层级的审级机制，以常设机制的准司法体系审查取代临时仲裁，相对固定的上诉机构成员作出的裁决才能更可靠、稳定，从而实现双方对公正性的诉求，维护当事人的合法权益。①

在实体公正方面，上诉机制赋予了当事人二次救济的权利，这也促进了对案件公正性的实现。原先的 ISDS 机制具有终局性，所以也就失去了对裁决评判对错的机会，而仲裁庭的偏向性也使得东道国处于不利的地位。但随着上诉机制的建立，它提供给东道国再次救济的机会，其管理行为的正当性也会经过初裁和上诉两次审理，上诉机制秉持着审慎裁决、纠正错误的宗旨，能够解决公共利益被忽视的问题，同时也有利于遏制投资者的滥诉之风，保证国家合法合理地行使规制权。对于投资者而言，上诉机制的裁决对东道国的行为仍然具有约束作用，从而在协调双方利益的基础上，能够使实体公正与程序公正得到统一。

由此可见，通过上诉机制常设性的机构设置和对权利进行再次救济，在其双重作用下，确实可以进一步保证裁决的公正性，最终有利于协调双方当事人的利益，为机制的高效、平稳运行作出贡献。

第二节　ISDS 上诉机制中国方案模式的选择

一、中国方案模式的内涵意义

自 2017 年 7 月时起，联合国贸法会成立第三工作组来主持 ISDS 机制的改革工作，各个国家和国际组织均可以向其提出建议，中国政府也于 2019 年

---

① 杜玉琼，黄子淋. 国际投资仲裁上诉机制构建的再审思［J］. 四川师范大学学报：社会科学版，2021（1）：97－104.

7月18日提交了意见书,[①] 明确提出在当前ISDS机制的基础上建立常设上诉仲裁机制的主张。由此可见，对于中国方案的具体内涵，一言以蔽之：即在一审阶段保留ISDS机制的基础上，仅在二审阶段引入常设上诉机制。中国方案能够与投资争端仲裁公私混合的本质特征相契合，在根本上对公私冲突进行协调，实现对契约性与司法性的新平衡。此外，该方案还可以在实现个案正义的基础上促进国际投资秩序的良性构建，只要厘清一裁终局原则，抛开绝对化的观念，在投资仲裁中引入上诉机制是具有法理正当性的。

（一）契约性与司法性实现新的平衡

诚然，当前的ISDS仲裁机制确实存在着很多问题，但应当实事求是地评价该机制，客观分析其弊端，而不是对问题进行放大、歪曲。还应当看到，该机制并非一无是处，对于投资争端的解决也作出了贡献，本身所具有的法律价值也不应当被否定。虽然这些价值并不能掩盖其公法性缺失、一致性不足等诸多问题，也不能成为ISDS机制固步自封、消极改革的原因，但中国主张认为，与其抛弃该机制，使其原有的优势彻底丧失，不如保留仲裁机制并充分利用其优势，通过引入上诉机制来克服其缺陷，促使该机制进行革新与发展。

一方面，投资仲裁机制以投资者本位取代了国家本位。由于投资条约是投资者的母国与东道国之间签订的，具有公法属性，但在国际投资争端的法律关系中，是投资者根据投资条约享有东道国所提供的投资待遇。换言之，是私人投资者取代其母国正面与东道国进行交涉。然而，这并不能保证所有国家都信守承诺，东道国单方面违约，甚至对投资者的财产进行征收、侵害其利益的情况时有发生。在这种情况下，就需要赋予投资者一把维护自身权益的“达摩克利斯之剑”。单向诉讼结构便应运而生了，自此东道国需要为

---

① 参见联合国文件A/CN.9/WG.III/WP.177。中国政府就投资人与国家间争端解决制度可能的改革，向UNCITRAL提交的意见书中指出：设立基于国际条约的常设上诉机制，明确相应程序、机构、人员，对推动投资者与国家间争端解决的法治化进程具有重要作用，有利于完善纠错机制，增强投资争端解决的法律预期，约束裁判人员的行为，也有利于进一步规范和澄清程序，减少当事方滥用权利的行为。近期的国际投资协定（包括中国签署的投资协定）已经开始尝试对上诉机制作出规定，或制定与潜在上诉机制进行对接的条款。但相比较双边投资协定，通过制定多边规则规范上诉机制是更有效率的做法，能够最大程度降低制度性成本。从世贸组织争端解决机制的实践经验看，其上诉机制的效率较高，且运转成本适中。

自身行为负责，是否提起仲裁的决定权掌握在投资者的手中，而东道国只能被动应诉，投资者本位的建立使其牢牢地把控了争端解决的主动权。这一创造性的制度实质上是对东道国的监督，以确保其能够遵守投资条约的承诺，对降低投资者的风险与促进国际投资法治都具有重大作用。

另一方面，投资仲裁机制具有“去政治化”的优势。相比于诉诸武力、强权政治和外交保护及政治干预等争端解决方式，投资仲裁成功地将双方当事人之间的纠纷限定在法律纠纷上，而这也成为国际法律摆脱国际政治干扰的典范。鉴于东道国法院很难在投资争端中做到真正中立，为投资者提供一条有效的权利救济途径势在必行。以国际机构作为第三方进行仲裁，充分考虑了当事人的意思自治，其灵活性、便捷性和效率性也能被投资者所认可。用法律的方式来解决投资争端，实际上缓和了双方国家的紧张关系，防止了矛盾的激化、升级，避免了事态的扩大化、政治化、复杂化，促进了争端的和平解决。所以，中国的改革方案充分肯定了 ISDS 机制的固有价值，在其基础上进行系统改革，这样做才能使其单向诉讼和非政治化争端解决的特点得以延续。

另外，当前的国际投资争端机制出现问题，究其根源，主要是由于对私法性法律关系过度保护，而对公法性法律关系缺乏关注引起的，即是由契约性与司法性之间的不平衡所导致的。中国方案则是在尊重契约性的同时增强司法性，将投资仲裁机制与上诉机制相结合，充分协调了二者之间的关系。虽然 ISDS 机制和私人仲裁都采用了商事仲裁的模式，但应认识到二者争端解决形式上的相似并不代表其本质上的相同。国际投资仲裁是不同性质规则的聚合，有着更为复杂的组成结构，不能将其简单地归类为公法性质的争端或者私法性质的争端。

从主体上说，商事仲裁只是私主体之间的纠纷，其中不涉及主权国家，双方地位平等，是纯粹的私法性质，而投资仲裁则以国家和投资者为双方当事人，双方的地位明显不平等，这就有了公法主体的参与。从保护利益上来说，商事仲裁只需考虑私主体的利益，但反观国际投资仲裁，东道国制定的政策并非只针对外国投资者，其更多是面向社会大众的，而仲裁庭的决定也会对国家政策产生直接或间接的影响，进而对公众利益产生作用，所以其必须对投资者和东道国双方的利益进行考虑。从法律渊源上来说，仲裁庭作出裁决的依据是双边或多边投资条约，而签订条约的是投资者母国与东道国之间的公法性行为，虽然外国投资者根据条约享受相应的投资待遇，但最终的裁决更多地涉及条约的解释与适用，而这些均以公法为基础。所以，在国家与投资者具有纵向监管关系的情况下，ISDS机制赋予了投资者这样的私主体对国家提起仲裁的权力，实际产生了类似公法上的效果，从而使得国际投资仲裁兼具有公法与私法的性质。

国际投资仲裁公私双方的主体性质与利益差异决定了其争端解决必须处理好公法范畴与私法范畴这两者之间的关系。具体而言，“私法范畴”指的是其中蕴含的合同特性也即当事人意思自治的精神内核，而“公法范畴”指的是在一定范围内对国家管理外资的行为进行合理规制。要想建立一个良性的投资仲裁争端解决机制，就必须协调好意思自治与公权力规制之间的冲突。

但纵观国际投资仲裁的发展过程，实际上就是投资者私权与东道国公权激烈博弈的过程，而ISDS机制建立的核心目的就是要摆脱政治干预，收紧东道国的规制权，从而实现对投资者权利的保护。然而在具体的实施过程中，本应维护二者平衡的制度被扭曲了，从而导致私主体对权利的滥用和东道国权益的受损，二者的利益也处于一种失衡的状态。另外，当前机制所采用的商事仲裁模式明显与投资仲裁公私混合的性质不符，无论是临时仲裁庭的机构设置，还是对一裁终局原则的坚持、裁决的保密性和先例价值的缺失，这些制度设计明显地注重了私法因素的考量，而欠缺对东道国利益的保护，这样就导致投资仲裁中契约性的持续增强而司法性不断弱化，① 最终后果便是公私错位。②

ISDS机制是以商业仲裁的形式对国家行为的正当性进行审查，与其说是矮化了东道国的地位，不如说是将投资者拔高到与主权国家一样的高度上彼此进行对抗，而仲裁机构甚至在特定范围内获得了凌驾于国家意志之上的权力，即允许该机制对国家管理事务的行为和公共政策进行评判。仅具有契约性和强调意思自治的争端处理结构显然与其想要实现的功能相悖，ISDS的商事化特征与具有公法性质的投资争端不相符，恰恰表明了其公法性的缺失正是该机制出现问题的症结所在。

而中国方案针对ISDS机制公法性缺失的问题，对症下药地提出建立的上

---

① 魏德红. 投资者—国家争端解决（ISDS）机制转型研究［D］. 长春：吉林大学，2020.

② 李凤宁，李明义. 从裁决不一致性论国际投资仲裁上诉机制［J］. 政法学刊，2018（2）：49－56.

诉机制，在一定程度上能够改变过于重视私权保护的现状，处理好投资者保护与东道国管理权这两者失衡的关系。公私混合的特性正是投资仲裁机制的基础所在，任何一种单一的认识都无法涵盖其中的全部情况，也无法解决其中存在的问题。只有深刻理解当事人意思自治与公权力规制在同一个争议中共存的意义，用实体的制度作为公法性加强的实践支撑，才能以公私混合性质的机构来推动国际投资仲裁制度朝着正确的方向进行改革。

照搬照抄纯粹商业化的私人仲裁模式或是建立投资法院这样的纯司法机构注定难以与争端的性质相契合，而中国方案在仲裁中引入上诉机制，有机会促进契约性与司法性的统一。在这全新的体系中，契约性体现在仲裁的意思自治、当事人有权自主选择仲裁员等方面，而这也可以避免案件积压和体制僵化；司法性体现在上诉机制的程序设计、运行规则上，从而对 ISDS 机制的不良影响进行修正，并解决当前的正当性危机。

上诉机制对 ISDS 机制具有重要的价值。以司法性协调契约性，使得上诉机制具有了准司法机构的性质，在给双方当事人提供救济途径的同时，能够对原裁决有争议的地方进行审查，实现纠错的功能。同时，以常设性取代临时性，不再由分散的机构临时裁决，而是采用常设的机构设置，这有利于对法律条款形成统一的解释，避免相互矛盾的裁决。此外，上诉机制是保护东道国利益的“最后一道防线”，东道国的利益在上诉程序中被再次考量，从而消除了仲裁庭的偏向性，促进了实体公正的实现。

其实，司法机制与仲裁机制各有所长，同样也都有一些缺点，既然如此又何必拘泥于“二选一”的思维定式，中国方案正是在集合其优势的基础上又克服其弊端，根据一审和上诉的不同需求对契约性与司法性进行合理分配，选择不同的机制，在保证当事人意思自治的前提下实现对一致性和公正性的有益促进，尽力协调投资者与东道国之间的不同利益与诉求，为投资争端的解决提供一种新的思路。

（二）个案争端与法治长远发展的兼顾

个案正义与法律的长远发展其实是相辅相成的关系。一方面，个案正义的实现有助于法律的长远发展，只有“同案同判”才能实现法律解释的一致性；另一方面，一个具有稳定性和可预见性的法律体系才能保证个案具有实现正义的可能。相反，一个只关注个案正义的制度设计，最终结果有可能既不利于法治的长远发展，也会逐渐侵蚀个案结果的准确性和公正性。所以，一项制度的设立需要兼顾两者，既要保证个案正义的实现，更要顾及法律的长远发展。

但 ISDS 机制在这方面做的并不尽如人意，其采取以个案争议解决为主的设计思路，由不同仲裁机构的不同仲裁员临时组成仲裁庭进行案件审理，关注点较为狭窄，从而忽略了真正促进国际投资法治的基本认同。从根本上而言，临时仲裁庭本身就不是能够实现法律一致性和稳定性的设计，这才是 ISDS 机制诸多问题层出不穷的根本原因，这些价值之前没能实现，以后也不太可能实现。① 但反观 WTO 的上诉机制，作为一个常设的上诉机构，其目的不仅在于解决当事人之间的纠纷，更为重要的是澄清规则，对 WTO 成员的权利和义务进行阐释，维持法律解释的一致性和稳定性，最终为国际经济活动提供可靠的保障，可见争端解决机制对具体案件作出裁决只是其使命的一部分，更应当把促进国际法治的长远发展作为自身更高的价值追求。

中国方案认为，对于国际投资的争端解决机制而言，其目标不应仅仅拘囿于解决争议，还应为国际投资法治发展作出贡献。从这个层面上说，一方面要保护投资者的合法权益，另一方面也要注意维护国家公权力的管理空间，在平衡双方利益的基础上来推动国际投资法治向前发展，最终实现国际投资领域的良法善治。而上诉机制的引入可以兼顾个案争端解决与法治长远发展，具有一种超越个案争端层面的、更高的价值考量，是能够对国际投资全球治理这一长远目标具有推动作用的机制设计。

首先，投资者合法权益的保护是国际投资法的基本功能。从国家的角度来说，最基本的措施应该是营造一个良好的投资环境，而相应的法律架构则是一项重要因素，其关键问题就在于投资者和国家间的争端需要公正有效地解决，在投资仲裁中建立的上诉机制可以为争端解决提供一张额外的安全网。其次，需要注意的是，虽然投资者保护是国际投资法的重要功能，但其可能并非是唯一甚至是最重要的功能，规范国家管理投资的权力，使其在既定范围内合理行使是其隐含的次级价值目标。上诉机制一方面可以规范、管制公权力的不当使用，另一方面对于投资者严重影响东道国主权行使的不合理行

---

① BJORKLUND A K，BEHN D，FRANCK S D. The Diversity Deficit in International Investment Arbitration [J]. Journal Of World Investment & Trade，2020，21 (2-3)：410-440.

为，上诉机制也能够及时纠正错误，维护公共利益。最后，通过平衡投资者与东道国的利益来推动国际投资法治的稳健发展，这才是国际投资法的最高价值目标。国际投资仲裁上诉机制不仅要在个案中以“善治”理论平衡外国投资者和东道国的利益，更应该像 WTO 上诉机制一样阐明国际投资法的规则与适用，为投资法律的统一性和稳定性保驾护航。

中国方案上诉机制的引入不仅保证了 ISDS 裁决的合法性和正当性，还能够统一法律概念的解释和适用。其更深层次的意义在于，可以培养和促进国际投资仲裁的法治功能，对国际投资法治的长远发展能够起到积极的作用。

（三）对于“一裁终局”原则的突破

“一裁终局”是仲裁制度公认的一项原则，中国方案要想在现有的国际投资仲裁机制中进行上诉就不能回避对该原则的合理解释。对于一项制度而言，有原则就有例外，况且国际投资仲裁设立的初衷与普通的商事仲裁并不相同，绝不应该将“一裁终局”原则刻板化，更不能走向极端，将仲裁的效率性和终局性作为首要的价值追求，该原则也不应该成为构建上诉机制的合法性阻碍。

第一，在设立初衷上，追求中立性。当事人之所以选择国际投资仲裁作为争端的解决方式，主要原因在于其机构的中立性，追求公正的裁决结果才是其实质目的。外国投资者在东道国国内寻求司法救济往往得不到满意的结果，在国家利益和政治因素的影响下，东道国法院审理案件的公正性往往难以得到保障，随时都有可能充当损害投资者利益的帮凶，出于维护自身权益的考量和对案件结果公平公正的追求，一个独立的第三方仲裁体系便应运而生了。富有中立性及对政治干涉和外交保护的排斥正是国际投资仲裁的题中应有之意。由此可见，当事人选择这样的争端解决方式，不仅是因为仲裁具有效率性的特点，更多的则体现了投资者追求中立与公正的本意。从根本上而言，上诉机制与“一裁终局”原则之间的冲突，实质上是公正与效率两大原则之间的冲突，这两大原则并没有孰优孰劣之分，也不是非此即彼的关系，与更好地保证仲裁裁决的公正性价值目标相比，显然其终局性并非不可撼动。①

---

① 石现明. 国际商事仲裁一裁终局的相对性［J］. 长安大学学报：社会科学版，2009（4）：61－67.

第二，在价值追求上，具有正当性。正如上文所言，一个成熟的争端解决体系应当尽量地缓和公正与效率两大价值之间的冲突，一个不公正的裁决即使高效也毫无意义，而超过了一定时限的正义也并非真正的正义，当前的 ISDS 机制不仅难以在实体方面纠正裁决的错误，而在效率性上更是建树平平。上诉机制的建立不仅能够对原裁决的错误及时进行纠正，而效率价值的实现也不一定非要扣上“一裁”的帽子，通过严控裁决期限、优化裁决程序也可以实现同样的效果，这样做反而避免了仲裁程序的不当延长，实现了两种法律价值的平衡。同时，上诉机构的建立也是进行司法监督的必然要求，撤销机制作为一种内部机制很难发挥对裁决结果的监督作用，寄希望于 ISDS 机制的自我监督是不切实际的。由于仲裁庭对于投资条约条款的解释具有较大的自由裁量权，如果这种制度弹性不能被加以约束，势必会导致权力的滥用，最终伤害裁决的准确性。引入上诉机制真正约束了原仲裁庭的权力，也限制了其自由裁量权的发挥，从而最终作为一种更加完善的监督机制去保障实体正义和程序正义的实现。此外，从权利和救济的角度来看，不能进行救济的权利不能说是真正的权利。从目前的 ISDS 机制来看，对于裁决的错误，当事人不仅难以进行救济，反而自身的权利还有可能进一步受到侵害，缺乏权利救济途径的情况始终存在。相较于撤销机制，上诉机制可以做出一个全新的裁决，再一次为当事人提供了权利救济的机会，而这也具有法理上的正当性。

第三，在具体运用上，没有绝对性。从理论上而言，国际法的原则和例外是相辅相成的，即使是原则也应当厘清适用的场合，具体问题具体分析。在国际公法中，法不溯及既往就存在两条例外，即“共同意思”例外和“持续情形”例外。[①] 具体到国际经济法的领域，即使是最惠国待遇，在特定的

---

① 《维也纳条约法公约》第 28 条规定：“除该条约显示或另经确定有不同的意思外，关于该条约对一个当事国生效日以前所发生的任何行为或事实或已停止存在的任何局面，该条约的规定对当事国无拘束力。”所以存在两种例外情形，其一，条约不溯及既往并非一个强行法原则，相反，一个条约究竟是否溯及既往，以及溯及既往到什么程度，完全取决于缔约各方的共同意思。其二，法不溯及既往原则的准确意思并未完全清楚地体现在该条中，行为、事实、局面都可能发生在一个条约生效日以前而持续存在于该条约生效日以后，对于持续存在情形是否可例外的具有溯及力。这便是“共同意思”例外和“持续情形”例外。

领域内（如知识产权相关的国际协定）也具有相应的例外。① 所以，在投资仲裁中允许上诉也可以看作“一裁终局”原则的例外。

况且，从投资仲裁的源头上看，即使是商业仲裁，一些国家和地区也尊重当事人的意思自治，并不绝对限制仲裁裁决的上诉程序。如1996年《英国仲裁法》第58条规定，除非当事人另有约定，依据仲裁协议作出之裁决是终局的，对当事人以及通过当事人或以其名义提出请求者都具有约束力。本条之规定不影响任何人依据可资利用的仲裁上诉或复审程序或本编之规定对仲裁裁决提出异议的权利。所以，如果双方当事人事先明确约定，那么就可以对该裁决提起上诉。而1986年《荷兰民事诉讼法典》第1050条规定，只有当事人已经达成协议，才能对仲裁裁决向另一仲裁庭提出上诉。根据该条规定，荷兰法律也允许当事人达成协议，就仲裁裁决向另一仲裁庭提出上诉，仲裁不实行绝对的“一裁终局”。在我国，澳门特别行政区政府第29/96/M号法令第34条第1款规定，当事人可以在仲裁协议或随后签署的书面协议中确定一个上诉仲裁审级，但必须订明提起上诉的条件及期间、上诉的方式及审理上诉之仲裁实体之组成，否则其规定无效。虽然该法令只适用于澳门本地仲裁，但适用于涉外仲裁的第55/98/M号法令第35条第1款规定，凡本法无明文规定者，均补充适用第29/96/M号法令。因此，在澳门特别行政区，当事人无论是针对其本地仲裁还是针对国际商事仲裁，均可以根据第29/96/M号法令第34条的规定，在仲裁协议中约定上诉。

在投资仲裁领域，美国在其2004年BIT范本中增加了关于国际投资仲裁上诉机制的规定，具体而言包括两种模式，一种是签订多边协议的多边模式，另一种是建立双边的上诉机构。② 2012年美国BIT范本依旧保留了这一制度，此外更是在协议中要求增加保持上诉机制的透明度。在一些国际仲裁院，上

---

① 《与贸易有关的知识产权协定》（以下简称《TRIPs协定》）中最惠国待遇原则的例外包括：（1）由一般性司法协助及法律实施的国际协议引申出的且并非专为保护知识产权的特权或优惠；（2）《伯尔尼公约》和《罗马公约》允许的按互惠原则提供的优惠；（3）《TRIPs协定》未加规定的表演者权、录音制作者权和广播组织权；（4）《建立WTO的协定》生效之前业已生效的保护知识产权国际协定中产生的权利或优惠等。

② 美国2004年BIT范本第28条第10款规定，如果建立一个上诉机构的目的是审查根据国际贸易或投资安排组成的法庭所作出的裁决，以审理投资争端，则当事方应在多边协议生效后努力达成一项包含上述上诉机制的协议。另外，附件D规定，在本条约生效之日起三年内，缔约各方应考虑是否建立双边上诉机构或类似机制，以审查依照本协定作出的仲裁裁决。

诉又分为协议选择式上诉和协议排除式上诉两种。西班牙仲裁院（the Spanish Court of Arbitration，SCA）就属于第一种，也叫“opt – in”模式，其仲裁上诉条款规定，所有就本合同或协议产生的争议，由 SCA 按照相关规定进行仲裁，SCA 行使仲裁管理职能，并负责指定一名或多名仲裁员。双方根据 SCA 仲裁规则规定，授权对方就一项或多项仲裁裁决，可在申请撤销前向上诉庭上诉。而欧洲仲裁院（the European Court of Arbitration，ECA）仲裁规则明确规定，除非当事人事先合意排除，否则默认双方具有提起上诉的权利。巴黎国际仲裁院（Chambre Arbitrale Internationale de Paris，CAIP）仲裁规则更是将上诉仲裁列为了标准程序，这里显然属于第二种，也叫“opt – out”模式。①

具体到 ICSID 中，2004 年秘书处已经提出了《ICSID 仲裁框架的可能改进建议稿》，这份建议稿首先对上诉庭的组成和成员的资质进行了规定，其次还涉及上诉的理由，具体包括法律错误和严重的事实错误，最后还规定上诉的效力，上诉庭可以维持、改变原裁决，甚至能够发回重审，这些举措显然具有一定的进步意义，但其缺陷也间接导致了该方案的“流产”。第一，该方案并未解决承认与执行的问题，上诉裁决与原裁决之间存在矛盾，容易导致执行混乱；第二，建议稿为获得广泛的支持，具有较大的灵活性，是否纳入该上诉机制，缔约国与投资者拥有充分的自主权，甚至可以不加限制地修改上诉规则，这就导致了该上诉规则的稳定性大大降低，极易导致争端解决的碎片化；第三，从更深的层次而言，该机制难以推行的根本原因在于 ICSID 本身的体制约束，在提出上诉机制后难以平衡投资者与东道国之间的利益冲突，为保证机构的案源数量，再加之众多发达国家的反对，建议稿提出的上诉机制实际上很难推行，最终只能不了了之。

《ICSID 公约》第 6 节第 53 条规定，ICSID 所作出的裁决结果对当事人双方均具有法定约束力。当事双方不得进行任何的上诉或采取除《ICSID 公约》规定外的其他任何补救措施。所以，如果要在 ICSID 机制内建立上诉机制就必须对该条款进行修改。而该公约第 66 条第 1 款规定，若行政理事会根据其所有成员的三分之二多数决定修改，则该建议修改的文本应分送至所有缔约

---

① 巴黎仲裁院的标准程序中，一级仲裁庭作出的裁决是临时裁决，任何一方当事人均有权在裁决做出后 15 日内向二级仲裁庭就原裁决提出上诉，二级仲裁庭对当事人的仲裁申请进行审查并作出终局裁决。

国予以批准、接受或核准。由此看来，修改公约需要得到全体缔约国批准、接受或核准，由于各国的利益与诉求不一致，对待上诉机制这一改革的观点也不相同，想要在ICSID内建立上诉机制这一想法实际上并不可行。当然，ICSID秘书处的尝试虽未能成功，但其所提出的方案仍然具有参考价值，提出的设想也并非一无是处。不难看出，早在10多年前，ICSID就已经将上诉机制作为仲裁改革的方向之一，只是囿于时机不够成熟未能如愿。而在今天，基于投资仲裁出现的种种弊病，重新审视国际投资仲裁上诉机制就显得很有必要。

综上所述，无论是一些国家国内法律的相关规定，还是国际仲裁院与ICSID本身的一些做法，其实都表明了上诉机制的构建并未改变仲裁的本质：意思自治。① 因此，中国方案主张突破仲裁的终局性要求，由一个可堪信任的上诉机构对仲裁庭的审理工作进行充分的审查，这样建立的上诉机制，是对传统仲裁制度的革新和发展。总之，无论是从理论上进行分析，还是从实践中进行观察，一裁终局原则都不能成为上诉机制设立的阻碍。同时，用一裁终局原则来反对设立上诉机制的观点也是无法站住脚的。

二、中欧方案的共识与分歧

各国提交给联合国贸法会的诸多建议稿虽然千差万别，但从总体上看，大致可以分为三个派别：以美国为首的渐进主义改良派、以非洲与南美洲国家为主的范式转移派和以欧盟主导的系统改革派。其中，中欧双方在上诉机制的构建上达成了共识，不过这并不意味着二者之间没有分歧，但到底是什么因素促使中欧双方在建立上诉机制的问题上形成了不同主张？

（一）中欧两种方案的一致取向

欧盟对ISDS改革也提出了自己的主张，秉持着坚定的系统改革主义，其在递交给联合国贸法会第三工作组的提案中明确指出，当前的ISDS机制具有系统性的缺陷，针对某个或者某些具体问题进行局部改革已经难以发挥预期

① 石现明．国际投资仲裁内部上诉机制述评［J］．云南大学学报：法学版，2011（2）：126－130．

的作用，主张以纯粹司法化的体系来代替当前机制。其试图以法院或法庭的诉讼模式来重塑国际投资领域的争端解决机制，并主张法庭程序应当具有两个审级，可见欧盟也主张建立上诉机制。[①]

另外，在投资仲裁机制的改革方案中，比较突出的还有以美国为首的“渐进改良派”和以南美、非洲国家为主的“范式转移派”。[②] 部分发展中国家认为 ISDS 机制已经不值得被信任，纷纷退出《ICSID 公约》。秉持着“卡尔沃主义”的立场，[③] 主张建立以东道国救济为主导的投资争端解决体系，对国际救济采取拒斥态度，直接武断地废除了投资者的国际救济请求权，企图用国内的行政和司法途径来解决投资争端。[④] 这一主张过于激进，完全依赖东道国救济将不可避免地导致双方利益的失衡，公正性的天平亦有所倾斜，甚至引发投资者的恐慌，不利于国际投资的自由流动。况且持这一观点的为极少数国家，所占比重较低，所以该主张不可能成为 ISDS 机制改革的正确方向。

而坚持渐进改良主义的国家则认为，当前 ISDS 机制的问题被严重地夸大了。其透明度、仲裁员公正性的问题完全可以通过有针对性的措施加以改进，裁决不一致的问题在一定范围内也是可以接受的。[⑤] 仲裁机制既维护了投资者的利益，也为东道国吸引了外资，当前的模式仍然是最好的选择，适当调整该机制即可，没有必要小题大做、因噎废食。[⑥] 确实，改良主义的观点具有一定的合理性，其做法也能够弥补当前机制的一些不足之处，但对于 ISDS 机制公法性的缺失、利益保护的不平衡等一些根本性的问题，无法触及到制度本身，这些“小修小补”终究是无能为力的。

纵观各国的提案，只有欧盟的主张与中国的方案最为相似。首先双方都认为应当引入具有司法性质的机构来对当前的仲裁机制进行系统性改革。欧

---

① 黄世席．欧盟国际投资仲裁法庭制度的缘起与因应［J］．法商研究，2016（4）：162－172.

② 陶立峰．投资者与国家争端解决机制的变革发展及中国的选择［J］．当代法学，2019（6）：37－49.

③ 韩秀丽．再论卡尔沃主义的复活：投资者国家争端解决视角［J］．现代法学，2014（1）：121－135.

④ 靳也．投资者—国家争端解决机制改革的路径分化与中国应对策略研究［J］．河北法学，2021（7）：142－158.

⑤ 肖灵敏．投资者与东道国争端解决机制的改革模式研究［D］．上海：华东政法大学，2019.

⑥ 王学东．从《北美自由贸易协定》到《美墨加协定》：缘起、发展、争论与替代［J］．拉丁美洲研究，2019（1）：1－22.

盟主张建立投资法院模式的上诉机制，在这个架构中，上诉机制实际上成为二审法院；中国则主张在维护现有投资仲裁机制的基础上，设立上诉机制。其实这是一种半系统式半渐进式的改革方案。实际上，中国是支持对当前机制进行系统性改革的，二者都主张要有两个审级，进行上诉，在这一点上双方可谓不谋而合。

其次，二者均承认上诉机制的常设性。在上诉机制是采用常设形式还是临时形式的问题上，也有国家主张建立特设上诉机制，[①] 该机制的一个鲜明特点在于其灵活性，将仲裁的契约性精神一以贯之，充分尊重双方当事人的意思表示。同时，该机制为某些案件专门设立，具有临时性，由于并非是常设的机构，运行成本也更低。当然，在缔约国之间也更容易达成一致，只需要就特定条款进行谈判即可，推进的阻力和考虑的问题相比常设机构而言要更小，这就带来了实际的可操作性。[②]

但是，其缺陷也是显而易见的，该方案固然能够在一定范围内和一定程度上提高案件的准确性，但对于整个 ISDS 裁决一致性的改善却效果有限。其分散性和临时性的运作机制与当前投资仲裁庭的模式极为相似，即便是上诉机制，也仍然由不同的仲裁机构和不同的仲裁庭进行审裁，这种设计就注定了该机制未能触及投资仲裁机制的根本缺陷。法律解释不统一的主要矛盾被选择性忽视，东道国的利益保护问题与仲裁庭的偏向性能否得到改善也尚未可知，所以也难以保证该机制的权威性与公正性，原先机制中存在的固有问题亦并未得到实质性地解决。[③]

反观中欧二者主张的常设上诉机制，其常设的机构设置和稳定的成员却能够促进投资条约解释的一致性，特别是对实体条款的解释，能够避免仲裁庭在最终裁决前就相同情况得出不同的结论。同时该机制具有稳定的结构，而规范的程序对于法律适用过程的正当性也具有重大意义。再从结果上来看，只要提起上诉，就意味着对有争议的问题会进行再次考量，这也有利于实体正义的实现。另外，常设性也在某种意义上与司法性相联系，能够弥补投资

---

① A/CN. 9/WG. III/WP. 163，智利、以色列和日本政府向联合国贸法会提交的意见书；A/CN. 9/ WG. III/WP. 188，俄罗斯政府向联合国贸法会提交的材料。

② 顾天杰. 国际投资争端解决机制改革：守正、创新与多元生态［J］. 商事仲裁与调解，2020（6）：105－122.

③ 刘瑛，朱竹露. ISDS 变革之常设上诉机制：困境、价值与路径选择［J］. 法治社会，2020（5）：23－35.

仲裁机制公法性欠缺的问题，从促进裁决一致性、准确性和公正性的角度而言，显然设立常设上诉仲裁机制更为合适。

最后，在多边化的问题上，都主张向多边化作出努力。中国在意见书中提到“相比较双边投资协定，通过制定多边规则规范上诉机制是更有效率的做法”①，而欧盟更是期望建立一个常设性的多边投资法院（Multilateral Investment Court，MIC），目前建立的双边投资法庭只是一个过渡性的机制。

对于多边上诉机制来说，首先，要建立一个独立的机构，能够接触大量相同或者类似的案件，这就有利于相同裁决的产生，从而增加国际投资仲裁的一致性与可预测性。其次，投资条约虽然有所不同，但都是根据国际投资法的基本原则进行制定的，各投资条约之间也并非是孤立的存在，在一些核心条款和实体性问题上虽然表述各有不同，但可以通过合理的解释来统一条款的适用标准。最后，随着在核心问题上达成的共识和对于不同国家不同领域投资争端案件经验的积累，上诉机构的成员可以更好地把握各个条约当事方的具体情况，以更宏观的视野对案件进行审视，将案件的一致性与准确性相结合，从而促进投资仲裁公正性的实现。②

从整体上来看，多边上诉机制有利于形成一致的法律解释，可以协调当前投资条约的冲突，去碎片化的作用也更加明显。在促进裁决的连贯性和可预测性上，多边机制也将发挥更大的作用，最终能够树立法律的权威性，并促进投资规则的稳定性，为全球投资的治理奠定坚实的基础。

在具体实施层面，鉴于多边谈判耗时长、成效低的弊端，况且同时对所有的投资条约进行修改并不现实，在短期内也难以在各国之间达成一致，所以可以借鉴透明度规则适用的“毛里求斯方式”，③ 从而实现对多边上诉机制的适用。在达成有关多边上诉机制的程序性协议后，无需对现有的条约逐一进行修改，若同意采用该方式，对于之后的投资争端，则可自动适用上诉机制，从而绕开烦琐复杂的谈判。而程序性协议的生效也并不影响现有条约的实质性内容，能够独立发生效力，这样即可迅速建立多边上诉机制。日内瓦国际争端解决中心（Geneva Center for International Dispute Settlement，CIDS）

---

① A/CN. 9/WG. III/WP. 177，中国政府提交的意见书。

② 王军杰. ICSID 上诉机制建构的法理基础及制度选择［J］. 国际法学，2019（2）：150－155.

③ 高峰. 国际投资仲裁机制之改革路径研究［M］. 武汉：华中科技大学出版社，2021：57－67.

向 UNCITRAL 提交的报告持有类似的想法。同时该方式还具有极大的灵活性，对于任择公约的适用各国有着极大的自主权，可以根据国家的需要，对特定条款进行保留，也可以选择不同的适用程度，这种设置极大提升了可接受性。以多边上诉机制为核心，辅之以任择方式就可以实现对该机制的适用，这也为上诉机制的构建指明了一条可行的道路。①

（二）中欧两种方案的本质区别

虽然中欧双方在主张建立上诉机制的问题上达成了共识，但双方对上诉机制的构建思路是截然不同的。二者的主要区别体现在两个维度上：一是对现有机制的态度，是彻底抛弃还是继续保留；二是建立上诉机制的思路，是以司法性为主还是以契约性为主。对于这些问题的回答实际上决定了上诉机制构建的最终结果。②

一方面，对于 ISDS 机制，欧盟认为投资争端不应该以仲裁的方式加以解决，其法律依据来源于国际条约，公法性较为明显，应当彻底抛弃该机制的商事化特征，采用更为规范的程序，用具有权威性的司法化机构来代替。而中国方案则认为，当前的争端解决机制确实存在严重的问题，但不应当被全盘否定，当事人的意思自治应当被尊重，只要引入上诉机制来对问题进行有效的矫正即可。还应注意到，完全抛弃原有的机制就意味着仲裁的合理优势将完全丧失，而建立法院机制是否就能完美地解决原先暴露出来的问题，是否会衍生出新的问题，这些都是需要考虑的。在此情况下，将仲裁和上诉相结合，仲裁的优点配合上诉机制作用的发挥，“取其精华，弃其糟粕”，以扬弃的视角来构建上诉机制不失为一个合适的选择。

实际上，降低投资仲裁中的契约性并增强司法性这样的改革思路并没有错，但关键在于能否合理地把握当中的尺度，完全抛弃商事化，欧盟全面司法化的方案似乎有失偏颇。而中国却选择了一条不同的道路：在增强司法性的同时，尊重其契约性的特征，以寻求司法性与契约性之间的良性互动，辩

---

① 梁丹妮，戴蕾．国际投资仲裁上诉机制可行性研究［J］．武大国际法评论，2020（6）：98－118．

② CHAISSE J，JI X L．Stress Test for EU's Investment Court System：How Will Investments Be Protected in the Comprehensive Agreement on Investment？［J］．Legal Issues Of Economic Integration，2022，49（1）：101－124．

证否定、在继承的基础上谋求发展是中国方案的精神内核。

另一方面，在构建新机制的思路上，鉴于当前 ISDS 机制选任仲裁员而出现的种种弊端，欧盟认为应当将该权利予以剥夺，完全由法官来替代，大幅降低甚至抹除机制中意思自治的因素，将契约性降到最低。案件审理以法官为主，用司法机制的强制性、权威性来保证投资争端解决的公正性、一致性。[①] 而中国认为，在投资仲裁的一审环节，双方指定仲裁员的权利至关重要，该权利是当前机制意思自治的核心特征，这体现了投资者和东道国双方的意志，[②] 对增强争端当事方特别是投资者的信心具有重要的作用，应当在改革进程中予以保留。因为在单向的诉讼结构中，只有当投资者愿意将争端提交于投资法庭时，才能启动之后的程序，该机制才能真正运行。所以在这个公私利益博弈的领域，不仅要考虑东道国的诉求，还应尽力争取投资者的认可，如果投资者的权利得不到相应的保障，矫枉过正也是一种潜在的风险。[③]

虽然当前 ISDS 机制中仲裁庭具有一定的偏向性，但该制度保护投资者的初衷其实并没有错，当事人对于仲裁员的自主选择权实际上体现了以当事人为本位的法律思想，一方面投资仲裁具有灵活性，另一方面这也是防止投资争端政治化的重要举措。欧盟的方案为了强化东道国规制权，避免审判者受当事人的影响，直接剥夺了当事人的自主选择权，改为法官审理机制，这样做确实从根本上斩断了投资者与裁判者的利益联系。但这不仅让原先灵活的裁决机制变得僵化单一，也引发了投资者的担忧，并很可能使投资法庭机制重新陷入政治化的泥沼之中。[④]

第一，虽然法官的国籍和审理案件的态度之间没有必然的联系，但法官偏向于保护自己国籍国的利益却是不言自明的事实，这就造成了法庭中“各为其主”的局面，很难达成一致，最终导致上诉法庭决策效率低下，一盘散沙。第二，国家对于法官的选任具有决定权，他们当然倾向于选择比较“听话”的法官，而非“公正”的法官，一些国家可能会反对任命那些违背了国

---

① 张庆麟．欧盟 ISDS 机制改革实践评析［J］．欧洲法律评论，2017（2）：1－28．

② 中国政府提交的意见书 A/CN. 9/WG. III/WP. 177.

③ 孙珺，吴凤雨．全球治理体制变革中欧盟 ISDS 机制革新评析［J］．西部法学评论，2019（5）：63－72．

④ 唐海涛，邓瑞平．欧盟模式 ISDS 上诉机制：革新与兼容性论析［J］．湖北社会科学，2019（9）：154－162．

家意志行事的法官。这实际上是变相地将政治干预延伸到了争端解决机制中，而法官的预聘费由国家一方独自支付也会使其在经济上依赖这些国家，这就让他们看起来已经不够独立和公正。第三，法庭被国家利益所左右。如果出现个别超级大国蓄意破坏法官选任的情况，带来的严重后果更是不可估量，WTO 上诉机构的"停摆"就已经证明了这一点。①

所以，按照欧盟的方案，由国家选任法官的机制很可能使法院沦为政治博弈的工具，而这恰恰与投资争端解决机制"去政治化"的初衷背道而驰。投资者完全有理由对该机制进行合理怀疑，这种"貌似公正"的制度能否真正有利于当事人之间的利益平衡还是一个未知数。但不可否认的是，在"去商事化"的过程中已经无形地将投资者推入了不利的地位。完全没有投资者参与的机制很难取得其信任，这无疑会打击投资者参与国际直接投资的积极性，甚至会发生不愿意在加入该法院的国家进行投资的情况。另外，这样做很可能促使投资者以设立投资为条件，要求在投资合同中加入仲裁条款，或者与东道国谈判确定其他的争端解决方式，这就有可能导致投资法院的制度形同虚设，反而更加剧了国际投资领域中争端解决的混乱局面。

最后，细究两种方案背后的考量，其实是两种规则、两种模式、两种思维习惯甚至是东西方文化与文明之间的冲突，这实际上反映了两国利益诉求的本质区别和在投资仲裁改革中国际话语权的争夺。中国一直将"走出去"与"引进来"同步推进，已经由原先的资本输入国家转变为资本输入与输出双向并重的大国，而这就要求我国既要注重保护本国投资者的利益，又要使我国的国家规制权不能受到侵害。这种双重属性就要求我国必须站在投资者和东道国双方的立场上考虑问题，所以在保留原有结构的基础上引入上诉机制最能反映我国的利益诉求。

同时，相较美方所主张的渐进改良道路和欧方主张的系统改革道路，我国的半系统式半渐进式改革方案与二者均有可兼容的地方，在初审阶段可以与美方达成一致，在上诉审的问题上又能够与欧方达成共识。从谈判策略上来讲，这样的改革方案更易于形成大国一致，消除分歧并付诸实施。此外，中国需要更加高水平的规则来促进我国投资法治水平，但又不能过于激进。

---

① KIM J W, WINNINGTON - INGRAM L M. Investment Court System Under EU Trade and Investment Agreements: Addressing Criticisms of ISDS and Creating New Challenges [J]. Global Trade and Customs Journal, 2021, 16 (5): 181 - 192.

所以采取稳中求进的改革思路就与国内法律制度冲突不大，调整起来较为方便，以此为契机也能够推动国内相关法律规则与国际投资规则相衔接。[①]

而欧盟则不然，其提出的投资法庭方案自成一派，意在摆脱美国的影响，向“开放式战略自主”迈出关键一步。一直以来，欧美都是紧密的战略盟友，但随着美国退出巴黎气候协定、中止《跨大西洋贸易与投资伙伴协议》（TTIP）谈判，欧盟逐渐意识到，在美国优先的单边主义路线下，欧盟自身的利益不可能得到真正的保证。而美欧之间的贸易战也导致双方的战略互信降到历史低点，为了各自的利益，二者的关系早已不似“冷战”时期那样亲密无间。

在 ISDS 机制改革的问题上，美国主张对现存机制进行“小修小补”，主要是因为在现行机制下美国极少败诉，甚至成为获利最大的一方缔约国，其自然不肯轻易放弃该机制，而欧盟则需要借此机会争夺国际话语权。独树一帜的投资法庭提案其背后实际上反映了欧美关系的裂痕，二者早已貌合神离，欧盟提出与美国截然不同的提案将昭示着其不愿再亦步亦趋，欲借此机会成为世界经贸规则的制定者而并非旁观者，摆脱对美国的依赖，逐步实现战略自主，用实际行动来维护自身利益。

另外，欧盟建立的投资法院并非一切都从零开始。实际上，欧盟早有谋划，投资法院两级审理机制的设定奉行的是“拿来主义”。欧州的欧盟法院分为两个审级，一审为欧盟常设法院（General Court），[②] 二审为欧洲法院（European Court of Justice），[③] 而欧盟所提出的投资法庭改革方案其实是其的翻版而已。在初审上，无论是法官的来源还是法官的选任标准，都与欧盟常设法院的相关规定较为类似；[④] 在二审中，则借鉴了欧州法院对法官在道德、

---

① 肖威. ISDS 机制变革的根源、趋势及中国方案［J］. 法治现代化研究，2020（5）：159－173.

② 欧盟常设法院旧名为初审法院（Court of First Instance），是欧盟两级法院体系中级别较低的一个，负责处理个人、企业起诉欧盟成员国违反欧盟法的案件，如反垄断、商标等。以欧盟常设法院为模板，欧盟投资法庭第一层级机构也正式命名为初审法庭。

③ 其在系统中居于上诉法院地位的法院，主要负责审理从欧盟常设法院上诉来的案件以及各国最高院提起的预先裁决等。

④ 欧盟常设法院法官选任要求主要有两点：一是要具有独立性，二是要具有在国籍国担任高级司法职务的资格。并应在国际公法领域有特长，以具有国际投资法、国际贸易法、国际争端解决方面的专长为最佳。而这几乎与投资法院的要求一致。

程序两方面上的标准。① 可见欧盟提出这样的方案明显是有备而来，在国际性质争端解决的实践中，跨国成立的欧盟法院两级审案机制珠玉在前，而投资法院的设置只能说是“萧规曹随”罢了。

相比较而言，欧盟以投资法庭来构建上诉机制的方案过于激进，难以获得国际大众的广泛接受，其规则制定上也有考虑不足的地方，而我国建立上诉机制的方案更容易被各国认可，更具有合理性。

三、中国方案凸显的独特优势

中国方案主张的上诉机制建立在现有投资仲裁的体系之上，可以看作是对 ISDS 机制的补充，界于渐进改良主义与系统改革主义二者之间。其渐进性、补充性的特点意味着这是一个折中的方案，既能够与 ISDS 机制实现良好的衔接，又能够解决现存的主要问题，与费时费力的欧盟投资法庭模式相比，成本更低且更容易被各国所接受，从而形成政治上的合意。另外，投资上诉法庭即使能够作出具有效力的判决，其承认与执行仍然具有很大的不确定性，而中国方案的上诉机制则完全符合《纽约公约》的相关规定，没有执行上的后顾之忧。

（一）综合性质的争端解决方式

中国方案的内涵是在保留现有 ISDS 机制的基础上引入上诉仲裁机制。从该机制的常设性上来看，已经与临时组建的仲裁庭在形式上区别开来。虽然两级审理和“一裁终局”并非是区分仲裁与诉讼的标准，该机制也在最大程度上尊重了当事人的意思自治，但这种准司法性机制的介入已经给整个体系带来诉讼的特质。从整体而言，该机制虽不是欧盟方案确立的典型诉讼模式，但也和原先纯粹的仲裁形式分道扬镳了，可以说其既非是诉讼又非是仲裁。

从性质上而言，该体系的提出蕴含了诉讼和仲裁两种元素。从初审机制看，其与 ISDS 投资仲裁几无差别。从上诉机制来看，又与法院的二审结构相

① 欧洲法院要求法官应具备被任命为本国最高司法机关法官资格或者应为公认能力的法学家，而投资法庭上诉法庭也要求法官具备这个基础条件。欧州法院的法官也要受到道德、程序两个方面的约束。对法官的道德约束主要来自《欧盟条约》《欧盟运行条约》《欧盟法院规约》；程序规范主要来自于《欧盟法院程序规则》。欧盟几乎将这两个方面的约束全部吸收到投资法庭的制度设计中。

似，该机制在不同的程序阶段体现出了不同的特征，但这并不代表该机制就是两种结构简单拼凑的结果。事实上，作为一种混合体系，本身兼具的契约性和司法性对于整个机制的影响是全方位和深层次的，只是在某个阶段某种特征被更多地表现出来了而已，所以不能将该体系单纯地归类为诉讼或仲裁，更不能将该体系按程序阶段进行割裂。

这种综合性质的争端解决机制恰恰是中国方案的精妙之处，如果能够与具体协定成功结合，将会开辟出 ISDS 争端解决的新模式。这种新思路突破了仲裁和诉讼的藩篱，既吸收了仲裁的灵活性与上诉的司法性，又能克服欧盟投资法院体制僵化的缺点，还能为现存的投资仲裁机制困境提供解决方案。

从更深远的角度去看，中国方案将诉讼与仲裁相结合的模式，实际上反映了国际贸易与国际投资两大领域的争端解决机制的变化，相互之间已呈现出从泾渭分明到渐趋融合的趋势。这背后实际反映了国际经济发展的变化，以前贸易与投资相互分离，但随着时间的推移和经济的发展，二者变得“你中有我，我中有你”。况且争端解决的手段是多元的而非固定的，手段的选择与争端的性质也不能互相决定，更没有一成不变的对应关系。

从争端解决的角度看，以前贸易领域以 WTO 两级审理的司法模式为主导，而投资领域则以 ICSID 的仲裁模式为主导，但无论是欧盟所提出的投资法庭还是中国所提出的常设上诉仲裁庭，都体现了仲裁对诉讼特质的吸收。如果二者之间的相互借鉴乃至融合是一种趋势，那有没有一种机制能够体现诉讼对仲裁特质的吸收呢？答案是肯定的，WTO 的多方临时上诉仲裁安排机制恰恰体现了这一点。

由于美国的恶意阻挠，WTO 上诉机构不得不暂时停摆，自此 WTO 争端解决机制陷入了僵局，两级审案体系也逐步沦为了一纸空文。2020 年 3 月 27 日，欧盟、中国等部分 WTO 成员方达成了《依据 DSU 第 25 条的多方临时上诉仲裁安排》（Multi - party Interim Appeal Arbitration Arrangement Pursuant to Article 25 of the DSU，MPIA）这一协定，创立了多方临时上诉仲裁机制。①

该机制以《关于争端解决规则与程序的谅解》（*Understanding on Rules*

---

① 石静霞. WTO《多方临时上诉仲裁安排》：基于仲裁的上诉替代［J］. 法学研究，2020（6）：167 - 185.

and Procedures Governing the Settlement of Dispute，DSU）第 25 条为依据，① 创造性地将仲裁这一替代性质的程序嫁接到 WTO 争端解决的二审阶段，作为一种临时的上诉审议机制来发挥作用，从而在表面上使 WTO 争端解决程序仍然具有“两审终审”的机制外观，并试图确保其结果的约束力。② 由于 DSU 第 25 条并未明确规定替代性仲裁机制的适用范围（即并未限制必须是替代诉讼的全过程还是部分程序），MPIA 将其适用于二审阶段，似乎并不违反第 25 条的规定，这一程序的设计看上去也是唯一务实且合法的选择。③

在国际贸易争端解决领域，原先的 WTO 两级审理机制具有明显的司法特性，而如今用 MPIA 这一仲裁程序来替代二审，实际上是将原先的诉讼模式撕开了一个口子。在司法化的体系中加入了仲裁的特质，这样的安排也说明在诉讼体制遭遇困境的时候，需要并且能够用仲裁程序的介入来解决问题，从而探索出一条新的路径，形成一种司法模式叠加仲裁程序这样一种新型的争端解决方案。既然如此，那么在国际投资争端解决领域，ISDS 仲裁模式遇到问题的时候，能否用同样的思路，也引入司法或准司法程序来激发活力呢？中国方案正是遵循这样的思路，提出在一审仲裁的基础上加入常设上诉仲裁机制的思路，与 MPIA 的设计可谓“事不同而理同”，都是一种混合性质的争端解决模式，可以说具有异曲同工之妙。

这些现象都表明了诉讼和仲裁两大主要的争端解决方式由决然分开到界限模糊、相互借鉴。它们也并不是非此即彼、非黑即白的关系，为什么只能是诉讼或仲裁，不能将两者加以适当地融合呢？这实际上反映了一种“混合构造主义”的尝试，是一种全新的综合性质的争端解决方式。

（二）各国易于接受更具可行性

对于欧盟而言，建立投资法庭上诉机制的最大障碍其实是国际形势和其

---

① DSU 第 25 条规定，作为 WTO 争端解决的一种替代手段，迅速仲裁能够便利解决争议双方已明确界定的问题。仲裁启动之前，争议双方需达成合意，确定将遵循的程序。争议双方可以允许其他成员作为第三方参与仲裁。

② 胡加祥．从 WTO 争端解决程序看《多方临时上诉仲裁安排》的可执行性［J］．国际经贸索，2021（2）：99－112．

③ 刘瑛．WTO 临时上诉仲裁机制：性质、困境和前景［J］．社会科学辑刊，2021（6）：80－89．

他国家对该制度的消极态度。[①] 目前，欧盟的提案似乎不仅没有得到其他经济和政治强国的支持，也没有得到发展中国家的支持。该制度体现了欧盟主导的倾向，从签订条约的情况就已经可以看出，其他国家对该体制的建立并非毫无疑虑，其发展前景堪忧。

构建新机制比沿用投资仲裁更需要依靠政治支持。法律无法超越政治，国际法更无法超越国际政治。而欧盟的规则制定权在全球范围内相对有限，投资法院上诉机制的建立需要主要利益相关国之间的妥协和最低限度的共识。从这个意义上说，欧盟需要美国、中国、加拿大、日本、印度、巴西、俄罗斯、南非等相当一部分经济和政治强国的支持。此外，发展中国家甚至最不发达国家在联合国和世贸组织的关切和期望也应该得到满足。简言之，如果国家之间的妥协达到临界点，就可以建立投资法庭体系。毫无疑问，欧盟推进投资法院的倡议远未达到临界点。

虽然欧盟与加拿大、新加坡、越南的协定中均设立了投资法庭，不过这些协定都是以相近法律文化为基础的。与欧盟合作设立双边投资法庭的四个国家中，加拿大曾是英国和法国的殖民地，熟悉大陆法系、英美法系的司法机制与法律文化；新加坡曾是英国的殖民地，独立时间并不长；越南曾是法国的殖民地，受到法国文化的影响深；墨西哥曾经是西班牙的殖民地，两国语言相通，法律文化相近。很明显，这些国家与欧盟相近的法律文化基础是其他国家所不具备的。[②]

构建多边投资法院是以增强司法性并降低契约性为代价的，欧盟愿意付出这个代价，但许多国家不愿意。对于美日两个经济大国而言，日本没有接受设立双边投资法庭的建议。2018 年 7 月，日本与欧盟签订经济伙伴协定，但双方对于投资争端解决的谈判陷入僵局。美国在现有的 ICSID 机制中是极少数投资仲裁纠纷的东道国，并且没有输掉任何案件，而欧盟与美国的 TTIP 谈判也因政治原因无疾而终。

发展中国家对此也存在顾虑。欧盟方案将契约性降低到最小，一方面涉

---

① 邓婷婷. 欧盟多边投资法院：动因、可行性及挑战［J］. 中南大学学报：社会科学版，2019（4）：62－72.

② KAYA T. Multilateral Investment Court：Is It a New Breath for the Settlement of International Investment Disputes or a Stillborn Project?［J］. Manchester Journal of International Economic Law，2020，17（3）：338－361.

及弱势方群体的权利救济问题，这意味着投资法院的判决将会对弱小国家的主权构成潜在的威胁。另一方面，对于资金、知识、能力匮乏的东道国，其中小企业资金较少、经验不足，他们也担心这些企业无法在司法性过强的机制中获得救济。

从国际形势的角度来看，构建多边投资法院这样的司法机构，这是建构主义推崇的理想化争端解决方式，但与当前国际关系的基本现实却格格不入。当前的国际形势不利于多边投资法庭的建立，至少很可能会严重拖延它建立的进程。国际形势有时会驱使世界各国走向合作，有时则相反。目前，一方面受俄乌战争的影响，另一方面单边主义和逆全球化也时有抬头，所以在当前国际形势下，欧盟方案的实现将是极其困难的。

反观中国方案，在投资仲裁中引入常设上诉仲裁机制，既有对 ISDS 机制的信任，也认可了上诉机构带来的司法特性，可以说吸收了美式渐进改良主义和欧式系统改革主义双方的意见。这种“半系统式半渐进式”的改革方案恰恰可能成为弥合各派分歧的关键，而该机制的灵活性也有望使各国在常设上诉仲裁机制的体系下达成妥协，只要设计得当、规定合理，就能够实现对各方主张的兼顾与平衡。①

该机制应当具有纵向灵活性，是否进行上诉取决于当事人的意思表示。对于以美国为首的“渐进改良派”而言，中国的方案在一审阶段将继续采用当前的 ISDS 机制，保留了仲裁的形式，当事人对于仲裁员的自主选择权也不受影响，这是二者主张的共同点，说明双方具有合作的基础。

二者的分歧在于仲裁的效率性和终局性上。第一，当前的机制虽然采用仲裁的形式，但在运行过程中，实际上并不高效，加之撤销机制不能很好地发挥作用，时间成本与费用成本都与所追求的效率价值相去甚远。反观上诉机制，只要严格规定上诉阶段的期间限制，设置合理的程序，就有可能在实现案件公正的基础上兼顾效率，所以不能将一个机制是否具有仲裁的形式作为其是否高效的标准。第二，通过前述分析可知，“一裁终局”并非仲裁的本质，投资仲裁设立的初衷是保障争端解决的中立性与公正性，上诉机制的引入不仅能够实现二者的价值，还能促使二者发挥更大的作用，可见“一裁

---

① FRANCK S D. The Legitimacy Crisis in Investment Treaty Arbitration：Privatizing Public International Law through Inconsistent Decisions［J］. Fordham Law Review，2005，73（4）：1521－1625.

终局”并非是不可逾越的障碍。第三，仲裁的核心在于尊重当事人的意思自治，同时不少发达国家对仲裁裁决过程的唯一性具有很深的执念，甚至认为只有在形式上仅作一次裁决的仲裁才是真正的仲裁，因此对仲裁之上设置二审程序颇多腹诽。但要注意的是，这二者之间并没有不可调和的矛盾。具体而言，虽然设置了常设上诉仲裁庭，但并非所有的案件都必须要经过上诉审理才能使裁决生效。换言之，上诉并非是强制性的，也并非是得出案件结论的必要程序，如果双方当事人不愿上诉，那么由当前 ISDS 机制所作出的初审裁决即发生效力。对于那些坚持一审形式的国家而言，只要在涉及该国或该国投资者的投资争端中与对方当事人达成一致，双方均同意不申请上诉，案件仍然只经过了当前机制的裁决。在这种情况下，即使设置了上诉机制，只要达成合意，在案件中不启动上诉程序，不论从案件的裁决过程还是从裁决结果上看，都与当前的 ISDS 机制并无太大差别。所以，在设立上诉机制后，应当对裁决过程进行纵向切割，是否上诉完全尊重当事人的意思表示，赋予不上诉的 ISDS 机制裁决和经过二审上诉程序的裁决同样的终局法律效力，以灵活的程序设置和上诉的自主选择打消某些国家的顾虑，从而与渐进改良主义达成一致。

该机制还应当具有横向灵活性，一审选择何种路径取决于当事人的意思表示。对于以欧盟为首的“系统改革派”而言，中国方案在二审阶段引入了上诉机制，且具有常设性，这与欧盟投资法庭二审阶段的结构相类似，这说明二者具有共同点，存在合作的基础。①

二者的分歧在于一审阶段到底采用何种争端解决形式以及当事人对于审判者是否具有选择权。这两个问题其实是一体两面的关系，欧盟主张当事人不具有选择权，一审采用法庭形式，中国主张当事人具有选择权，一审采用仲裁形式。但从近年来欧盟所签订的双边投资协定上来看，欧盟的立场似乎很难妥协，而如果中国妥协，则与提交的意见书立场不一致，这个问题看起来难以解决。不过可以换个角度来考虑，这二者并非就是对立的关系，能否让二者同时存在，将选择权交给当事人呢？毕竟在具体案件中，是由投资者与东道国直接交涉，而并非双方国家进行交涉，当事人经过协商，可以在一

① 肖军．论投资者—东道国争端解决机制改革分歧的弥合进路［J］．国际经济法学刊，2021（2）：84－97．

审阶段对争端的解决模式从投资法院和仲裁之间进行选择。所以，在投资协定中不宜僵化地规定非要采用何种形式作为一审的程序，最好是两种路径都予以规定并保证案件当事人具有充分的自主选择权。这种思路看似进行了一定程度的妥协，实际上能够化解中欧双方的根本矛盾，也可以保证双方的主张都能在同一体系下得以实现，并使得各自的方案在不同的案件中发挥作用。至于设立上诉机制的多边条约，应当聚焦于二审程序的设置，对于一审程序可以不进行明确规定，也可以对两种路径都予以规定并言明由当事人进行自由选择，缔约国无需对此加以过多干涉。所以，上诉机制在一审程序上应当进行横向切割，选择何种路径的主动权在于当事人，充分尊重当事人的意思自治，在常设上诉仲裁机制的体系下允许在一审阶段仲裁机制与投资法院模式共存，以灵活的形式规定和路径选择权与欧盟方案进行兼容，从而与系统改革主义达成一致。

中国的改革方案是在尊重契约性的基础上适当增强司法性，归根结底仍以契约性为主，以当事人意思自治为程序设置的根本基点，这实际上是将不同的改革方案和各种派别的国家本位主义转化为以具体案件为准的当事人本位主义。如果能够采用横向和纵向双重灵活性设计的常设上诉仲裁机制，则可以为当事人提供多种选择，可以约定不上诉，即还是遵循原先的 ISDS 机制的仲裁裁决，可以约定采用一审仲裁二审上诉，也可以约定一审二审均适用司法机制，在不同的案件中，当事人甚至可以选择不同的争端处理方式。这样就实现了对各种派别主张最大限度的兼容，将它们统一于常设上诉仲裁机制的改革方案中，还能够弥合分歧，促使各国达成一致意见。

另外，建立常设上诉仲裁庭的成本较低。多边投资法庭则需要另外重新设立一套机构，理论上可行，但过于理想化，建立时间漫长且维持其运行的成本高昂。上诉仲裁庭则对于各国的经济负担较小，从成本的角度来说，也更有利于各国接受，容易获得国际社会的认可。①

（三）解决了上诉裁决的执行问题

在上诉裁决作出后，应当保证其具有执行的效力，对于投资法庭模式的

---

① BALTAG C. Reforming the ISDS System in Search of a Balanced Approach [J]. Contemporary Asia Arbitration Journal, 2019, 12 (2) . 279 - 312.

上诉机制而言，其上诉结果的性质存疑，属于“裁决”还是“判决”尚有待考量，而常设上诉仲裁庭所作的裁决则可以通过《纽约公约》加以承认和执行，不存在执行上的问题。

对于投资法庭的上诉结果而言，其性质应当予以讨论，在执行阶段该问题也是无法回避的。首先，仲裁和诉讼的区别归根结底在于能否保证当事人的意思自治，仲裁庭的权力来自双方当事人的合意，而法庭的权力则来自公权力的赋予。在投资法庭中，无论是初审还是二审，当事人均无选择裁判者的权利，其意思自治不能保证，所以投资法庭是更偏重于司法性质的机构。其次，从该机制设立的初衷来看，欧盟旨在用一套全新的司法体系来代替 ISDS 仲裁机制，但该机制正处于起步阶段，加之国际社会并不存在承认和执行国际法院判决的制度。在这种情况下，欧盟将上诉结果定义为“裁决”实际上是一种无奈的妥协，其目的是让上诉结果更具有执行力，但这种形式上的改变并不能掩盖其判决的实质。最后，作为二审机构的欧盟投资法庭实际是以欧洲法院为蓝本建立的，在很多制度上都有欧洲法院的“影子”，在用语上，也多用“法官”和“判决”等字样，这就更加表明其具有司法特性。

同时，上诉机制的执行应当考虑与《ICSID 公约》及《纽约公约》的兼容性问题。对于前者而言，根据其 53 条规定，不得进行上诉或采取其他救济办法，虽然投资法庭规定上诉裁决与 ICSID 的仲裁裁决具有同样的效力，但显然，投资法庭的结果无论属于何种性质，均不能通过适用该公约加以执行。当然，由于该公约不具有执行上的兼容性，常设上诉仲裁庭的裁决同样也不能以此为依据进行承认和执行。①

不过，《纽约公约》第 1 条第 1 款对于执行的承认却规定了两种情况，一是由临时仲裁员作出的裁决，二是由常设仲裁机构作出的裁决。对于投资法庭和常设上诉仲裁庭来说，其机构的常设性毋庸置疑，那么投资法庭是否能将其定义为仲裁机构呢？对于一个司法化特征明显的法庭机制，其上诉结果能否构成“裁决”取决于相关的执行国家。如果将其视为法院判决而非仲裁裁决，则该机制的上诉结果将无法适用《纽约公约》，在执行上也将面临重重困难。反观常设上诉仲裁庭，裁决的性质不会因为两级审理机制而受到

---

① 汪蓓．论承认与执行国际投资仲裁裁决面临的挑战与出路：基于上诉机制改革的分析［J］．政法从论，2021（10）：151－160.

影响，其上诉裁决符合《纽约公约》的相关规定，因此可以适用该公约，从而保证了上诉裁决的承认与执行。①

此外，应当赋予常设上诉仲裁庭的裁决与各国国内最终判决一样的效力，这样就能够避免国内审查而直接得到相关国家的承认与执行。还应当注意的是，存在三种情况，一种情况是双方之前直接约定不提起上诉，此时形成的裁决；另一种情况是约定可以上诉却没有提起上诉形成的初裁裁决；最后一种情况是经过上诉形成的二审裁决。这三种裁决都应当具有相同的终局效力。

对前两种情况而言，初裁裁决即为最终结果。但最后一种情况，提起上诉后其实存在的两个裁决，即失去效力的初裁裁决和具有效力的上诉裁决，为了防止当事人恶意执行于己有利的无效初裁裁决，使真正的上诉裁决得不到有效执行，需要对没有提起上诉的初裁裁决（前两种情况具有终局效力）和已经提起上诉的初裁裁决（没有效力）二者进行形式上的区分。② 可以规定前两种情况的初裁裁决必须得到上诉机构的确认，证实其没有在法定期限内进入上诉程序或者当事人双方已经约定不提起上诉，此时初裁的裁决才可作为最终的结果得以生效，这样也能避免在执行中发生混乱局面。③

第三节　中国方案具体制度的设计构想

一、上诉仲裁机制的原则与上诉仲裁机构的组成

中国所提出的常设上诉仲裁庭改革方案兼具契约性与司法性，将尊重当事人的意思自治与维护东道国的利益相统一，力求在契合投资仲裁公私混合特征的前提下实现对公平与效率的有效促进。不过该方案不应仅仅停留在模

---

① VAN A J. Appeal Mechanism for ISDS Awards: Interaction with the New York and ICSID Conventions [J]. ICSID Review, 2019, 34 (1): 1-34.

② 假设外国投资者在ICSID原仲裁庭是“胜诉方”，而在上诉制度中的上诉裁决其“败诉”，外国投资者径直向缔约国国法院申请承认和执行有利于自己的原裁决，此种情况下，上诉仲裁庭的裁决就成为一纸空文。

③ 上诉庭秘书处应对此两种情况予以形式上的确认（此初审裁决即为终审裁决），如上诉机构加盖在法定期限内未提起上诉的证明或附上双方当事人不提起上诉的原始证明材料，其裁决方可生效。

式的构想上，更应对上诉仲裁机制的运行规则进行具体的设计。一方面，应当确立上诉仲裁机制的基本原则，将其贯彻落实到上诉程序的全过程中；另一方面，还应当对上诉机构的组成进行详细的规定，可考虑借鉴新西兰仲裁与调解协会的模式，形成一套具体的规则。

（一）上诉仲裁机制的基本原则

常设上诉仲裁机制作为一项新的制度体系，需要确立其运行的基本原则，为今后机制的良性运行提供指导。为了加强上诉机制内部的协调性、统一性，需要对先例的处理、提高效率和透明度三方面进行原则化的规定。

第一，关于先例原则，上诉案件应当形成事实上的先例。要确保上诉机制裁决的一致性与可预测性，遵循先例就显得格外重要。为了避免“同案不同判”的情形再次出现，上诉机构面对相似的案件，应当以相同的方式进行处理，在事实上赋予上诉裁决先例效力。

不过，从目前的国际投资仲裁实践来看，尚未建立真正意义上的先例制度，仲裁的先例效力也并未获得国际条约的认可，甚至很多国际条约明确排除先例原则的适用。这主要是考虑到“法官造法”的问题，如果承认仲裁具有先例效力，上诉机构的成员很可能将不同投资条约所产生的案例作为裁决的依据，这样便可能在无意中扩大或者缩小了原先双方当事人在特定投资条约中约定的权利和义务。将上诉机构成员的角色定位为规则适用者还是规则制订者，不同的国家有不同的看法，这便是症结所在。承认先例等同于承认上诉仲裁庭的成员具有创设国际法规则的权力，而缔约国是否支持这些规定则不得而知，WTO上诉机构的停摆便与之相关。就其先例的效力问题而言，其实任何未经国家同意的国际法规则，都不得对缔约方进行适用。所以，上诉机制的仲裁规则应当避免明确规定遵循先例，使先例原则只具备事实上的影响力而不具备法律意义上的硬性约束力。

为保证上诉裁决的稳定性，应当赋予上诉机构援引先前裁决的权力，从而在事实层面形成某种具有指导意义的“软法”。首先，这样做可以促使上诉庭的成员认真考察相同或相似的案件事实，必须充分解释援引先前裁决的理由，这无疑有利于提高裁决的质量，而优良的裁决也可以为后来者提供借鉴。其次，还能规范上诉成员自由裁量权的行使，其裁决的任意性大大降低，从而形成一个规范的、可预见的法律框架，使当事人对自己的行为产生合理期待，增强上诉机制的权威性。最后，一致的裁决有利于国际投资法治的长远发展，通过上诉裁决对国际条约中有争议性的问题进行解释，有利于厘清一些概念的内涵与外延，并形成一系列具有权威性和说服力的法律标准，更能够为国际投资法律体系的规范化作出贡献。由此可见，虽然不能在文本上明确规定先例原则，但允许先例在事实上发挥指导性的作用仍然势在必行。

第二，关于效率原则，严禁对上诉权的滥用。公平和效率永远是一对矛盾，如果不允许提起上诉，当前的 ISDS 机制则难以保证公正性；如果允许当事人提起上诉，其所耗费的时间成本和费用成本必然有所增加，如若这些成本逾越了当事人的耐心极限，最终即便换来了上诉的结果，其效果也与意欲达到的“公正”目标大相径庭。为避免重蹈 ISDS 撤销机制的覆辙，应当将其上诉成本控制在合理的范围之内，在给予当事人上诉救济的同时又能使其承担得起所耗费的时间和费用，符合当事人的心理预期，只有建立一个高效稳定的上诉机制，才能够吸引更多的当事方提起上诉。当然，对于恶意滥用上诉权以拖延裁决生效的行为，必须加以禁止，应当通过一定的制度设计提高上诉机制的运行效率，并对案件上诉成为普遍化的趋势进行遏制。

首先，要严控上诉期限，包括上诉提起的时间和上诉的审理期限。借鉴《欧加综合性经济贸易协议》（Comprehensive Economic and Trade Agreement，CETA）的相关规则，[①] 一方应当在原裁决生效后的 90 日内以书面形式提出上诉请求；上诉的审理期限也不宜过长，WTO 上诉机制规定，如果对专家组的报告不提起上诉，案件整体处理时间不应超过 9 个月；如果当事人提起上诉，则整体的处理时间不应超过 12 个月。而 TTIP 草案则规定，上诉程序作出裁决的时限是 180 日，最长不得超过 270 日。但国际投资仲裁毕竟不同于 WTO 的上诉机制，故建议借鉴 TTIP 的做法，上诉仲裁期限应以 180 日为宜，[②] 对于案情特别重大复杂的，可以适当延长至 270 日。[③]

其次，针对上诉申请方，在法律服务费用中设立保证金制度。必须要明确，上诉机制应由该机制的实际使用者（争端各方，即投资人和国家）供

---

① CETA 第 8 章第 28 条第 9 款规定，争议方可在根据本节作出的裁决发出后 90 日内向上诉法庭提出上诉。

② 丁晓雨．ISDS 上诉机制的构建问题研究［D］．北京：对外经贸大学，2018．

③ 张庆麟，黄春怡．简评欧盟 TTIP 投资章节草案的 ISDS 机制［J］．时代法学，2016（2）：92－98．

资，而不是由参与上诉机制的缔约国提供资金，以免国家既作为上诉机制成员又作为所涉争端的国家当事方而不得不双重付费。上诉保证金专门由上诉申请人来承担，当事人在申请上诉后需要缴纳一定数额的保证金，如果当事人只申请上诉而没有在规定期限内提交保证金，则上诉机构有权裁定终止上诉程序，对上诉权进行适当的限制，并减少对上诉权的滥用。上诉机制的运转费用由上诉申请方出资，这样他们可能就不会动辄使用该机制。

最后，针对败诉方，确立由其承担仲裁费用的规则。仲裁费用分为仲裁法律服务费用（上诉保证金仍由申请方承担）、律师和专家费用两个部分，一般有双方按比例负担和败者负担两种方式。为避免一方当事方任意提起诉请，而另一方当事人则需要被迫承担一些不必要的支出，由败诉方一并承担较为合理。同时，那些明知败诉而恶意拖延时间的当事人也就不会那么肆无忌惮地申请上诉，考虑到败诉的风险，为避免承担仲裁费用，其在提起上诉时就会进行权衡。另外，上诉机制中还需要针对中小投资者和发展中国家做特殊的制度设计，这并不是不公平的特殊对待，相反，合理的区别对待更能体现实质公平。例如，可以考虑减免中小投资者或者发展中国家的上诉费用，并适当宽限其缴付保证金的时间等。

第三，关于透明度原则，上诉过程和结果必须相对公开。当前的 ISDS 机制以秘密的方式进行，其仲裁的材料、程序和结果一律保密。以洛文诉美国案为例，美国提出材料公开的请求就遭到了仲裁庭的拒绝，虽然在双方均同意的情况下可以公开部分文件，不过其仍然具有保密性的特点。这种运行机制显然与 ISDS 涉及公共利益的案件特征格格不入，在投资仲裁中过度强调隐私的保护并无相应的法理基础。透明度的缺乏不仅使公众失去了对于案件的知情权和监督权，也使一些专家学者难以参与到裁决过程中。在现行规则中，非争端方需与案件具有密切的法律利害关系才能提交参与的申请，这就大大限制了“法庭之友”的作用，其利用率也明显不足。[①] 这样不透明不公开的裁决过程，使涉及公众利益的案件在“紧闭的门后”被审理，最终使裁决的

---

① 在第一个 ICSID 仲裁庭接受了法庭之友提交后，在接下来的 309 起结案案件中，只有 16 份 NDP 申请希望参与 ICSID 案件。在 16 份申请中，只有 11 份申请获得批准。此外，在批准的 11 项申请中，只有 7 项法庭之友提交会影响案件的结果（在 6 个案例中，结果受到直接影响，在 1 个案例中，结果受到间接影响）。数据来源：BUTLER N. Non – Disputing Party Participation in ICSID Disputes：Faux Amici？[J]. Netherlands International Law Review，2019，66（1）：143 – 178.

公正性受到了广泛的质疑。

显然，中国方案常设上诉机构的设置有利于打破仲裁的保密性，进而实现对公正性的维护。上诉仲裁机制可以通过建立信息披露制度来提高裁决的透明度，除涉及国家机密和商业秘密的文件以外，将上诉裁决和原裁决的材料进行公开。社会公众可以通过合法的途径了解到案件的具体信息，同时上诉机构还可以建立相关的数据库，并允许公众参加特定问题的听证会，这样做也能在保证公众知情权方面发挥巨大的作用。另外，上诉机制还能促进第三方的参与，在符合程序的情况下允许专家学者等专业人员站在中立的角度上，对有争议的问题发表评论并提交意见书，进一步加强裁决的科学性和公正性。① 更加公开的制度也使得仲裁员的仲裁结果能够受到社会公众的监督，并促使其在裁决时更加审慎，减少其不端行为，提升裁决的权威性与准确性。

在这一方面，欧盟投资法庭制度也有所规定，并引入了较高的透明度规则。在诉讼过程中，除保密信息以外，其余文件和信息基本上都要予以公开，但其对于“保密信息”的界定却较为模糊。而我国和欧盟对于保密文件的认定标准又存在不一致的情况，所以我国应当审慎对待高透明度所带来的法律风险，出于维护国家利益考虑，我国可以等待其制定了更为详细的透明度规则后，再与之进行协商。

（二）上诉仲裁机构的人员组成规则

在上诉机构的人员组成上，欧盟投资法庭机制已经在选任标准、薪资待遇和履职要求上形成了一套比较完整的规则体系。事实上，其规定的法官职业道德要求和不得兼职的行为规范对于保证裁判者的公正性和独立性确实能够起到积极的效果，但是在上诉法庭法官的选任规则中，它的选拔方式、资格要求和薪酬待遇等方面也存在着一些不容忽视的问题。

首先，在法官的选任标准上，欧盟投资法庭的要求过高。虽然从学科背景和专业素养上对法官的资格进行了细致的规定，这固然有利于提高法庭成员的专业性和裁判的科学性，但却忽略了一个现实情况，那就是发展中国家的法官水平参差不齐，难以与发达国家的法官相媲美，而这很可能导致法庭

① BUTLER N. Non - Disputing Party Participation in ICSID Disputes：Faux Amici？［J］. Netherlands International Law Review，2019，66（1）：143 - 178.

内部失衡，对于案件公正性而言也是一种损害。同时，法官选任的统一标准也无法顾及性别多样性和地域多样性，无法确保在资本输出国与资本输入国之间或发达经济体与发展中国家之间实现利益平衡，裁判者在原先ISDS机制中多样性不足的问题并没有得到实际的改善。① 另外，欧盟各个经贸协定对于上诉庭法官的标准规定并不一致。在EVFTA和TTIP提案中，上诉庭的法官标准相比于初审法庭更高，均要求具备"最高司法官员"的任职资格，而在CETA中，上诉法庭法官的选任标准与初审法庭的选任标准居然毫无差别，那么上诉法庭判决的权威性和说服力又怎样体现呢?②

其次，在法官的组成上，规定了第三国国民的要求，但并没有更加细致的规定。第三国如何确定，其法官应当如何选任，这些问题都不甚明了。同时，如果争端双方对于该问题产生分歧又应当如何解决？在法庭中创造性地规定了第三国的参与，其目的在于加强法庭的中立性和公正性，但也需要配套建立相应的制度。③

最后，在薪资待遇上，该机制能否招来高水平的法官尚未可知，投资法庭的法官被任命后，不得再兼任其他职务，那么与之前仲裁员所能获得的经济利益相比，其收入难免会大为减少，如果投资法庭不能吸引知名的专业人士来进行裁判，那么裁判的质量也难以保证。

裁判者对于争端解决机制的重要性是不言而喻的，在投资法庭上诉机制裁判者选任规则模糊的情况下，其公正性也难以让双方当事人信服。如果这些先决问题缺乏细致的规定，那么势必使当事人心存疑虑，从而不利于投资争端的有效解决。对于上诉机构的组成问题，本书建议中国方案可以借鉴新西兰仲裁员和调解员协会（Arbitrators and Mediators Institute of New Zealand，AMINZ）的模式，从机构设置、选任程序和任职资格三个方面进行规则设计。

AMINZ是新西兰最大的争议解决专业组织，该组织目前具有的职能包括谈判、调解、促成和解以及专家裁决。AMINZ在2009年就制定了上诉仲裁规则，该机制通过上诉仲裁庭（Administrative Appeals Tribunal，AAT）、上诉仲裁

① 董静然．欧盟新型国际投资规则法律问题研究［M］．北京：中国政法大学出版社，2019：180－226．

② 石静霞，孙英哲．国际投资协定新发展及中国借鉴：基于CETA投资章节的分析［J］．国际法研究，2018（2）：21－39．

③ 衣淑玲．欧盟FTA国际投资争端上诉仲裁庭运作之前瞻性探析［J］．烟台大学学报：哲学社会科学版，2018（1）：33－45．

小组（Appeal Arbitration Panel，AAP）和上诉仲裁委员会（Appeal Arbitration Committee，AAC）来发挥作用。

在机构设置上，中国方案也可以将这三者分别设立。上诉仲裁小组为仲裁员的备选库，由上诉仲裁委员会根据特定的案件和当事人的申请任命仲裁员，将当事人的意思自治与委员会的公权力委任相结合，最终组成个案的上诉仲裁庭。① 作为仲裁员备选库的仲裁小组，必须有缔约国意志的参与，国际协定缔约国有权对备选仲裁员的人选进行提名，这些备选仲裁员在保护国家利益之余还需要保护其本国企业在外国投资的利益。

在选任程序上，应当吸取 WTO 失败的经验教训，不必过于严格，缔约国提名的备选仲裁员只须获得一半以上缔约国的支持即可入选上诉仲裁小组。同时，应当放宽仲裁员备选库的国籍限制，也允许进行非缔约国国民的提名。还应确保上诉成员地域和性别的多样性，可以适当提高来自发展中国家的比例和女性仲裁员的比例，这些来自不同社会制度、不同法律体系的仲裁员，代表了不同的思维方式和价值倾向，这有利于上诉机构形成更加多元化的特征。另外，可以考虑为发展中国家的审裁员进行适当的培训。

在个案上诉仲裁庭的选任上，当事人双方各有一个申请非首席仲裁员的机会，能否成为个案的仲裁员，其决定权由上诉仲裁委员会掌握。首席仲裁员的任命由上诉仲裁委员会在七日内随机分配给备选库中的其余仲裁员，这样做既简化了其选任程序，也缩短了选任时间，还能够保证独立性。进入备选库的仲裁员任期可以适当放宽，一届为五年，可以连任一届，最长不得超过十年。虽然当事人具有申请上诉仲裁员的权利，但由于仲裁委员会实际掌握着个案上诉机构成员的任命权，其实争议方无法事先知晓由谁审理案件，任期内成员审理案件的机会也是均等的，所以能够有效阻隔争议双方与上诉机构成员之间的联系，能够避免其对裁决结果的不当干预。

在仲裁员的任职资格上，一方面，应制订较高的素质标准来挑选仲裁员。在资质上，成员应当具有成员国最高司法机构法官的专业素质，或者属于公认能力出色的法学家；在学科背景上，由于投资仲裁裁决涉及国家利益，成员应当具备国际公法、国际私法和国际经济法领域的专业知识，具有国际贸

---

① CHRISTOPHER S. The Appeal of ICSID Awards：How the AMINZ Appellate Mechanism Can Guide Reform of ICSID Procedure ［J］. Georgia Journal of International and Comparative Law，2013，Vol. 41：567 - 592.

易或国际投资争端解决的实践经验，具备复合性的专业知识能够保证仲裁庭裁决时兼顾到私人利益和国家利益、维护东道国的规制权和公共利益；在职业伦理道德标准上，上诉机制成员应遵守国际公认的行为准则，不得附属于任何政府和组织，具有高度独立性和中立性。

另一方面，借鉴欧盟的方案，任职规则上严禁上诉机构成员身兼数职，一旦接受聘任成为其上诉机构的专职人员，就不得再担任律师。对于缔约方任命的专家学者，其从事教学之类不影响仲裁公正性的职业，可以予以准许。如果一方当事人认为上诉机构成员与争端案件存在利益冲突，还应当实行回避制度，依据相关程序来重新决定其任命，从制度层面斩断上诉机构成员影响公正的利益链接，保证其处于公正地位。

综上，在上诉机构的人员组成上，中国方案应当吸收欧盟方案中合理的规则，同时也要审视其规则的不足之处，在借鉴新西兰模式的基础上，形成一系列更加完整可行的制度设计。

二、受理阶段对欧盟规定的矫正

在上诉机制的构建上，欧盟的投资法庭模式起步较早，已经制定了具体的规则，并初成体系。不可否认的是，这些规则确实具有先进性，也为中国方案常设上诉仲裁庭的程序设计提供了有益的借鉴。[①] 但是，我们也应当意识到，该模式也存在一些难以克服的问题，中国应当在这些问题上摆明自己的立场，进而形成更加合理的改革方案。在受理阶段，包括上诉方式和上诉理由两个方面，前者应当明确投资者与东道国的双向诉权，且能够单独上诉；后者应规定法律错误与事实错误均为上诉理由，对涉及程序问题的事由，还应当妥善处理与当前撤销机制的关系。

（一）明确上诉的提起方式

上诉机制建立的首要问题是如何提起上诉，一方面上诉权是否可以被双方所共有，另一方面则要考虑上诉能否被单独提起。对于这两个问题，无论

---

① 汪梅清，吴岚. 欧盟主导的投资法庭上诉机制及其对中欧投资争端解决机制的借鉴意义［J］. 国际商务研究，2019（6）：71－80.

是欧盟与加拿大签订的 CETA 还是与越南签订的 EVIPA，其上诉法庭的规则均未进行规定，但在现实中，确实存在不同的观点。所以，我国常设上诉仲裁庭的改革方案应当对这两个基础性的问题进行澄清，对上诉的提起方式进行明确的规定。

在上诉权的分配问题上，一般而言为双方共有，即任意一方均有权提起上诉。但在投资仲裁中，由于其单向诉讼的特点，这里便产生了一种观点，针对初审时仅有投资者可以提起仲裁的制度，那么在上诉阶段，上诉权也应采用相同的设计，延续单向诉权。至于要赋予哪方当事人，为保证东道国的规制权，应当规定为其所有，而对投资者的上诉权进行剥夺。这样初审由投资者发起，上诉由东道国发起，在结构上具有一致性，维持了权利的形式平衡，既能保证东道国利益，又能使投资者在提起仲裁前谨慎思考。另外，投资者上诉权的丧失也有利于遏制其滥诉之风。

这种观点貌似合理，其实不然，初裁中设置单向诉权有其独特的因应。在仲裁提起前，投资者和东道国的地位实际上并不平等，为了避免东道国对其利益进行侵害及法院的不公正对待，才赋予了投资者利用国际仲裁与之抗衡的权利，单向诉权的设置正是为了更好地促进实质公平的实现。况且，从诉前的现实情况来看，一般是东道国的管理行为导致纠纷的出现，这种法律关系本身就具有纵向性和单向性，而投资者的经营行为则难以对东道国的公权力造成侵犯，故初裁的诉权设置形式并无不妥。

而在上诉阶段开始前，双方当事人已经完整地参与了一审程序，二者法律地位平等，同时双方对于初裁的结果很可能都有不满，此时剥夺投资者的诉权并无法理上的正当性，允许双方均可提起上诉才能保证当事人平等的救济机会。因此，投资者和东道国均可对一审全部或部分裁决进行上诉，双向诉权的结构更为适宜，这样也可以促进权益的平衡，保证双方的利益。

在上诉权的使用问题上，也形成了两种不同的观点。一种观点认为上诉的提起需要双方当事人的合意，另一种观点认为无需达成合意，任意一方均有权单独提起上诉。在北京仲裁委员会的国际投资仲裁上诉规则中，采用了前者的设置，而 WTO 的上诉规则却采用了后者。①

对于前者而言，这样的设置充分体现了当事人的合意，是否要进行上诉一方无法单独作出决定，如果双方当事人一致认为自身的诉求还未得到满意的处理，出于公平的考虑而提出上诉，这体现了双方当事人的统一意志；如果双方不能达成合意或者不愿承担上诉的成本，也可以选择采用初裁裁决，上诉机制的管辖权以双方当事人的合意为基础。② 但是，该机制也存在一定的风险，对于初裁结果，一般而言以一方满意另一方不满居多，一方出于维护自身利益的考虑，不太可能同意另一方的上诉请求，这样就导致双方无论如何都不能达成一致。此时，真正需要救济的当事人却无法提起上诉，权益也不能得到保证，更难以实现上诉机制的公平价值。更为严重的是，因为当事人的恶意阻挠，很可能导致上诉机制的利用率低下，最终形同虚设。

而对于后者来说，由于当事人的上诉权不受限制，双方当事人获得救济权利的机会均等，但可以预见到，这也有可能造成当事人的“有恃无恐”，只要对初裁裁决稍有不满就提起上诉。另外，无论初裁裁决正确与否，在初裁中败诉的一方可能出于策略的考虑，以提起上诉来故意拖延时间，上诉权的滥用不仅影响了效率价值的实现，对于真正的胜诉方而言，案件久拖不决也有失公允。

综合而言，前者最大的问题在于如果双方当事人达不成合意，上诉机制就会失去应有的作用，而后者的问题在于对当事人滥用上诉权进行限制（如加强上诉审查程序、严控上诉期限等）。相比较而言，采用后者至少能够保证上诉机制的正常运转，只要能够与相应的制度进行配合，就可以在实现公正性的基础上兼顾效率性。所以，常设上诉仲裁庭应当采用双向诉权和无须达成合意即可提起上诉的方式，在保证上诉权正常行驶的前提下，实现对效率与公正的平衡。

另外，需要特别注意的是，为避免引起不必要的纠纷，同时也为了上诉仲裁庭能够发挥应有的作用，上诉权的行使需要双方当事人提前进行约定。对于双方国家之间无 BIT 协议的，由投资者和东道国在提起初裁前达成协议，

---

① 漆彤，方镇邦．投资者与东道国争端解决上诉机制改革的分歧与展望：一个文献综述［J］．国际商务研究，2021（6）：60－73．

② 沈超．我国投资仲裁上诉机制构建探析：以北仲投资仲裁上诉机制为例［J］．北京仲裁，2020（4）：177－195．

双方可以进行上诉。对于双方国家之间有 BIT 协议的，可以借鉴 ICSID 和 MPIA 的做法，先由投资者的母国和东道国在经贸协议中事先进行约定，这时投资者把发起上诉的权利让渡于自己的母国，委托其母国与东道国进行谈判，这也是国家意志的体现。

由于东道国也是 BIT 的缔约国，所以是同一主体，而在具体案件中发起上诉的投资者则需要以母国代理的形式说明选择常设上诉仲裁机制，这样才能使投资者在提起上诉时于法有据，从而真正理顺上诉程序。因为双方在初裁后很难就上诉达成一致意见，所以必须进行事前约定，将无需征得对方当事人同意即可上诉作为默认事项，选择上诉仲裁机制即代表着默认任意一方均可提起上诉，这样才不会造成裁决进程的中断、延长甚至终止，实际上保障了当事人上诉权的合理行使。

（二）厘清上诉的理由范围

就上诉理由而言，对法律错误进行上诉已经获得了国际社会的认可，并无争议，但是否要将事实错误纳入到上诉范围中仍存在争议，各方观点并不一致。WTO 的上诉机构仅将法律争议作为上诉的理由，并不涉及事实问题的审查，而欧盟投资法庭上诉机制的审理范围却包括事实问题。所以，对于常设上诉仲裁庭来说，对此问题也有必要进行讨论。

主张将上诉理由局限于法律问题的一方认为，实际上事实问题的争议仅占很小的比重，大部分的争议主要集中在法律问题上。况且，随着初审仲裁员经验的积累，其有能力对案件的事实问题进行准确认定。同时，上诉机制存在的主要作用是为了促进法律适用和解释的一致性，这本身与事实问题的认定关联并不大，即便能够对事实问题进行审查，对于法律统一性的促进作用也比较有限，既然如此，不如让上诉机构专注于法律问题的审理可能更为适宜。此外，如果允许其对事实问题进行审理，势必会造成重复审查，浪费时间与司法资源，这也不利于一审与二审之间的明确分工，对初裁裁决的威信力也会造成无形的减损。为了维护初审裁决的效力性和上诉裁决的权威性，将审理范围局限于法律问题并非是对原审裁决的不尊重，恰恰相反，这样做更能促进上诉裁决的科学性。

不过，虽然将事实问题排除于上诉范围之外确实能够提高案件裁决的效率性和权威性，但这样做却忽略了事实问题与法律问题之间的内在联系，事实问题的错误往往会引起法律问题的错误，如果不能保证前者的正确性，也很有可能引起对于后者判断的偏差。另外，如果当事人在明知初审裁决事实认定有问题的情况下，仍不能就此提起上诉，则实际上变相剥夺了当事人的救济权，从而对上诉机制的公信力造成不良影响。①

在实践中，事实问题和法律问题常常是交织在一起的，投资条约需要与具体案件相结合，才能进行解释和适用，脱离案件事实对法律问题进行判断也是不可行的，即使仅对法律问题提出上诉，在审理过程中仍离不开对事实问题进行相应的审查。② 上诉的目的是保证最终裁决的公正性，同时促进法律一致性，若对事实问题的错误不予纠正则难以实现这一目的。所以，对事实问题和法律问题的审查二者缺一不可，应当将其纳入到上诉理由之中。

如果能够对事实问题进行上诉，是针对所有事实问题还是仅限于部分事实问题，如果选择后者，那么其标准又该如何确定？对于第一种方式而言，固然可以起到全面审查的效果，但上诉机构的工作量也会大幅增加，其审理的时间也可能会相应地延长。这不仅使上诉机构的效率无法得到保证，而且难免会造成上诉审与初审范围完全一致，相互混同，不利于上诉裁决作用的发挥。而欧盟投资法庭上诉机制则采用第二种方式，规定当事人仅能够对“明显错误”的事实判断提出上诉，进行了合理限制，只对符合标准的事实问题进行审查，这样做也有效地避免了程序拖延的问题。③

但是，欧盟的规定并不明确，何为“明显错误”缺乏相应的标准，如果不能对该问题进行说明，则很可能会造成事实问题上诉范围的不确定性，审理部分事实问题的意图也会落空，更会导致各法庭审理的不一致性，从而造成不利后果。

我国在构建常设上诉仲裁庭时应充分考虑以上问题，一方面，在对事实问题上诉进行限制的同时，也要澄清相关标准，当事人仅能够针对足以影响到案件结果的事实问题进行上诉，并进行更加细致的规定，可以要求当事人提交与初审仲裁庭认定事实不符的证据。另一方面，为了国内法律的正常运行，应明确排除对于国内法的审查。因此，常设上诉仲裁庭应当严格把控上

---

① 欧继伟，陶立峰．欧盟投资仲裁上诉审查范围提案与中国因应［J］．国际经济法学刊，2022（3）：116－125．

② 余劲松．国际投资法［M］．6版．北京：法律出版社，2022：108－128．

③ 秦晓静．设立投资仲裁上诉机制的路径选择［J］．政治与法律，2021（2）：126－138．

诉中事实问题的边界，平衡一审与二审的权力分配，对公平和效率价值进行衡量，在保证效率的同时，促进案件公正性的实现。

还应当注意的是，应当考虑将《ICSID 公约》第 52 条所规定的严重程序性错误纳入上诉理由的范围，从而实现上诉机制的全面纠错功能。上诉机制的建立并非是与原机制的简单叠加，还要考虑与原有程序的协调问题，当涉及原有撤销机制的启动事由时，就要处理好二者之间的关系，从而实现合理地衔接，并达到之前未能实现的效果。上诉的理由能否包含程序性事项以及如何处理其与撤销机制之间的关系，这二者实际上是分不开的。如果上诉机制仅能处理实体问题而不能处理程序错误，那么，在初裁裁决存在两种错误的情况下，当事人一方选择适用上诉机制，另一方选择适用原有的撤销制度，就可能会出现混乱的局面。因此，上诉理由应包括程序错误。

此时，一种观点认为，正是由于上诉机制已经包含了撤销程序的审查范围，所以没有必要对程序性事项错误进行双重救济，故在上诉机制建立后，不再允许当事人选择撤销机制，应当将救济手段唯一化。以上诉机制取代原先的撤销机制，不仅节约了时间成本，也能保证当事人的合法权益，达到制度设计的目的。但是需考虑 ISDS 的撤销机制虽然弊病丛生，却也运行时间较长，形成了成熟的体系，对于原有判决的监督也作出了一定的贡献。完全将其抛弃的做法未免过于激进，莫名剥夺当事人救济的权利也是站不住脚的，所以此种做法并不恰当。

当然，正如上文所言，如果两种机制同时存在，难免会有顾虑。在程序性事项上，二者功能重叠，为避免机制冲突与司法资源的浪费，需对适用事项作出详细规定，可在上诉机制和原有撤销制度之间设置岔路口条款，两种机制由当事人达成合意后择一适用。进一步讲，若当事人认为初裁裁决仅出现程序性事项错误，这样则可以不上诉，直接将结果申请撤销；若当事人认为原裁决出现了实体错误或者两种错误均存在时，则当事人可以提出上诉。所以，两种制度并非是排斥对立关系，而是相辅相成的关系，如何选择，则视特定情形下当事人意思自治的结果，也只有这样，才能协调好两种机制的关系，让上诉机制发挥其应有的作用。①

① CAPLAN L M. ISDS Reform and the Proposal for a Multilateral Investment Court [J]. Ecology Law Quarterly, 2019, 46 (1): 53 -59.

三、审理阶段对欧盟规则的补充

在审理阶段，虽然欧盟在规则构建上已经取得了较大的突破，但在一些关键的问题上尚有争议，一些制度也并不完善，应当设计更加公正的审裁制度规范。上诉审查的启动方面，建议实行秘书处依职权主动审查与当事人异议双轨制，并赋予秘书处多边咨询机构的职能；对于原裁决的效力，应将上诉案件的结果限定于维持原判和进行改判两种处理方式上。

（一）完善上诉的审查程序

设立上诉机制的目的是给双方当事人提供救济的机会，纠正原裁决中的错误，实现案件的公正处理，但如果不对上诉权加以限制，则很可能为当事人谋求不正当利益、恶意拖延程序及义务的履行打开一扇方便之门。更容易导致权利的滥用，造成逢案必上诉的失控局面，这不仅延长了裁决的时间，消耗了司法资源，也同样不利于双方纠纷的解决。因此，对上诉的事由进行审查，禁止诉权的滥用势在必行。当然，相比对上诉权不加任何限制，禁止诉权滥用也并非是“一刀切”，而是科学合理地对上诉进行审查，对初审裁决的文本瑕疵和明显无价值的上诉予以驳回，让真正需要上诉的当事人得到救济。

欧盟投资法庭制度主要是通过当事人异议的形式来对诉权加以限制，无论是与加拿大还是与越南签订的协议中，均规定了“明显无法律实质的诉请”“法律上不成立的诉请”条款。① 此程序分为两个阶段，第一阶段是东道国可以针对投资者无法律依据的索赔向法庭提出意见，并说明理由。第二阶段则是法庭的审查阶段，如果认定其索赔“超出法庭管辖范围”或属于“无争议的事实”，则可驳回投资者的索赔，以此来对当事人的诉权加以约束。

实际上，该制度并非欧盟首创，它来源于ICSID中的先决反对程序，② 具体程序上与欧盟的规定大同小异，也要求由一方当事人提出异议，机制被动

---

① EVIPA Article 3.44；CETA Article 8.32、Article 8.33.

② 《ICSID公约》第41条第2款规定，争端一方提出的反对意见，认为该争端不属于中心的管辖范围，或因其他原因不属于仲裁庭的权限范围，仲裁庭应加以考虑，并决定是否将其作为先决问题处理，或与该争端的是非曲直一并处理。

触发，不过仲裁庭可以将其作为先决事项进行处理，也可以与整体案件一并处理，本着打击轻浮诉讼的目的，对案件进行一定的控制。在实践中，该制度发挥了重要的作用。例如在 2017 年，在韩国安城公司诉中国的案件中，中方在仲裁庭首次开庭前使用了先决反对程序，并提出了相应意见。中方认为韩国安城公司在首次知道或应该知道其权益遭到损害之日起，已届三年，因此超过了《中韩双边投资协定》第 97 条规定的仲裁时效，因此，被申请人反对韩国安城公司在《中韩双边投资协定》下提出的请求，其“明显不具法律价值”，应予以驳回。[①] 最终仲裁庭采用了中国的意见，驳回了申请人韩国安城公司的申请，此案也成为中国政府在 ICSID 第一个完胜的案件。[②]

虽然欧盟的规定对于限制投资者的滥诉能够起到一定的作用，但该规定并不完善，最为关键的是其规定未能理顺两种异议程序之间的关系，也未能解决自贸协定异议程序与 ICSID 异议程序之间的适用问题。CETA 中规定的“明显无法律实质的诉请”（Claims manifestly without legal merit）实际上借鉴了《ICSID 仲裁规则 2006》第 41 条第 6 款的规定，只是更加明确而已。而“法律上不成立的诉请”（Claims unfounded as a matter of law）与 ICSID 的异议规则相比，其范围不仅包括无管辖权的事项，还应包括其他在法律上不能成立的情形。

但是 CETA 两种异议程序范围的界限，则在条文的规定中甚为模糊，何种情形适用于第一种异议程序，何种程序应当适用于第二种异议程序，两种程序的适用范围是否存在交叉地带，其适用混同的问题似乎不可避免。即便为了避免程序的重复，规定提起“法律上不成立的诉请”的，不得再提出“明显无法律实质的诉请”异议，反之亦然，法庭可以视具体情形拒绝当事人的异议。这些规定无疑表明，两者之间的区别并不十分明显，并很有可能造成适用混乱。如果选择同时设立两种异议程序，就应当对其各自的适用范围进行明确规定，否则，当二者的作用和范围差别不大的时候，将其进行统一规定似乎更加合理。

同时，CETA 还规定“不妨碍仲裁庭处理其他先决问题异议的职权或被申

---

① Award, Ansung Housing Co. Ltd. V. People's Republic of China, ICSID Case No. ARB/14/25, 9 Mar., 2017.

② 龚柏华，伍穗龙. 涉华投资者—东道国仲裁案述评［M］. 上海：上海人民出版社，2020：221 -235.

请人在合适时间提出此类异议的权利”,[①] 这表明，CETA 异议程序与《ICSID 仲裁规则 2006》第 41 条第 6 款两者可以共存。实际上，在两者适用范围和作用价值高度雷同的情况下，两者并无共存的必要，直接适用自贸协定的规则即可。[②] 同理，对于上诉仲裁机制中异议条款的适用也应做相似处理。

另外，对于上诉机制而言，欧盟的规定还存在以下几点疏漏之处：首先，在程序上，欧盟的规定是否属于上诉机制的审查程序还不能确定，根据其规定，与 ICSID 一样，应当属于初审阶段的审查，而并非是上诉阶段的审查机制，在上诉阶段并未明确规定当事人享有提出异议的权利。其次，在范围上，即使 EVIPA 对上诉审查进行了规定，也仅针对没有根据的上诉，上诉法庭可主动驳回，规定较为狭窄。[③] 其实可以将其划分为四类进行具体规定，分别为不属于上诉机构管辖的事项（无管辖）、无法律价值如裁决文本错误等（无价值）、没有相应法律依据（无依据）和对没有争议的事项进行上诉（无争议），这四种异议理由应当统一规定于一个异议程序中，当事人可以就这些事项提起上诉异议。最后，在主体上，可以考虑设置专门的机构负责上诉的预先审查和对当事人提出的异议事项进行处理，在正式审理前进行分流以减轻上诉机构的工作压力。[④]

众所周知，WTO 上诉机制的高效运转离不开其秘书处的扎实工作，其主要负责案件的准备等相关事务，常设上诉仲裁庭也可以借鉴其做法，设立上诉机制的秘书处，负责对上诉案件的适格性进行严格审查，作为案件审理的前置程序，让真正需要上诉的案件进入上诉审理阶段，避免资源浪费。除上述所提及的四项事由外，上诉是否在法定期限内提出，所提交的材料是否符合规定，这些也都属于审查的范围。对于不符合上诉条件的案件，不予受理并说明理由，快速驳回其上诉申请。对于书写、计算或者打印等原裁决文本瑕疵，也可以在预先审查程序中予以判断，告知上诉机构可以用裁定的方式予以补正。当然，当事人异议的制度也应当在上诉阶段继续存在，一方可以在规定的期限内提出异议，由秘书处负责判断，以减少不必要的案件进入审

---

① CETA，Article 8. 32.

② 肖军．中欧 BIT 的投资者—东道国争端解决机制：基于中加 BIT 与 CETA 的比较分析［J］．西安电子科技大学学报：社会科学版，2015（3）：76 – 85.

③ EVIPA，Article 3. 54.

④ CHARRIS B J P. The Proposed Investment Court System：Does It Really Solve the Problems［J］. Revista Derecho del Estado，2019，42（4）：83 – 115.

理程序。

同时，秘书处还可以对案件的事实、焦点以及关键问题进行整合，将整理后的文件提交给上诉机构的成员，从而能够让他们在有限的时间内抓住案件的焦点，提高上诉机构的运行效率，避免不必要的时间浪费。此外，秘书处还可以采纳泰国、土耳其等国家意见书中的建议，在为上诉机制提供技术支持和后勤支持的同时，充当多边咨询中心，履行相应职能。① 提供国际投资法方面的法律咨询，并协助发展中国家、最不发达国家及中小微企业处理投资争端案件，使其能够更好地准备和处理与国际投资有关的争端，并为其提供代理服务，如提供非诉争议解决服务、协助安排辩护事宜、在争端解决程序期间提供可行建议，以及分享争端解决经验等。

所以在上诉审查程序中，我国的方案可以将主动审查与被动异议相结合，通过设置秘书处的预先审查制度并赋予当事人先决反对的权利形成双轨制，不仅可以增大恶意上诉方的成本，对其起到一定的威慑作用，还可以使当事人谨慎使用上诉权，在抑制其轻率起诉、滥用上诉救济的同时，也有利于节约时间成本。

（二）辨明上诉的裁决效力

在对初审裁决的处理上，维持原判和进行改判是两种比较公认的处理方式，问题就在于上诉机构是否具有发回重审的权力。② WTO 上诉机制出于效率性的考虑认为发回重审并无设置的必要，所以将上诉裁决的效力局限于维持与改判两种，而欧盟在提交的意见书中则认为应当参照国内法院的规定，赋予上诉机构发回重审的权力。③ 一般而言，国内法院对于发回重审的事由规定不一，但无外乎两类情形，即法律程序上出现重大错误而影响当事人权

---

① A/CN. 9/WG. III/WP. 161，摩洛哥政府提交的意见书；A/CN. 9/WG. III/WP. 162，泰国政府提交的意见书；A/CN. 9/WG. III/WP. 164、A/CN. 9/WG. III/WP. 178，哥斯达黎加政府提交的意见书；A/CN. 9/WG. III/WP. 174，土耳其政府提交的意见书；A/CN. 9/WG. III/WP. 179，大韩民国政府提交的意见书。

② 余劲松. 国际投资条约仲裁中投资者与东道国权益保护平衡问题研究［J］. 中国法学，2011（2）：132－143.

③ 欧盟意见书（No. A/CN. 9/WG. III/WP. 159/Add. 1.）第 45 段指出，退回重审是国内法律制度的一个共同特点。它允许上诉法院将案件发回下级法院，以完成对争端的解决。特别是当事实记载不完整，因此上诉法院不能自行处理案件时使用这种做法。提供这样的便利是有效上诉机制的一个可取之处，否则，诉讼当事人需要重新提起诉讼。

利的和事实问题不清有待查明的。在这里，欧盟主要针对的是第二种情况，因为当事人可能只是就部分问题进行上诉，上诉审也只能就相关问题进行审查，那么这势必会导致其无法了解案件事实的全貌，此时上诉机构可能无法作出相应的判断，基于此，欧盟认为发回重审也具有一定的合理性。

欧盟不仅在意见书中提出了这样的观点，而且在 EVIPA 中对该制度进行了具体的规定，但该规定不仅模糊，在很多问题上没有能够解释清楚，而且其必要性也稍显不足。

首先，在直接改判和发回重审两种处理方式针对的情形上，未做详细规定。何时发回重审完全取决于法官的自由裁量权，如不对各自的适用进行限制，就难免会造成处理案件时不能形成统一的标准，有的案件发回重审，有的案件直接改判，最终造成判决之间的混乱局面。同时，发回重审的内容也不甚明了，具体是针对上诉问题发回重审还是将案件整体发回重审，这也容易造成法官在处理案件时无所适从。

其次，在发回重审后，是否由原来的法庭进行审理也是一个问题。上诉法庭要求其“修改裁决以反映上诉法庭的结论”,① 如果采用新的审判人员，则势必要从头开始了解案情，另组的合议庭就会造成司法资源的浪费和效率的低下；如果发回的是原审法庭，但其是否要进行重新审理则尚未可知。此处规定模棱两可，给具体的案件处理也带来了困难。

最后，当事人能否二次上诉，未进行明确规定。如果可以上诉，一个案件所消耗的时间成本将会大量增加，案件在初审法庭和上诉庭之间循环传递、反复审理，这极大地损害了上诉裁决的效率性。如果不能上诉，就如同 EVIPA 所规定的那样，初审法院修改后的判决为最终判决，这实际上变相承认了初审法院的最终决定权，这显然与上诉机制的终局性不符，也间接损害了上诉判决的权威性。②

从本质上看，发回重审并非只是单纯地增加了审理的时间，这样的做法极易造成单个案件的多轮审查，这不仅极大地浪费了司法资源，使整个程序的效率性大打折扣，也为有心之人故意拖延程序提供了可乘之机，随着当事人的耐心被消耗殆尽，仲裁方便灵活的优势也荡然无存。常设上诉仲裁庭的

---

① EVIPA，Article 3.55.

② 宋锡祥，孙琪琦. 从欧盟重视东盟关系审视欧越自贸协定及其对中国的启示［J］. 上海大学学报：社会科学版，2021（4）：65 - 84.

基础仍然是仲裁，为保证其效率价值不被抹杀，应当将维持原判和进行改判作为上诉裁决的结果，而欧盟认为发回重审意欲达到的制度功能，通过赋予上诉机制事实审查权就可以实现。所以，为保证上诉裁决的终局性和权威性，我国的方案应当将上诉结果作为最终的执行依据，不应当赋予上诉机制发回重审的权力。

综上，应当看到，欧盟的方案尚存在许多不足之处，故抛弃仲裁机制的灵活性而全盘采用僵化的司法体系也与我国的改革思路不符。遵循半渐进式半系统式改革，将仲裁的契约性与上诉机制的司法性相结合才是应对 ISDS 正当性危机的中国答案。应当承认的是，我国的投资争端解决实践尚处于起步阶段，急于求成、一味以激进的方式进行变革并非是我国现阶段所需要的。[①] 所以，我国不应贸然接受欧洲方案，在今后的投资协定谈判中更应继续坚持自己的立场，积极吸收欧盟方案中的经验教训，并在关键问题上展现中国的态度，以期拿出更加完善的常设上诉仲裁机制改革方案。

第四节　中国方案在 CAI 和 RCEP 中的适用展望

一、常设上诉仲裁机制在 CAI 中的运用建议

中国所提出的常设上诉仲裁机制改革方案应当与具体的投资条约相结合，抛开具体的条约实践去谈上诉机制无异于纸上谈兵。因此，该机制要想真正发挥作用，就必须运用到实践当中去。目前，虽然 CAI 的谈判已经正式结束，但 ISDS 机制尚未建立，中国应当抓住机会，积极与欧方展开谈判协商，力求在兼顾欧方立场的前提下，坚持我国的主张，将常设上诉仲裁庭的改革方案应用到该协定当中去。

（一）CAI 亟待建立 ISDS 机制

2020 年以来，受新冠病毒感染疫情的冲击，全球经济面临着巨大的挑

---

① 余劲松．投资条约仲裁制度改革的中国选择［J］．法商研究，2022（1）：59－70．

战，单边主义和贸易保护主义也出现了抬头的迹象。在此背景下，CAI 的签署无疑是中欧双方的一次大胆尝试，也给灰暗中的全球经济带来了一抹亮色。同时，这也是我国迄今为止缔结的开放力度最大、规则标准最高的国际经贸协定，对新时期扩大我国制度型开放、全面参与国际经贸规则构建都具有重大的现实意义。①

CAI 是一份高水平的协定。首先，该协定涉及的领域已远超传统的双边投资协定，具有全面性。在市场准入上，除最惠国待遇和国民待遇以外，双方首次采用准入前国民待遇加负面清单模式，更大幅度地削减市场准入壁垒。同时还规定了“棘轮条款”，即大部分的产业领域，未来不得在开放程度上有所倒退。在公平竞争上，双方立足于打造法治化营商环境，并对国有企业竞争中性改革、提升补贴透明度、禁止强迫性技术转让等相关规则提出了新的要求。在可持续发展上，对企业社会责任以及与投资有关的环境、劳工等问题作出了专门规定，还加入了气候方面的承诺。同时，还设置了金融审慎和国家安全例外，并对协定实施和监督也作出了专门的规定。

其次，该协定极具先进性。从传统的双边投资协定更名为“中欧全面投资协定”，意在表明 CAI 是高水平的投资协定，远超传统的 BIT。一方面在传统议题上设置了高标准，细化了相关条款，为中国国内深化经济体制改革、更好地融入国际经贸体系提供了规则支撑；另一方面，在协定中增加了许多新的议题，包括监管合作、国有企业、中小企业、商务便利化等多个议题，具有典范作用，属于新一代投资协定，契合了国际投资发展的趋势。

最后，协定还体现了均衡性。双方将要履行高水平和互惠的市场准入承诺，所有规则都双向适用，并且 CAI 还呼应了双方的核心关切，在很大程度上满足了彼此的核心诉求，也为中欧之间的利益均衡考量作出了制度化、创新性的探索。

不过，现阶段其内容还并不完善，在投资者与国家间争端解决机制上的留白也实为该协定的抱憾之笔。虽然双方承诺在 CAI 签订后两年内就 ISDS 机制作出更加清晰的承诺，但如何反映国际投资法治的发展趋势，对于欧方提出的投资法院制度如何回应，如何平衡双方在国际投资争端解决机制中的不

---

① 石静霞，陈晓霞.《中欧全面投资协定》：我国商签经贸条约的新范式［J］. 国际法研究，2021（5）：80－99.

同利益诉求，从而在中欧双向投资过程中真正服务于投资争端的解决，这些都是需要考虑的问题，可见其创设仍然是一个巨大的挑战。

ISDS 机制对于任何投资协定的作用都是不言而喻的。一方面，争端解决条款是解决纠纷的法律基础。条约固然是在国家之间签订的，不过投资的进行却要靠双方的私人投资者，具体案件的当事人是投资者与东道国，所以平衡二者之间的利益、协调二者的关系就是其基本要求。[①] 争端解决机制对于投资者而言代表着一种权利，当东道国违约时，投资者可以依托投资协定中的争端解决程序获得救济的权利。如果不对 ISDS 机制加以规定，则双方的争端解决便无法可依，最终很可能陷入东道国司法救济的困局之中。从这个角度上来讲，争端解决机制可以为投资者提供一条值得信赖和去政治化的争端解决途径。

另一方面，争端解决条款关乎国际话语权的构建。在国际投资领域，当前的国际竞争早已超越了单纯经济竞争的范畴，进而形成了激烈的制度竞争、规则竞争。一项好的投资争端解决方案不仅给当事人提供了便利，能够促进双方争端便捷、高效和顺利的解决，而且是国家意志的集中体现，为整个投资协定的实施贡献国家力量。而一项设计完善的 ISDS 机制，既能够促进本协定的高效运转，也能够为今后其他国家签订类似协定提供有益的参考和借鉴。如果中欧双方可以在有效沟通的基础上就争端解决条款达成一致，使中国主张得以实现，我国的改革方案才有机会得到更多国家的认可，这对于打破西方对于 ISDS 规则制定话语权的垄断也是至关重要的。

虽然 CAI 中的 ISDS 争端解决机制亟待建立，但中欧双方对于 ISDS 改革的不同意见是其产生分歧的根源所在。CAI 应当求同存异，在认真权衡各自立场后，双方形成制度化的共识，创新现有的国际法规则，在此基础上达成一致才是正确的选择。[②]

（二）中国方案在不同程序阶段的适用

设立常设上诉仲裁庭符合中国利益的选择，我国已逐渐发展为双向投资

① 张皎，李传龙，郑淑琴．中欧投资协定投资者与国家争端解决条款设计：基于条款价值的考量［J］．中国与欧洲，2020（2）：104－123.

② 王彦志．国际投资争端解决机制改革的多元模式与中国选择［J］．中南大学学报：社会科学版，2019（4）：73－82.

大国，这种情况决定了我国必须在保护东道国利益和投资者利益之间寻求平衡。在契约性为主的 ISDS 基础上引入准司法性质的上诉机制加以中和，这不仅契合国际投资仲裁公私混合的特质，也与我国资本输出国与资本输入国的双重身份相符。因此，在 CAI 的谈判中，虽然欧盟在投资法院上具有强硬的立场，但这并不意味着我们就应为了协定的通过而放弃本国方案。正确的做法应是继续坚持设立常设上诉仲裁庭的改革思路，在适用问题上为兼顾欧盟的主张可以稍作妥协，但在大的方针上绝不能苟且屈从，应当找到欧盟可以接受的方案和实现中国主张的平衡点，以推进谈判的顺利进行。

我们也应转变思路，不应过分关注并拘泥于各个国家之间的观点对立，或许应当以当事人为视角来看待问题，双方国家之间的谈判应集中在赋予案件当事人更多的选择权上，而非代替其作出最终的选择。况且，如果将争端解决的方式预先设定为唯一路径，一方面中欧之间意见相左，难以达到真正的协调统一。另一方面也变相剥夺了当事人的选择机会，所以在谈判中应当求同存异，可以在二审中对双方均认可的上诉机制进行统一规定，在分歧较大的初审阶段可以适度地将权利“下放”，遵循“多规定，少限定”的思路，充分尊重当事人的意思自治，由具体案件的投资者和东道国相应的负责人自行协商，共同选用认可的方案。

其实，由当事人或缔约国自主选择争端解决方式并非没有“先例”，无论是在国际公法领域还是在国际经济法领域，这样的做法实际上都是有迹可循的。在国际公法中，根据《联合国海洋法公约》第 287 条第 1 款的规定，缔约国在争端中可以“自由选择”不同的制度安排。他们可以选择将有关的争议提交给国际海洋法法庭、国际法院，也可以根据公约附件七的规定将争议提交到仲裁庭。[①] 另外，在国际经济法中，即使是 WTO 的争端解决机制（DSU），原则上也并非只规定了专家组与上诉机构这一种争端解决方式。DSU 第 25 条确立了“快速仲裁”的具体机制，作为解决争端的一种替代手段。因此，DSU 实际上也在一定程度上给予了当事方争端解决程序的选择权，WTO 仲裁也是一种独立的争端解决方式，可用于成员之间特定问题的争

---

① 《联合国海洋法公约》第 287 条规定，一国在签署、批准或加入本公约时，或在其后任何时间，应有自由用书面声明的方式选择下列一个或一个以上方法，以解决有关本公约的解释或适用的争端：（a）按照附件六设立的国际海洋法法庭；（b）国际法院；（c）按照附件六组成的仲裁法院；（d）按附件七组成的处理其中所列的一类或一类以上争端的特别仲裁法庭。

端解决。赋予当事人自主选择的权利，可以看作一种“单独点菜”①，这样的思路同样可以借鉴到CAI中的ISDS机制中来。

具体而言，在一审阶段，首先，欧盟的投资法院与现存投资仲裁制度同时进行规定，摆脱只规定一种路径的传统思路，使中欧双方的意志都有所体现，在实现我国方案的同时并不否认欧盟的主张；其次，对于应当选用何种方案进行一审，不再进行具体规定，将具体案件的处理和投资条约的规定相分离，将谈判国家和案件的当事人相分离，双方国家在提供选择机会的同时，不再干涉和限定当事人的决定；最后，将选择权赋予当事人，在实践过程中采用“单独点菜”的思路，由具体案件的投资者和东道国负责人进行协商，对法庭模式或者ISDS仲裁模式择一进行适用，选定后便不能更改，也不得重复选择，在当事人意思自治的基础上尽可能地实现机制的兼容性。

另外，虽然当事人在每一个案件中只能选择一种路径，但可以在不同的案件中选择不同的争端处理方式，让当事人因案而定地处理投资争端。从国家固有的改革立场桎梏中摆脱出来，将国家与当事人进行“解绑”，在解放当事人自由意志的基础上又能兼顾中欧双方的改革主张，甚至能够实现机制之间的相互借鉴与良性互动。

同时，还应当考虑，如果将争端解决的选择权赋予当事人，那么在整个争端解决的过程中，应当如何体现国家意志与个案当事人自主选择权之间的关系，这是一个关键性的问题。换言之，在个案中，如果争端解决的程序由当事人协商选择，是否意味着双方的国家同意只能体现在个案当中，双方国家还需要在个案以外就争端解决的程序达成一致吗？这个问题的答案是显而易见的，虽然案件当事人具有选择争端解决程序的自由，但这种自主选择权的授予必须源自双方国家在投资协定中对这种处理方式的认可。

一方面，对于选择将投资仲裁程序作为争端解决机制的双边投资协定而言，毫无疑问，虽然争端解决的主体是投资者与一方缔约国，但投资者的母国和投资的东道国（即BIT的双方缔约国）首先需要在投资协定中达成一致，对未来案件的争端解决方式给出相应的仲裁同意。另一方面，选择投资法院的双方国家，也需要在双边投资协定中作出司法性质的争端解决同意，

① 单独点菜：此处代指当事人可以对投资争端的解决方式有更多的选择。

如 CETA 第 8 章第 25 条，该条款明确表示“被申请人同意法庭按照本节规定的程序解决争议”,[①] EVFTA 中也有类似的规定。[②]

由此看来，中欧双方需要先在协定中对于争端解决的程序达成一致，获得双方的国家同意，当事人被授权后才能在个案中选择争端解决程序。所以，双方的国家同意并不体现在个案中，而体现在国际协定中，国际协定中的双方国家同意在先，个案中当事人的选择权在后。其实，国家同意与当事人对于争端处理方式的选择权是一种授权与被授权的关系。

另外，必须要说明的是，鉴于 ISDS 仲裁模式已拥有比较成熟的体系，而中欧之间尚未建立相应的初审常设投资法庭，为保证当事人的选择权，应当尽快提供法庭模式的机制保障。中欧双方就这一问题也应积极地进行磋商，无论是仲裁模式还是法庭模式，只有保证完善的制度供给，才能真正地使当事人的自治权得以实现，也只有当两种完备的制度建设与当事人的选择权相统一时，才能真正发挥上诉机制在一审程序中的灵活性。完整的中国常设上诉仲裁庭方案流程设想如图 5 –1 所示。

在二审阶段，由于双方的分歧较少，可以进行统一的规定。在坚持上诉机构常设性与多边化的基础上，对于准司法性质的机制而言，应当力求实现案件结果的裁决化，体现仲裁性质，故在形式上应当以模糊的“上诉机构”为宜，不应出现“法庭”等字眼，而这也是为了能够使裁决结果适用《纽约公约》，方便执行。

在上诉的审理原则上，为确保裁决的一致性，可促进事实上先例效力的形成；再者，坚持相对公开的原则，并建立相应的信息披露与法庭之友制度；在裁决的效率性上，应对各个阶段的时间和费用进行明确的规定。此外，对上诉担保和败诉方承担诉讼费用等主张也应进行相应规定。在上诉机构的组成上，应当借鉴新西兰模式，将上诉仲裁小组、上诉仲裁委员会和上诉仲裁庭分立，从机构设置、选任程序和任职资格上进行多方面考虑，从而形成一套具体的规则。

在上诉机制具体运行的关键问题上，需要提出中国的主张。首先，上诉权为双方所共有，并且任何一方均可单独提起上诉；其次，上诉的理由除法

---

① CETA, Article 8. 25.

② EVFTA, Article 15. 5.

律问题外，还应当包括一定范围的事实问题以及程序错误；再次，在上诉审查中应将主动审查与被动异议相结合，设置秘书处的预先审查制度，并赋予当事人先决反对的权利，从而形成双轨制；最后，上诉裁决的结果应仅限于维持原判和进行改判两种，不应当赋予上诉机制发回重审的权力。

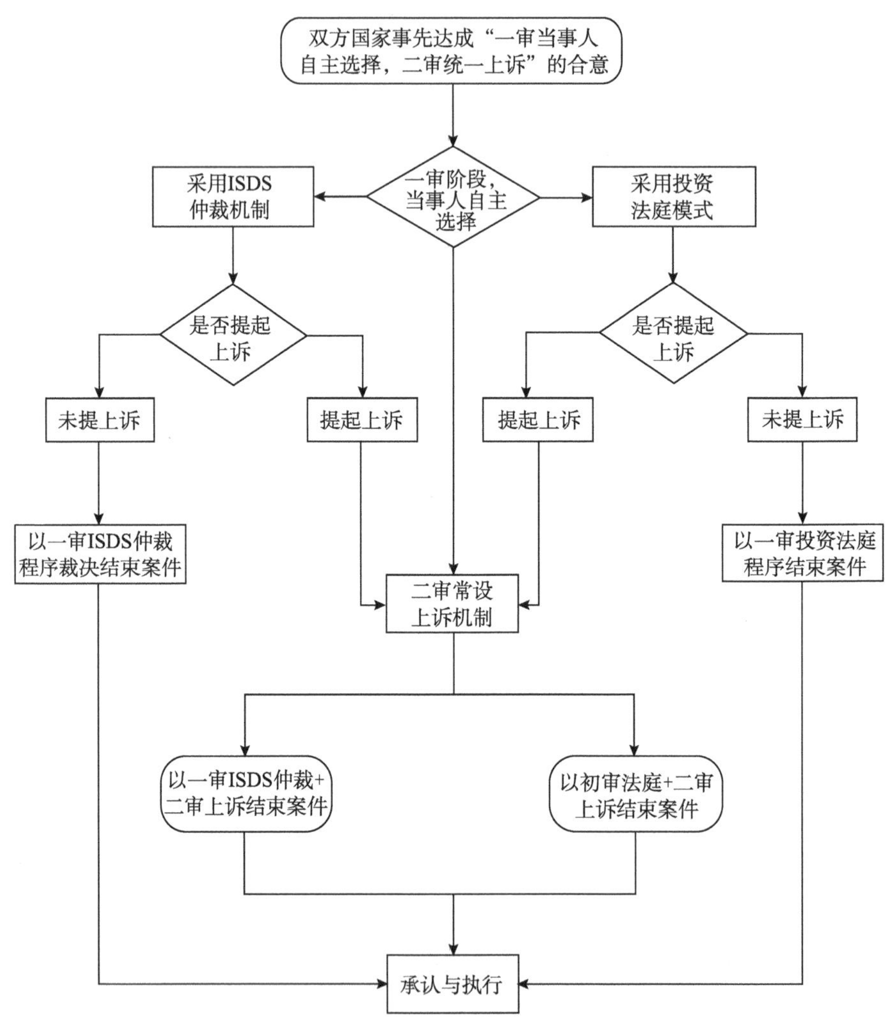

图 5-1　中国常设上诉仲裁庭方案流程设想

就 CAI 中的 ISDS 机制而言，通过一审相对灵活的“二元制”规定与二审常设上诉仲裁庭的统一规定相结合，最终让投资仲裁的渐进式改良与系统式改革相互协调，使该机制焕发出新的活力。从横向看，能让中欧双方最大限度地接受混合式的改革方案，在实现中国主张的基础上兼顾欧方立场，有利于协定 ISDS 机制的顺利谈判；从纵向看，在不同的阶段采取不同的形式，将灵活性与统一性、契约性与司法性相交融，允许两种纠纷解决形式汇聚于常设上诉机构之中，这种伞状或“人字形”的制度架构体现了极大的包容性，[①] 实现了当事人意思自治与国家立场的有效消解，在符合投资仲裁公私混合特性的基础上，促进国际投资法治的发展。

就 CAI 的争端解决机制而言，中国应当如何在维护自身主张的同时促进协定的顺利签署，对于欧盟的立场应当采取何种态度无疑是至关重要的。本书并未将该问题与建立多边化的常设上诉仲裁机制进行混同，在提出“毛里求斯路径”后选择回避问题的解决，也并不主张为了能与欧盟达成一致而放弃我国原有的常设上诉仲裁机制立场，而是试图维系国家间不同立场与具体案件争端解决的平衡。试图探索并找到一条中欧双方都能接受的“第三条道路”，将当事人自主选择的灵活性与上诉机制的一致性统归于中国的改革方案中，以有限的适用妥协换得双方主张的同时实现。

虽然该协定因为政治原因而推迟了签署进程，但这绝不能过度解读为 CAI 的终结。中欧之间因政治原因而冷却 CAI 这一重要的谈判成果，并不符合双方利益，协定的批准虽面临挑战，但前景依然光明。对于欧盟而言，CAI 不仅能在俄乌冲突和新冠病毒感染疫情影响下提振欧洲经济，还是其谋求战略自主的关键一招。对于世界而言，也有利于促进全球经济复苏并鼓励国际资本的自由流动，在保护主义与单边主义的逆流中高举合作共赢的旗帜，也为国际经贸新秩序的构建与国际投资领域的良法善治作出新的贡献。

二、常设上诉仲裁机制在 RCEP 中的运用建议

中国方案巧妙地将仲裁与上诉结合在一起，可以说是创造了一种新型的综合性质的争端解决方式，兼具司法和仲裁的特性，具有独创性。由于 RCEP 中的大部分国家都是《ICSID 公约》的缔约国，所以将 ISDS 机制纳入

---

① SCHIL S W，VIDIGAL G. Designing Investment Dispute Settlement a la Carte：Insights from Comparative Institutional Design Analysis [J]. Law & Practice of International Courts and Tribunals，2019，18 (3)：314 - 344.

到该协定当中是具有可能性的。只要处理得当，可以允许部分成员国放弃投资仲裁条款，作出相应的灵活性安排，在此基础上建立常设上诉仲裁程序也并非不可行。在 RCEP 中，将契约性与司法性相结合，并糅合仲裁与司法元素，“仲裁 + 上诉”这种全新的综合性争端解决机制很可能从设想变为现实。

（一）RCEP 中 ISDS 机制的缺位

中国方案的具体运用并不应当仅仅寄托在 CAI，但因为中欧双方在 ISDS 机制改革中具有不同的立场，两种方案使 CAI 中投资者与国家之间的争端解决机制前景扑朔迷离，是矛盾的改革思路让这个问题显得格外醒目，对其进行探讨也就迫在眉睫。但与 CAI 一样，在 2022 年生效的 RCEP 也并未规定 ISDS 机制。① 不仅 CAI 可以作为 ISDS 改革中国方案的“练兵场”，RCEP 也可以作为中国方案具体适用的“试验田”，甚至相比 CAI 囿于双边协定的现实，RCEP 作为区域化的多边协定，更容易将中国主张的多边常设上诉仲裁庭变为现实，让这种综合性质的争端解决方式焕发出不一样的生机。

RCEP 的达成经历了八年的艰苦谈判，该协定的正式达成标志着当前世界上人口最多、经贸规模最大、最具发展潜力的自由贸易区正式启航。同时，RCEP 秉持着开放、包容、互惠的贸易理念，给多边贸易规则的构建注入了新的动力，对全球贸易和国际经济的复苏也打入了一针“强心剂”。总体而言，RCEP 一方面平衡了各方的利益，另一方面也在促进贸易自由化和多边规则的构建上作出了新的贡献，具有重大的进步意义。

该协定不仅涵盖范围大，而且贸易和投资的承诺都要显著高于原有的“10 + 1”自贸协定，质量极高。RCEP 秉持着包容开放的原则，还将包容性与灵活性相统一，由于成员间的经济结构、发展水平、规模体量等差异巨大，因此协议最大限度地兼顾各方的诉求，达成一个包容、灵活、互惠互利的自贸协定，以求不同经济发展水平的国家和经济体都能从中受益。

最重要的是以发展中国家为主导，该协定充分体现了 RCEP 的东盟特色和以发展国家为核心的价值追求，也彰显了合作共赢、打造“亚太共同体”的发展理念。在 WTO 多边贸易谈判受阻的情况下，与发达国家所主导的

---

① 赵玉意，董子晖．RCEP 投资争端解决机制的选项及中国的政策选择［J］．国际贸易，2022（8）：79－88.

《全面与进步跨太平洋伙伴关系协定》（Comprehensive Progressive Trans - Pacific Partnership，CPTPP）相比，亚太地区 RCEP 的横空出世也表明了发展中国家在经济全球化浪潮中的声音和主张，是发展中国家国际经济话语权的集中体现。这也为广大发展中国家发展经济、摆脱贫困提供了新的选择，提出了独树一帜的“亚洲方案”，为全球经济治理贡献了“亚洲智慧”。

然而，RCEP 中的投资者与国家间争端解决机制却规定在 RCEP 生效之后的两年内开始讨论该机制，但最终并未达成一致意见。这主要是基于以下两点考虑：一方面，该协定成员众多，经济实力差距较大，法律制度、文化传统各异，不同的利益诉求纠葛不清。不仅内部各成员之间的投资协定错综复杂，ISDS 机制安排有所差异，而且在缔约方与 RCEP 之外国家签订的投资协定中，ISDS 机制也呈现出碎片化的特点。如越南在 EVFTA 中赞同了投资法院模式，而在 CPTPP 中却采取了仲裁模式，这说明 RCEP 的缔约方在对待 ISDS 机制的问题上没有形成统一的立场，对 ISDS 机制的态度也呈现出明显的碎片化甚至是不确定的状态。

另一方面，部分 RCEP 成员方在投资仲裁机制下遭受过不公正对待，得到了不利结果，如印度尼西亚和印度，明确表示不愿意建立 ISDS 机制，二者曾多次单方面终止 BIT 谈判。① 印度尼西亚在提交给联合国贸法会第三工作组的意见书中，② 甚至提出建立一种调解与监察员机制，意在限制、取代现行的 ISDS 机制，这些反对意见也是导致 RCEP 成员国将该问题搁置的一部分原因。

不过从现实情况分析，RCEP 中发展中国家占大多数，只有建立一套公正合理的 ISDS 机制，才能保护其作为东道国的利益。而随着 RCEP 协议的生效，区域内国家与投资者之间的经贸联系愈发密切，ISDS 机制的缺位会给区域内的国际投资留下隐患，不利于相互之间的投资合作。为促进 RCEP 投资者与国家之间投资争端的公正解决，也为区域内国际投资提供制度保障，建立 ISDS 机制的必然性、重要性与紧迫性日益凸显，该机制在 RCEP 中只能“短暂缺位”，不能“永远缺席”。

---

① 印度尼西亚在 2014 至 2015 年间单方面终止了 18 个 BIT，2019 年印度终止了 7 个 BIT。数据来源：赵玉意，董子晖. RCEP 投资争端解决机制的选项及中国的政策选择［J］. 国际贸易，2022（8）：79 - 88.

② 印度尼西亚政府递交联合国贸法会的意见书，A/CN. 9/WG. III/WP. 156.

（二）在 RCEP 中引入常设上诉仲裁庭的灵活性安排

那么，在 RCEP 中建立 ISDS 机制的命运将何去何从？中国方案主张建立的常设上诉仲裁机制有没有可能在 RCEP 中得以应用呢？这是有可能的，且常设上诉仲裁庭的建立可能会成为其 ISDS 机制建立的三大趋势之一。

第一，该协定将继续采用 ICSID 解决争端。不可否认的是，当前的投资仲裁模式出现了一些问题，但 ICSID 仍是目前主流的国际投资争议仲裁机构。况且，大部分 RCEP 成员国都已经加入了《ICSID 公约》，具有适用的基础。在 RCEP 中虽有反对声音，但中国、日本、韩国三国在 2015 年谈判中明确支持将 ISDS 机制纳入到协定当中去，而澳大利亚所签订的自贸协定中也基本都包含 ISDS 条款，并且还能积极参与投资仲裁的改革工作，可以预见到的是，澳大利亚并不会排斥 ISDS 机制。所以，就目前的形势而言，虽然东盟并未就该问题明确表态，但主要大国已经对建立 ISDS 机制达成了一致，将投资者与国家之间的争端解决机制纳入该协定已经是大势所趋。

第二，RCEP 可以允许部分成员承诺放弃投资仲裁条款。除前文所提到的印度尼西亚明确排斥 ISDS 机制外，新西兰也是强力的反对国之一，虽然其目前在 CPTPP 与中新 FTA 都适用了 ISDS 机制，但该国外交与贸易部明确表示，反对将 ISDS 机制纳入到未来的自贸协定谈判当中去。即使是在 CPTPP 中，新西兰与澳大利亚也通过签署互惠协定的方式规定 ISDS 机制不在两国之间进行适用。

面对少数国家的强烈反对，如果还遵循 ISDS 机制在 RCEP 中进行统一适用的做法，未免有些“强人所难”、不切实际。与之相类似的情况也曾发生于 USMCA 中，加拿大最终没有与其余两国就该问题达成一致，故 USMCA 仅就美国与墨西哥之间的投资争端进行了规定，纳入了 ISDS 机制。而对于加拿大、美国之间的私人投资者与国家投资争端，该协定并未作出安排，在加拿大、墨西哥之间也同样保持了缄默。不过由于三国还是《ICSID 公约》的缔约国，其争端解决还可以根据具体案情，将个案提交于 ICSID 进行仲裁，或回归东道国进行救济。①

---

① 张庆麟，钟俐．析《美墨加协定》之 ISDS 机制的改革：以东道国规制权为视角［J］．中南大学学报：社会科学版，2019（7）：41－50.

相比于之前经贸协定对于 ISDS 机制的“一刀切”模式，USMCA 的处理方式显然更加灵活。一方面使认可 ISDS 机制的国家得偿所愿，在特定的范围内适用该机制；另一方面也能兼顾各方利益，不再强求统一规定，遵循缔约方的意思表示，灵活处理这一争议较大的问题，避免当事方陷入谈判僵局之中。双方各取所需，这其实是一种新的路径。

对于那些未加入 ICSID 的成员和坚决排斥投资仲裁机制的成员国，RCEP 完全可以借鉴 USMCA 中加拿大的做法，协商排除 ICSID 机制的适用，允许持反对意见的国家排除适用该机制，仅在其余成员国之间进行适用。这样做可以大大减轻 ISDS 机制纳入 RCEP 的谈判负担，既尊重了少数国家的意志，使这些国家可以作出单独安排，也兼顾了大多数国家适用 ISDS 机制的现实需求，使 RCEP 中的 ISDS 机制不再缺位。“部分适用和灵活安排”的思路将缔约国进行合理分类，在极具包容性与灵活性的协议特质下，平衡各方利益，兼顾各方诉求，这样的适用方式不失为一种“折中”的处理方案。

第三，将建立常设上诉仲裁庭，形成综合性质的争端解决机制。早在 2015 年的谈判过程中，中国、日本、韩国就提出了包括建立上诉机制在内的 ISDS 机制。另外，中澳 FIA 也就上诉机制的建立达成了一致意见。[①] 可见，在 RCEP 内部的一些主要国家已经就该机制的建立达成了共识，故中国方案有望得到实际运用。

这里必须要强调的是，在 RCEP 中，ISDS 机制项下的上诉仲裁程序不应是一个强制性的机制，但建议将其作为一种默认性的机制加以适用，缔约国如果不适用该机制，应当事先达成合意或作出声明。一审同意适用 ISDS 机制的国家，有权明确约定统一排除上诉仲裁机制的适用或者排除其在某些个案中的适用，将 ISDS 机制与上诉仲裁解绑，允许缔约国整体或部分排除上诉仲裁机制。

为了促进上诉仲裁庭的有效适用，使其发挥更大的作用，建议 RCEP 采用“opt - out”模式，即“明示排除，默示同意”。如果缔约方对此不进行约定，则默认争端的双方当事人均有权提起上诉。这样做一方面有利于推进上诉仲裁庭的运转，实现我国的改革主张；另一方面也给予了其他国家选择适用的自由，将尊重缔约国意志的灵活性与构建上诉仲裁机制的先进性相结合，

① 范巾姝．RCEP 投资争端解决机制构建研究［J］．对外经贸实务，2022（10）：43 - 47.

以达到公正、高效解决投资争端的目的。

第四，推动常设上诉仲裁庭的构建和 RCEP 的生效必将促进中国制度型的对外开放，提高我国在全球经济治理体系改革中的话语权，并助力国际国内双循环格局的建设。另外，我国还应积极向联合国贸法会第三工作组提交更加详细的改革方案，对常设上诉仲裁庭的主张提出更加细致的规定。① 所以，我们更应坚定信念，持续不断地推进 CAI 和 RCEP 中争端解决机制的谈判，为中国主张的实现凝心聚力。

① 漆彤. 中国国际投资仲裁常设论坛年度报告（2020—2021）［M］. 北京：法律出版社，2022：134 - 146.

参考文献

一、中文类

（一）著作类

[1] 漆彤. 中国国际投资仲裁常设论坛年度报告（2020—2021）[M]. 北京：法律出版社，2022.

[2] 余劲松. 国际投资法 [M]. 6 版. 北京：法律出版社，2022.

[3] 高峰. 国际投资仲裁机制之改革路径研究 [M]. 武汉：华中科技大学出版社，2021.

[4] 龚柏华，伍穗龙. 涉华投资者—东道国仲裁案述评 [M]. 上海：上海人民出版社，2020.

[5] 董静然. 欧盟新型国际投资规则法律问题研究 [M]. 北京：中国政法大学出版社，2019.

[6] 张庆麟. 国际投资法：实践与评析 [M]. 武汉：武汉大学出版社，2017.

[7] 陈安. 国际经济法学新论 [M]. 4 版. 北京：高等教育出版社，2017.

[8] 肖军. 规制冲突裁决的国际投资仲裁改革研究：以管辖权问题为核心 [M]. 北京：中国社会科学出版社，2017.

[9] 丁夏. 国际投资仲裁中的裁判法理研究 [M]. 北京：中国政法大学出版社，2017.

[10] 曾华群，余劲松. 促进与保护我国海外投资法制 [M]. 北京：北京大学出版社，2017.

[11] 张建军. 国际投资协定之透明度规则研究 [M]. 北京：中国社会科学出版社，2016.

[12] 万猛. 国际投资争端解决中心案例导读 [M]. 北京：法律出版社，2015.

[13] 单文华，娜拉 - 伽拉赫. 中外投资条约研究 [M]. 魏艳茹，李庆灵，译. 北京：法律出版社，2015.

[14] 王辉耀. 中国企业全球化报告 [M]. 北京：社会科学文献出版社，2015.

[15] 多尔查，朔尹尔．国际投资法原则［M］．原书2版．祁欢，施进，译．北京：中国政法大学出版社，2014.
[16] 辛宪章．国际投资争端解决机制研究［M］．大连：东北财经大学出版社，2014.
[17] 闫长乐．国有企业改革与发展研究［M］．北京：中国经济出版社，2012.
[18] 全小莲．WTO 透明度规则研究［M］．厦门：厦门大学出版社，2012.
[19] 姚梅镇．国际投资法［M］．武汉：武汉大学出版社，2011.
[20] 梁咏．中国投资者海外投资法律保障与风险防范［M］．北京：法律出版社，2010.
[21] 李俊江．外国国有企业改革研究［M］．北京：经济科学出版社，2010.
[22] 任明艳．国际商事仲裁中临时性保全措施研究［M］．上海：上海交通大学出版社，2010.
[23] 梁丹妮．《北美自由贸易协定》投资争端仲裁机制研究［M］．北京：法律出版社 2007.
[24] 李浩培．条约法概论［M］．北京：法律出版社，2003.
[25] 刘笋．国际投资保护的国际法制：若干重要法律问题研究［M］．北京：法律出版社，2002.
[26] 陈安．国际投资争端仲裁："解决投资争端国际中心"机制研究［M］．上海：复旦大学出版社，2001.
[27] 陈安．国际投资争端案例精选［M］．上海：复旦大学出版社，2001.

（二）学位论文

[28] 李庆庆．国际投资仲裁第三方资助披露法律问题研究［D］．上海：华东政法大学，2023.
[29] 魏德红．投资者—国家争端解决（ISDS）机制转型研究［D］．长春：吉林大学，2020.
[30] 肖灵敏．投资者与东道国争端解决机制的改革模式研究［D］．上海：华东政法大学，2019.
[31] 马阳阳．拉美地区国际投资仲裁法律问题研究［D］．北京：外交学院，2019.
[32] 丁晓雨．ISDS 上诉机制的构建问题研究［D］．北京：对外经贸大学，2018.
[33] 丁美玲．论国际商事仲裁中的第三方出资及其规制［D］．合肥：安徽大学，2017.
[34] 刘旭琰．国际仲裁费用制度研究：以第三方资助为视角［D］．北京：对外经济贸易大学，2017.
[35] 毛宏辉．国际仲裁中的第三方资助研究［D］．南昌：江西财经大学，2017.
[36] 田媛．第三方资助对国际仲裁程序的影响及规制建议［D］．北京：中国政法大学，2017.

[37] 张自强. 第三方资助仲裁问题研究 [D]. 大连：大连海事大学，2017.
[38] 王宁. 试论我国紧急仲裁员制度的完善 [D]. 宁波：宁波大学，2017.
[39] 杨帅. 论国际商事仲裁中的临时措施 [D]. 北京：外交学院，2017.
[40] 白心虹. 第三方资助国际投资仲裁法律规制研究 [D]. 合肥：安徽财经大学，2016.
[41] 巢天飞. 论紧急仲裁员决定的适用及可强制执行性 [D]. 长春：吉林大学，2016.
[42] 郭益智. 论国际商事仲裁临时措施的执行 [D]. 上海：华东政法大学，2016.
[43] 王雨. 国际商事仲裁紧急仲裁员制度研究 [D]. 重庆：西南政法大学，2016.
[44] 袁绍举. 国际投资仲裁程序中最惠国待遇条款问题研究 [D]. 北京：外交学院，2016.
[45] 邹晓乔. 国际商事仲裁中的临时措施域外执行 [D]. 武汉：武汉大学，2016.
[46] 刘晓沄. TPP 国有企业条款对中国国有投资者境外投资的影响 [D]. 北京：中国青年政治学院，2016.
[47] 方媛. 国际投资仲裁机制改革研究 [D]. 兰州：甘肃政法学院，2015.
[48] 林骥. 论国际商事仲裁中的紧急仲裁员制度 [D]. 上海：华东政法大学，2015.
[49] 苏裴裴. 论我国商事仲裁中紧急仲裁员制度的完善 [D]. 北京：北京外国语大学，2015.
[50] 张丹. 论国际商事仲裁紧急仲裁员制度 [D]. 大连：大连海事大学，2015.
[51] 邱家骏. 论中国国有企业在国际投资争议解决中心仲裁中的投资者地位 [D]. 北京：北京外国语大学，2015.
[52] 施君怡. 国际商事仲裁中紧急仲裁员程序的价值研究 [D]. 上海：华东政法大学，2014.
[53] 王路路. 最惠国待遇条款在国际投资法领域的新发展研究 [D]. 北京：中国社会科学院研究生院，2014.
[54] 程雪梅. 第三方诉讼融资制度研究 [D]. 重庆：西南政法大学，2014.
[55] 陈冰. 美国投资仲裁中的公平公正待遇标准研究 [D]. 重庆：西南政法大学，2014.
[56] 罗熳. 国际投资仲裁中透明度问题研究 [D]. 武汉：华中科技大学，2013.
[57] 黄志瑾. 中国国有投资者境外投资法律问题研究 [D]. 上海：华东政法大学，2013.
[58] 王鹏宇. ICSID 仲裁机制存在的问题与对策研究 [D]. 沈阳：辽宁大学，2013.
[59] 王海梅. 国际投资仲裁中的第三方参与法律问题研究 [D]. 南宁：广西大学，2011.
[60] 赵丽. 论最惠国待遇条款在 ICSID 仲裁中的扩大适用 [D]. 北京：中国政法大学，2011.

[61] 刘京莲. 阿根廷国际投资仲裁危机的法理与实践研究：兼论对中国的启示 [D]. 厦门：厦门大学，2008.

（三）期刊类

[62] 吴一鸣. 香港第三方资助仲裁制度及其对《仲裁法》修订的启示 [J]. 国际商务研究，2024，45（1）：56－67.

[63] 曹杨洋. 我国国际仲裁第三方资助制度研究 [J]. 市场瞭望，2023（24）：73－75.

[64] 沈健，赵心铭. 论第三方资助商事仲裁中的保密原则内涵：从董勒成等与国银飞机租赁有限公司案切入 [J]. 商事仲裁与调解，2023（6）：7－23.

[65] 余劲松. 投资条约仲裁制度改革的中国选择 [J]. 法商研究，2022，39（1）：59－70.

[66] 欧继伟，陶立峰. 欧盟投资仲裁上诉审查范围提案与中国因应 [J]. 国际经济法学刊，2022（3）：116－125.

[67] 赵玉意，董子晖. RCEP 投资争端解决机制的选项及中国的政策选择 [J]. 国际贸易，2022（8）：79－88.

[68] 范巾姝. RCEP 投资争端解决机制构建研究 [J]. 对外经贸实务，2022（10）：43－47.

[69] 靳也. 投资者—国家争端解决机制改革的路径分化与中国应对策略研究 [J]. 河北法学，2021，39（7）：142－158.

[70] 顾天杰. 国际投资争端解决机制改革：守正、创新与多元生态 [J]. 商事仲裁与调解，2021（6）：105－122.

[71] 漆彤，方镇邦. 投资者与东道国争端解决上诉机制改革的分歧与展望：一个文献综述 [J]. 国际商务研究，2021（6）：60－73.

[72] 汪蓓. 论承认与执行国际投资仲裁裁决面临的挑战与出路：基于上诉机制改革的分析 [J]. 政法论丛，2021（5）：151－160.

[73] 石静霞，陈晓霞. 中欧全面投资协定：我国商签经贸条约的新范式 [J]. 国际法研究，2021（5）：80－99.

[74] 刘瑛. WTO 临时上诉仲裁机制：性质、困境和前景 [J]. 社会科学辑刊，2021（4）：80－89，215.

[75] 宋锡祥，孙琪琦. 从欧盟重视东盟关系审视欧越自贸协定及其对中国的启示 [J]. 上海大学学报：社会科学版，2021，38（4）：65－84.

[76] 胡加祥. 从 WTO 争端解决程序看《多方临时上诉仲裁安排》的可执行性 [J]. 国际经贸探索，2021，37（2）：99－112.

[77] 秦晓静. 设立投资仲裁上诉机制的路径选择 [J]. 政治与法律，2021（2）：

126－138.

［78］肖军. 论投资者—东道国争端解决机制改革分歧的弥合进路［J］. 国际经济法学刊，2021（2）：84－97.

［79］杜玉琼，黄子淋. 国际投资仲裁上诉机制构建的再审思［J］. 四川师范大学学报：社会科学版，2021（1）：97－104.

［80］张皎，李传龙，郑淑琴. 中欧投资协定投资者与国家争端解决条款设计：基于条款价值的考量［J］. 欧洲研究，2020，38（02）：7－8，104－123.

［81］石静霞. WTO《多方临时上诉仲裁安排》：基于仲裁的上诉替代［J］. 法学研究，2020，42（6）：167－185.

［82］梁丹妮，戴蕾. 国际投资仲裁上诉机制可行性研究［J］. 武大国际法评论，2020（6）：98－118.

［83］肖威. ISDS 机制变革的根源、趋势及中国方案［J］. 法治现代化研究，2020，4（5）：159－173.

［84］沈超. 我国投资仲裁上诉机制构建探析：以北仲投资仲裁上诉机制为例［J］. 北京仲裁，2020（4）：177－195.

［85］刘瑛，朱竹露. ISDS 变革之常设上诉机制：困境、价值与路径选择［J］. 法治社会，2020（5）：23－35.

［86］王学东. 从《北美自由贸易协定》到《美墨加协定》：缘起、发展、争论与替代［J］. 拉丁美洲研究，2019，41（1）：1－22，155.

［87］王彦志. 国际投资争端解决机制改革的多元模式与中国选择［J］. 中南大学学报：社会科学版，2019，25（04）：73－82.

［88］孙珺，吴风雨. 全球治理体制变革中欧盟 ISDS 机制革新评析［J］. 西部法学评论，2019（5）：63－72.

［89］邓婷婷. 欧盟多边投资法院：动因、可行性及挑战［J］. 中南大学学报：社会科学版，2019（4）：62－72.

［90］唐海涛，邓瑞平. 欧盟模式 ISDS 上诉机制：革新与兼容性论析［J］. 湖北社会科学，2019（9）：154－162.

［91］陶立峰. 投资者与国家争端解决机制的变革发展及中国的选择［J］. 当代法学，2019（6）：37－49.

［92］汪梅清，吴岚. 欧盟主导的投资法庭上诉机制及其对中欧投资争端解决机制的借鉴意义［J］. 国际商务研究，2019（6）：71－80.

［93］张庆麟，钟俐. 析《美墨加协定》之 ISDS 机制的改革：以东道国规制权为视角［J］. 中南大学学报：社会科学版，2019，25（4）：41－50.

［94］王军杰. ICSID 上诉机制建构的法理基础及制度选择［J］. 国际法学，2019（2）：

150 - 155.
[95] 李凤宁，李明义. 从裁决不一致性论国际投资仲裁上诉机制 [J]. 政法学刊，2018 (2)：49 - 56.
[96] 石静霞，孙英哲. 国际投资协定新发展及中国借鉴：基于 CETA 投资章节的分析 [J]. 国际法研究，2018 (2)：21 - 39.
[97] 邓婷婷. 中欧双边投资条约中的投资者—国家争端解决机制：以欧盟投资法庭制度为视角 [J]. 政治与法律，2017 (4)：99 - 111.
[98] 龚柏华，朱嘉程. 国际投资仲裁机制的问题与改革建议 [J]. 上海法学研究集刊，2019 (17)：105 - 113.
[99] 覃华平. 国际仲裁中的第三方资助：问题与规制 [J]. 中国政法大学学报，2018，(1)：54 - 66，207.
[100] 王成杰. 浅议国际仲裁第三方资助中的利益冲突问题 [J]. 法制与社会，2018，(3)：96 - 97.
[101] 陈霄. 论 HKIAC 仲裁规则中的紧急仲裁员程序 [J]. 法制与经济，2018 (3)：180 - 182.
[102] 杨家华. 国际商事仲裁紧急救济措施的域外执行初探 [J]. 对外经贸实务，2018 (1)：46 - 49.
[103] 张生. 国际投资仲裁中的紧急仲裁员制度：适用及困境 [J]. 西安交通大学学报：社会科学版，2018 (4)：89 - 96.
[104] 衣淑玲. 欧盟 FTA 国际投资争端上诉仲裁庭运作之前瞻性探析 [J]. 烟台大学学报：哲学社会科学版，2018 (1)：33 - 45.
[105] 李连君. 关于中国香港及英国第三方资助仲裁的最新发展及对海事仲裁的影响 [J]. 中国海商法研究，2017 (4)：103 - 109.
[106] 史晴霞. 国际仲裁中第三方资助问题研究 [J]. 法大研究生，2017 (2)：445 - 460.
[107] 肖芳. 国际投资仲裁第三方资助的规制困境与出路：以国际投资仲裁“正当性危机”及其改革为背景 [J]. 政法论坛，2017 (6)：69 - 83.
[108] 徐树. 国际投资仲裁中滥诉防范机制的构建 [J]. 法学，2017 (5)：152 - 165.
[109] 张轩. 国际仲裁中第三方资助案件下仲裁费用分配问题研究 [J]. 智库时代，2017 (10)：1 - 3.
[110] 刘晓红，袁小珺. 国际投资仲裁第三方参与问题研究 [J]. 上海对外经贸大学学报，2017 (3)：17 - 29.
[111] 陈丹艳. 附期限当地救济条款的解释新路径阐析 [J]. 武大国际法评论，2017 (2)：144 - 157.

［112］陈华忍．瑞典 SCC 最新仲裁规则评析［J］．东南司法评论，2017（1）：547－556.
［113］陈潇．国际投资仲裁中紧急仲裁员制度研究［J］．北京仲裁，2017（4）：148－165.
［114］何定宇．紧急仲裁制度下临时措施的可执行性研究［J］．法制博览，2017（6）：125－126.
［115］张建．对无默契仲裁管辖权正当性的反思：以中国参与国际投资争议解决的实践为视角［J］．西部法学评论，2017（5）：110－118.
［116］刘雪红．论国有企业私人投资者身份认定及启示：以 ICSID 仲裁申请人资格为视角［J］．上海对外经贸大学学报，2017（3）：5－16.
［117］张庆麟．欧盟 ISDS 机制改革实践评析［J］．欧洲法律评论，2017，2（00）：1－28.
［118］张庆麟，黄春怡．简评欧盟 TTIP 投资章节草案的 ISDS 机制［J］．时代法学，2016，14（2）：92－98.
［119］陈治群．关于国际投资仲裁第三方参与制度的思考［J］．法制与社会，2016（8）：29－30.
［120］丁汉韬．论第三方出资下商事仲裁披露义务规则之完善［J］．武大国际法评论，2016（2）：220－235.
［121］黄鹂．域外第三人诉讼资助制度的发展［J］．理论界，2016（10）：48－62.
［122］应晓，张建．刍议国际投资仲裁第三方融资披露问题［J］．吉林工商学院学报，2016（4）：98－102.
［123］张建，张蓓蓓．国际商事仲裁第三方资助的费用分摊问题：基于 Essar 诉 Norscot 案的分析［J］．荆楚学刊，2016（6）：75－79.
［124］黄世席．欧盟国际投资仲裁法庭制度的缘起与因应［J］．法商研究，2016，33（4）：162－172.
［125］陈治群．关于国际投资仲裁第三方参与制度的思考［J］．法制与社会，2016（8）：29－30.
［126］张碧江．浅论国际投资争端仲裁机制的透明度：以 TPP 透明度规则为例［J］．中外企业家，2016（7）：234－236.
［127］吴嘉珽．国际投资仲裁透明度［J］．商，2016（1）：238.
［128］林强．紧急仲裁员裁判执行机制问题研究［J］．北京仲裁，2016（4）：158－179.
［129］连俊雅．国际商事仲裁中紧急仲裁员的决定的执行性问题研究［J］．商事仲裁，2016（1）：74－85.
［130］邵玉婷．紧急仲裁员决定的强制执行性问题之探讨［J］．北京仲裁，2016（1）：108－126.
［131］张量，郑方．紧急仲裁员制度的国际经验及其对我国的启示［J］．中财法律评论，2016（1）：257－282.

[132] 黄世席. 欧盟国际投资仲裁法庭制度的缘起与因应 [J]. 法商研究，2016 (4)：162 - 172.

[133] 肖军. 中欧 BIT 的投资者—东道国争端解决机制：基于中加 BIT 与 CETA 的比较分析 [J]. 西安电子科技大学学报：社会科学版，2015，25 (2)：76 - 85.

[134] 章曦. 论国际仲裁中的第三方融资及投资人的自我监管 [J]. 北京仲裁，2015 (3)：111 - 125.

[135] 石慧. 美国投资协定范本实体透明度规定的可接受性分析 [J]. 时代法学，2015 (6)：106 - 112.

[136] 强之恒. 人本化对 TPP 谈判中国际投资仲裁机制设计的影响 [J]. 国际经贸探索，2015，31 (9)：106 - 120.

[137] 周园. 国际投资仲裁中法庭之友制度的新发展 [J]. 东方法学，2015 (4)：90 - 98.

[138] 黄德明，杨帆. 试析欧盟各机构对 ISDS 机制的态度及对中欧投资谈判的影响 [J]. 东北农业大学学报：社会科学版，2015 (3)：39 - 45.

[139] 傅攀峰. 论 ICC 仲裁规则中的紧急仲裁员制度 [J]. 北京仲裁，2015 (1)：47 - 62.

[140] 朱明新. 最惠国待遇条款适用投资争端解决程序的表象与实质：基于条约解释的视角 [J]. 法商研究，2015 (3)：171 - 183.

[141] 韩宝庆. ICSID 仲裁解决对外承包工程争议的可行性分析：以北京城建集团诉也门共和国案为例 [J]. 国际贸易问题，2015 (7)：168 - 176.

[142] 肖军. 建立国际投资仲裁上诉机制的可行性研究：从中美双边投资条约谈判说起 [J]. 法商研究，2015 (2)：166 - 174.

[143] 屠新泉，徐林鹏，杨幸幸. 国有企业相关国际规则的新发展及中国对策 [J]. 亚太经济，2015 (2)：45 - 49.

[144] 程雪梅. 第三方诉讼融资效力、发展及对我国的启示 [J]. 学术界，2014 (4)：211 - 217，311.

[145] 郭华春. 第三方资助国际投资仲裁之滥诉风险与防治 [J]. 国际经济法学刊，2014 (2)：85 - 97.

[146] 赵骏. 国际投资仲裁中“投资”定义的张力和影响 [J]. 现代法学，2014，36 (3)：161 - 174.

[147] 袁杜娟. 上海自贸区仲裁纠纷解决机制的探索与创新 [J]. 法学，2014 (9)：28 - 34.

[148] 朱敏. 论最惠国待遇条款与国际投资仲裁前置程序的规避：以 ICSID 仲裁案例为研究对象 [J]. 商事仲裁，2014 (1)：28 - 38.

[149] 孔庆江. 中美 BIT 谈判中的国家主导经济议题研究及我国的对策 [J]. 政法论坛, 2014, 32 (6): 37-47.

[150] 韩秀丽. 再论卡尔沃主义的复活：投资者国家争端解决视角 [J]. 现代法学, 2014 (1): 121-135.

[151] 徐树. 国际投资仲裁的第三方出资及其规制 [J]. 北京仲裁, 2013 (2): 39-50.

[152] 叶楠. 论美国投资条约中的透明度规则及其对我国的启示 [J]. 北京工商大学学报：社会科学版, 2013, 28 (6): 109-116.

[153] 张梦醒. 投资者与国家仲裁机制中的透明度问题研究 [J]. 法制博览：中旬刊, 2013 (9): 98-99.

[154] 房沫. 仲裁庭组成前的临时救济措施：以新加坡国际仲裁中心仲裁规则为视角 [J]. 社会科学家, 2013 (6): 110-114.

[155] 黄世席. 国际投资仲裁中最惠国待遇条款的适用和管辖权的新发展 [J]. 法律科学：西北政法大学学报, 2013 (2): 177-185.

[156] 刘颖, 封筠. 国际投资争端中最惠国待遇条款适用范围的扩展：由实体性问题向程序性问题的转变 [J]. 法学评论, 2013, 31 (4): 45-51.

[157] 王淑敏. 国际投资中"外国政府控制的交易"之法律问题研究：由"三一集团诉奥巴马案"引发的思考 [J]. 法商研究, 2013, 30 (5): 102-111.

[158] 周园. 试论 ICSID 语境下的适格投资者 [J]. 时代法学, 2013, 11 (4): 113-121.

[159] 赵学清, 温寒. 欧美竞争中立政策对我国国有企业影响研究 [J]. 河北法学, 2013, 31 (1): 33-37.

[160] 黄月明. ICSID 仲裁庭扩大管辖权的途径及其应对：从"谢业深案"切入 [J]. 华东政法大学学报, 2013 (5): 64-75.

[161] 于健龙. 论国际投资仲裁的透明度原则 [J]. 暨南学报：哲学社会科学版, 2012, 34 (9): 63-69.

[162] 梁丹妮. 国际投资条约最惠国待遇条款适用问题研究：以"伊佳兰公司诉中国案"为中心的分析 [J]. 法商研究, 2012 (2): 98-103.

[163] 焦海涛. 国有企业的立法定位：以国有企业职能为视角 [J]. 法治研究, 2012 (10): 59-65.

[164] 本尼迪克特·金斯伯里, 斯蒂芬·希尔, 李书健, 袁屹峰. 作为治理形式的国际投资仲裁公平与公正待遇、比例原则与新兴的全球行政法 [J]. 国际经济法学刊, 2011 (2): 48-114.

[165] 曹红梅. 浅议民事诉讼中的律师风险代理制度 [J]. 法制与社会, 2011 (25): 28-29.

[166] 陈辉萍. ICSID 仲裁裁决承认与执行机制的实践检视及其对中国的启示 [J]. 国际

经济法学刊，2011（2）：115－142.

［167］郭玉军. 论国际投资条约仲裁的正当性缺失及其矫正［J］. 法学家，2011（3）：141－152，179－180.

［168］余劲松. 国际投资条约仲裁中投资者与东道国权益保护平衡问题研究［J］. 中国法学，2011（2）：132－143.

［169］李武健. 国际投资仲裁中的社会利益保护［J］. 法律科学：西北政法大学学报，2011（4）：147－153.

［170］石现明. 国际投资仲裁内部上诉机制述评［J］. 云南大学学报：法学版，2011（2）：126－130.

［171］余劲松. 国际投资条约仲裁中投资者与东道国权益保护平衡问题研究［J］. 中国法学，2011（2）：132－143.

［172］梁丹妮. 国际投资争端仲裁程序透明度研究：从《ICSID仲裁规则2006》和《UNCITRAL仲裁规则（修订草案）》谈起［J］. 国际经济法学刊，2010（1）：226－241.

［173］何艳华. 质疑与回应国际商事仲裁的保密性［J］. 法治研究，2010（9）：92－96.

［174］王楠. 最惠国待遇条款在国际投资争端解决事项上的适用问题［J］. 河北法学，2010（1）：120－125.

［175］刘笋. 国际投资仲裁裁决的不一致性问题及其解决［J］. 法商研究，2009（6）：139－147.

［176］杨林芹. 国际投资仲裁机制透明度问题研究［J］. 黑龙江对外经贸，2008（3）：48－50.

［177］梁丹妮. NAFTA投资争端仲裁程序透明度研究：法庭之友与非争端缔约方的参与［J］. 求索，2008（10）：141－143.

［178］张恒. 论美国仲裁协会国际仲裁规则中的紧急保全措施［J］. 北京仲裁，2008（3）：140－151.

［179］石利. 律师风险代理制度的价值和弊端：结合我国实践中的律师风险代理事务［J］. 长春工业大学学报：社会科学版，2005（1）：52－54.

二、英文类

［180］CHAISSE J，JI X L. Stress Test for EU's Investment Court System：How Will Investments Be Protected in the Comprehensive Agreement on Investment?［J］. Legal Issues Of Economic Integration，2022，49（1）：101－124.

［181］KIM J W，WINNINGTON－INGRAM L M. Investment Court System Under EU Trade and Investment Agreements：Addressing Criticisms of ISDS and Creating New Challenges

[J]. Global Trade and Customs Journal, 2021, 16 (5): 181 - 192.

[182] ARATO J, BROWN C, ORTINO F. Parsing and Managing Inconsistency in Investor - State Dispute Settlement [J]. Journal of World Investment & Trade, 2020, 21 (2 - 3): 336 - 373.

[183] KAYA T. Multilateral Investment Court: Is It a New Breath for the Settlement of International Investment Disputes or a Stillborn Project? [J]. Manchester Journal of International Economic Law, 2020, 17 (3): 338 - 361.

[184] MALCOLM L, MICHELE P, GABRIELLE, DANIEL B. UNCITRAL and Investment Arbitration Reform: Matching Concerns and Solutions: Introduction [J]. Journal of World Investment & Trade, 2020, 21 (2 - 3): 167 - 187.

[185] BJORKLUND A K, BEHN D, FRANCK S D. The Diversity Deficit in International Investment Arbitration [J]. Journal of World Investment & Trade, 2020, 21 (2 - 3): 410 - 440.

[186] BALTAG C. Reforming The ISDS System: In Search of A Balanced Approach? [J]. Contemporary Asia Arbitration Journal, 2019, 12 (2): 279 - 312.

[187] BUTLER N. Non - Disputing Party Participation in ICSID Disputes: Faux Amici? [J]. Netherlands International Law Review, 2019, 66 (1): 143 - 178.

[188] CAPLAN L M. ISDS Reform and the Proposal for a Multilateral Investment Court [J]. Ecology Law Quarterly, 2019, 46 (1): 53 - 59.

[189] CHARRIS B J P. The Proposed Investment Court System: Does It Really Solve the Problems [J]. Revista Derecho del Estado, 2019, 42 (4): 83 - 115.

[190] SCHIL S W, VIDIGAL G. Designing Investment Dispute Settlement a la Carte: Insights from Comparative Institutional Design Analysis [J]. Law & Practice of International Courts And Tribunals, 2019, 18 (3): 314 - 344.

[191] VAN A J. Appeal Mechanism for ISDS Awards: Interaction with the New York and ICSID Conventions [J]. ICSID Review, 2019, 34 (1): 1 - 34.

[192] VICTORIA S S. Reshaping Third - Party Funding [J]. Tulane Law Review, 2017, 91 (3): 405 - 472.

[193] CHRISTOPHER B, PHILIP W S. The SIAC IA Rules: A New Player in the Investment Arbitration Market [J]. Indian Journal of Arbitration Law, 2017, 6 (1): 67 - 72.

[194] CRINA B. Not Hot Enough: Cooling - off Periods and the Recent Developments under the Energy Charter Treaty [J]. Indian Journal of Arbitration Law, 2017, 6 (1): 190 - 196.

[195] JANICE L. Is the Emergency Arbitrator Procedure Suitable for Investment Arbitration? [J]. Contemporary Asia Arbitration Journal, 2017, 10 (1): 71 - 112.

[196] SHAHLA F A, ODYSSEAS G R, Investor – State Mediation and the Rise of Transparency in International Investment Law Opportunity or Threat [J]. Denver Journal of International Law & Policy, 2017, 45 (2): 225 –250.

[197] FELDMAN M. State – Owned Enterprises as Claimants in International Investment Arbitration [J]. ICSID Review – Foreign Investment Law Journal, 2016, 31 (1): 24 –35.

[198] JONAS V G. Third – party funding in International Arbitration and its Impact on Procedure [M]. Netherlands: Kluwer Law International, 2016.

[199] VICTORIA S S. Judging Third – Party Funding [J]. UCLA L. Rev., 2016, 63: 388.

[200] SWEE Y K. The Use of Emergency Arbitrators in Investment Treaty Arbitration [J]. ICSID Review – Foreign Investment Law Journal, 2016, 31 (3): 534 –548.

[201] LISA B N, VICTORIA S. Third – party funding in International Arbitration [M]. Netherlands: Wolters Kluwer, 2012.

[202] RAMONA L L. Underdog Arbitration: A Plan for Transparency [J]. Washington Law Review, 2015, 90 (4): 1727 –1781.

[203] JEAN C H. Recent decisions on third – party funding in investment arbitration [J]. ICSID Review – Foreign Investment Law Journal, 2015, 30 (3): 699 –712.

[204] WILLIAM W P, CATHERINE A R. Third – party funding in international arbitration: the ICCA Queen – Mary Task Force [J]. Austrian Yearbook on International Arbitration, 2018, 1 (18): 14 –67.

[205] GHAFFARI A, WALTERS E. The emergency arbitrator: The dawn of a new age? [J]. Arbitration international, 2014, 30 (1): 153 –168.

[206] SAMUEL L. Resolving Dynamic Interpretation: an Empirical Analysis of the Uncitral Rules on Transparency [J]. Columbia Journal of Transnational Law, 2014, 52 (2): 506 –541.

[207] RONEN A, ABRAHAM W. Third – Party Litigation Funding – A Signaling Model [J]. DePaul Law Review, 2014, 63 (2): 233 –264.

[208] WILLIAM K, KORALIE W. Should an Arbitral Tribunal Order Security for Costs When an Impecunious Claimant is Relying Upon Third – Party Funding? [J]. Journal of International Arbitration, 2013, 30 (1): 17 –30.

[209] LENG SUN C, WEIYI T. Making Arbitration Effective: Expedited Procedures, Emergency Arbitrators and Interim Relief [J]. Contemporary Asia Arbitration Journal, 2013, 6 (2): 349 –371.

[210] CATHARINE T. The Arbitrator as a Lawmaker: Jurisgenerative Processes in Investment Arbitration [J]. The Journal of World Investment & Trade, 2013, 14 (5): 829 –851.

后 记

本书是中南财经政法大学法学院"'一带一路'法治丛书"课题项目研究成果，该课题项目主持人王小琼负责本书策划和整体撰写工作，课题项目组成员中南财经政法大学2018届法学硕士研究生吴芳、王康年，2019届法学硕士研究生徐月和2023届法学硕士研究生石昕，对本书的写作作出了积极贡献。在此书付印出版之际，再次感谢他们的付出和努力！同时本书的顺利出版得到了中南财经政法大学法学院院长陈柏峰教授、副院长张宝教授、江河教授、李俊教授、肖志远副教授、徐伟功教授，海南大学韩龙教授，广州商学院张庆麟教授，《法商研究》编审何艳教授等领导和师长的鼎力支持！最后，对知识产权出版社的领导和编辑们，特别是张水华编辑高效、细致、严谨的工作，致以诚挚的谢意！

王小琼

2024年4月